Perfectamente tú

EL
poder
DE LO
AUTÉNTICO

Elogios para *Perfectamente tú*

«Como Mariana, estoy convencido de que para alcanzar el éxito hay que perseguir los sueños sin que nos dé sueño, es decir, ser incansable, perseverante, hasta que se cumpla el sueño. En el caso de los jóvenes que están buscando la oportunidad del sueño americano, nunca hay que olvidar sus raíces y hay que tener muy claro hasta dónde se quiere llegar».

—Mario Kreutzberger, Don Francisco
Presentador de televisión

«Mariana Atencio es la nueva voz latina que rompe todos los paradigmas».

—Jorge Ramos
Periodista, escritor y presentador de televisión

«Mariana cruzó una frontera y llevó a todo un país con ella, para motivarlo a ensanchar los anhelos. No es el gentilicio ni la condición de mujer la que me vuelcan así de parcial en este juicio. Es simple mérito, es verdad y evidencia pura».

—Carla Angola
Periodista, presentadora de televisión

«La historia de Mariana Atencio es tan perfectamente real e inspiradora que merecía convertirse en un libro. Y estoy segura que en cada página encontraremos el motor que impulsará nuestros sueños y ayudará a convertirlos, como le pasó a Mariana, en una exitosa realidad».

—Luz María Doria
Periodista, escritora
Productora ejecutiva de *Despierta América*

«Cuando piensas en la palabra éxito, pocas veces piensas en las dificultades para llegar a él. El camino de Mariana Atencio está lleno de retos superados, dignos de ser contados en este libro para llenar de fuerza a quienes quieran llegar a la cima. Mariana es símbolo de resiliencia y compasión. Y *Perfectamente tú* es todo un manifiesto de inspiración».

—Ismael Cala
Periodista, escritor, productor y conferencista

«Atrévete a ser diferente; en la diferencia está la autenticidad. Mariana Atencio bien sabe de ello y en su historia de vida queda demostrado. Ahora, en *Perfectamente tú*, te comparte cómo encontrar y potencializar tu autenticidad. Porque no hay nada más valioso que ser tú mismo».

—Erika Ender
Cantautora, productora musical, compositora, conferencista

«Un propósito de vida es cuando unes tus talentos con lo que amas hacer, y conoces lo que el mundo necesita. Así es la historia de mi querida amiga, Mariana Atencio. *Perfectamente tú* marca la diferencia, deja huella en el alma y se convertirá en una dosis de inspiración diaria recordándonos que tenemos el poder de convertir nuestra mayor limitación en nuestra más grande bendición».

—Alejandro Chabán
Escritor, presentador de televisión

«Cuando pienso en Mariana, la primera palabra que llega a mi mente es AUTÉNTICA. Ella nos ha demostrado que esa es la clave, en combinación con el trabajo duro, para conseguir todo lo que soñamos. En *Perfectamente tú* comparte consejos prácticos que puedes usar para entender tu propio poder y brillar sin parar».

—Francisca Lachapel
Actriz y presentadora de televisión
Escritora y ganadora de Nuestra Belleza Latina

«*Perfectamente tú* irrumpe en nuestras vidas en tiempos en los que Venezuela atraviesa la más importante crisis de su existencia como nación. El coraje, el talento y la determinación de Mariana Atencio hacen de ella una perfecta embajadora del país posible».

—Luis Chataing
Comediante, activista
Presentador de radio y televisión

MARIANA ATENCIO

Perfectamente tú

EL poder DE LO AUTÉNTICO

GRUPO NELSON
Desde 1798

NASHVILLE   MÉXICO DF.   RÍO DE JANEIRO

Editora en Jefe: *Graciela Lelli*
Traducción, edición y adaptación del diseño al español: *Grupo Scribere*

ISBN: 978-1-40410-944-5

Impreso en Estados Unidos de América

19 20 21 22 23 LSC 9 8 7 6 5 4 3 2 1

Para Papi. El amor es infinito; como nuestra unión.

«La palabra "perfección" necesita ser redefinida. No es la ausencia de defectos; es el compromiso de dar nuestro mejor esfuerzo en todo lo que hacemos».

—MARIANA, *PERFECTAMENTE TÚ*

Contenido

Prólogo

Por María Elena Salinas

¿Alguna vez has tenido una crisis de identidad? Yo sí. Pero no porque no sepa quién soy o porque no me acepte a mí misma, sino porque, como muchas personas, me he debatido entre ser yo o llenar las expectativas de lo que otros esperan que sea. Cuando somos niños, queremos complacer a nuestros padres, nuestros maestros y ser aceptados por nuestros compañeros. En la adolescencia nos atormentamos con la presión social. En la universidad, cuando estamos realmente comenzando a definir nuestra identidad y forjar nuestro propio camino, volvemos a luchar contra la presión de llenar las expectativas de nuestros padres. Y de allí, a volar. Pero ¿hacia dónde? Hay gente que se pasa toda la vida buscándose, tratando de entenderse y aceptarse. Pero cuando lo logramos, somos imparables.

Perfectamente tú. Ese es el título que Mariana Atencio eligió para este libro. Y es que ella, luego de pasar por todas estas etapas, se dio cuenta de que no hay nada como ser auténtico. Y para ser auténtico tienes que conocerte, saber aceptarte, poner a un lado las inseguridades, las dudas, los miedos, no dejarte manipular y no permitir que nada ni nadie te intimide.

Este camino es aún más complicado para los hispanos en Estados Unidos, tanto los inmigrantes, como los que somos hijos de inmigrantes, como en mi caso. Soy hija de inmigrantes mexicanos. Es allí donde entra otro tipo de crisis de identidad. Hay una etapa en nuestras vidas en que no sabemos si somos de aquí o de allá. Nos preguntamos si es el color de nuestro pasaporte o el color de nuestra piel lo que determina quiénes somos. O si es nuestra bandera o la sangre de nuestros ancestros a quienes les debemos lealtad. Cuando nos damos cuenta que es una combinación de todas esas cosas lo que nos define, podemos comenzar a disfrutar el ser especial. Así lo siento yo. Estoy sumamente orgullosa de mi latinidad. De haber sido criada bilingüe y bicultural. Me siento afortunada de haber podido crecer en un mundo donde se mezclan los sonidos, los aromas y los colores de dos mundos que se convierten en uno.

Pero no todo es color de rosa. Por mucho orgullo que tengamos en nuestra herencia cultural, a menudo tenemos que enfrentarnos a rechazos, a desprecios, a discriminación e intentos de intimidación, precisamente por nuestro origen étnico. Y como si fuera poco, esa maldita inseguridad que pensábamos haber superado, intenta regresar a nuestras vidas de vez en cuando. Algunos le llaman «El síndrome del impostor». ¿Lo conocen? Es cuando logramos algo y de repente pensamos que no lo merecemos.

Yo tengo mi historia. Si tuviera que resumirla en pocas palabras diría que es una historia de superación y perseverancia. ¿Por qué? En primera, porque crecí en el seno de una familia de bajos recursos y tuve que comenzar a trabajar a los 14 años para ayudar a mis padres a pagar los gastos. Y en segunda, porque entré en una profesión donde la mujer tiene que trabajar el doble para recibir la mitad del reconocimiento que reciben los hombres. De tal forma que tuve que superar muchos obstáculos, y para lograrlo, tuve que ser muy, pero muy perseverante.

Como periodista me he dedicado por décadas a contar historias de los demás. He contado historias de lucha, tristeza, sufrimiento y desesperanza. Historias de odio y rechazo. Pero también he contado historias de éxito, de superación, de bondad, de solidaridad y empatía.

Todos tenemos una historia. Una historia que nos define y nos marca y se convierte en nuestro norte. En este libro conocemos la historia de Mariana Atencio. Mujer, inmigrante, hija, hermana, esposa, periodista, amiga.

Aún muy joven y con un futuro brillante está encontrando lo que quiere hacer en la vida. Quiere dejar huella. Quiere marcar una diferencia no solo en su vida y su carrera, sino también aprovechar lo que ha estado aprendiendo en el camino, compartirlo y servir de ejemplo a seguir. Eso se llama liderazgo. Cuando piensas que no se trata solo de abrirte camino sino de ayudar a abrirle el camino a los demás.

—María Elena Salinas

Introducción

Nueva York, septiembre de 2013

¡Por fin llegó el gran día!

En cuestión de horas estaría frente a las cámaras en uno de los shows más famosos del mundo: *Good Morning America* [¡Buenos días, América!].

Me habían invitado porque muy pronto debutaría como copresentadora del nuevo programa matutino de *Fusion*, un innovador canal de televisión para *millennials*, fundado por el gigante de la televisión hispana Univisión y la icónica cadena ABC, asociada a la compañía Disney. *Fusion* se lanzó como un experimento audaz, con la misión de crear noticias y entretenimiento para nuestra generación, de manera irreverente.

Por pura suerte, logré una audición con los jefes principales de ambos canales; y, para ser honesta, ni siquiera sé cómo me eligieron. ¡Nunca en mi vida había hecho un *casting*! Los otros escogidos para las pruebas eran celebridades, comediantes y antiguos comunicadores de la Casa Blanca, pues la política sería una gran parte del ADN del canal. Sentí que todos allí eran «alguien importante», una lista de «Quién es quién».

Y ahí estaba yo, una joven inmigrante latina que había crecido hablando español, una «nadie» que soñaba con llegar a ser «alguien».

Por algún milagro, que atribuyo a que no tenía nada que perder, me contrataron. Ahora, junto con mis futuros copresentadores (Pedro Andrade, famoso modelo y periodista de Brasil y Yannis Pappas, un exitoso comediante de Brooklyn) iba a aparecer en *Good Morning America* (GMA) para hablar de nuestro programa, ¡en vivo desde Times Square, mi gente! Sería mi primera vez al aire en inglés.

¡Mariana había llegado a las grandes ligas! Pero nadie le había advertido a esta «chama» de 29 años, nacida en Venezuela, que el día no iba a ser tan perfecto como ella había soñado durante tanto tiempo.

Salí de Miami en el último vuelo la noche anterior. Apenas pude dormir. Quería que todo fuera perfecto. Si había llegado tan lejos, ¿qué podría salir mal?

Me levanté a las 5:00 a. m. en punto, a ritmo de mi música favorita de los años noventa, que puse a todo volumen. Las voces y cadencias de Juan Luis Guerra, Olga Tañón y El General me acompañaron mientras me cepillaba los dientes en la ducha, bajo el agua revitalizadora. (Quizás es un mal hábito de los periodistas, que siempre sentimos que no se puede perder tiempo). Estaba decidida a llegar a los estudios de GMA a las 7:00 a. m.

Con el mayor cuidado escogí una camisa color mostaza y una falda negra, el que consideraba mi mejor par de zapatos y joyería clásica. Por lo que había visto, las presentadoras en inglés preferían lucir más conservadoras que las de la televisión en español; aunque representaríamos a un público joven, yo quería verme como ellas.

Me puse mis zapatos planos favoritos para no tener que enfrentar las calles de la Gran Manzana en tacones. Quería caminar hasta Times Square desde el apartamento que mis papás tenían en la ciudad. Necesitaba tiempo para organizarme mentalmente.

Al pasar por la Catedral de San Patricio en la Quinta Avenida, me detuve a rezar una oración y agradecer todas mis bendiciones. Cada vez que estoy en Nueva York, trato de ir, a elevar una plegaria, a encender una velita en el altar de la Virgen de Guadalupe, la bella patrona de México. En ese país, cada 12 de diciembre, miles de personas realizan la peregrinación de 2.500 millas (4.000 km) hasta su altar. Es la procesión de La Guadalupana. Mi devoción por la Virgen Morena comenzó en mi infancia, en viajes familiares que hacíamos a México durante las vacaciones navideñas, cuando mi Papi, mi héroe, mi todo, nos enseñó el significado y el valor de la fe. Desde muy niña, confié en él, en sus enseñanzas. Una frase suya quedó sembrada en mi mente y mi espíritu: «No importa dónde estés en tu camino, mira dónde comenzaste para impulsarte hacia dónde quieres llegar».

Aquella mañana en Nueva York, lo sentía muy cerca de mí, aunque estaba a kilómetros de distancia, en Caracas, la capital de mi país, la patria donde nací y crecí. Yo había hecho el viaje de 2.000 millas (3.500 km) en avión y no a pie, pero sabía que iba a necesitar mucha humildad en mi propio peregrinaje desde Suramérica hasta Manhattan.

En algún punto de esas cuadras que parecían interminables, me di cuenta de que había cometido el primer error en «mi día perfecto». Ya entrando a los estudios de GMA en Times Square, descubrí que tenía los pies hinchados y con ampollas. Como pude simulé una sonrisa y, cojeando de dolor; pasé frente a los guardias de seguridad, mientras intentaba descifrar cuál ascensor tomar. Al cerrarse la puerta, me vi en el espejo. ¡Qué! Casi entro en pánico; no tenía la pulserita de oro que mi abuela me había regalado cuando era chiquita. Aquella prenda, sencilla pero con un enorme valor sentimental, había estado en mi muñeca derecha casi desde que podía recordar. Y esa mañana tan importante, la había perdido. O *sea, no, no, no, eso sí que no, esto no me puede estar pasando.*

Mi vida es un constante corre-corre. La mayor parte del tiempo estoy en tantas cosas a la vez que en ocasiones no me concentro en lo que está justo frente a mí. Mi abuela materna no fue de esas abuelitas regalonas. Aquella amada reliquia, hasta con mi nombre grabado, era de las pocas cosas que ella me había obsequiado. Ahora me enfrentaba a una decisión difícil: correr varias cuadras con los pies adoloridos para intentar encontrar la pulsera o seguir adelante hacia el trabajo de mis sueños.

Pensé en mi mamá, en lo que ella hubiese hecho. Probablemente se habría regresado. Yo estaba enfocada en el futuro.

Para cuando se abrieron las puertas del ascensor, ya había elegido lo que haría.

«¿Me indica dónde está el baño, por favor?», le pregunté a una señora que caminaba por el pasillo. Al notar su mirada confusa me percaté que le había hablado en español. Repetí la pregunta en inglés. Al llegar al baño el reloj marcaba las 6:38 a. m. Tenía apenas unos minutos para arreglarme y ponerme unas curitas en los pies, mientras rogaba no tener otro contratiempo. Cuando me subí en los tacones, ¡vi al diablo! Aquello sería una verdadera tortura.

Me pidieron que fuera al cuarto de maquillaje; allí la estilista me aconsejó que, para el debut de mi show la semana siguiente, intentara un nuevo look: cejas más delgadas, pelo más corto y posiblemente más claro. «Creo que te quedaría bien. Los reflejos en el cabello hacen maravillas cuando se trata de iluminar el rostro».

Para ser honesta, no había pensado en mi *look* más allá de ropa y accesorios. ¿Necesitaba adoptar un nuevo estilo? ¡No tenía ni idea! Lo único que sí sabía era que no quería cambiar quien era para encajar en mi nuevo mundo. Le di las gracias y salí de inmediato.

De regreso al estudio, vi a algunos de los anfitriones de GMA: George Stephanopoulos, Lara Spencer, Josh Elliot y Sam Champion. En pocos minutos llegaríamos en vivo a millones de hogares en todo Estados Unidos. Me quedé allí parada, como tonta, con un *bagel* en mano y los pies latiendo de dolor. Al mismo tiempo deslumbrada y agobiada por el temido «síndrome del impostor». ¿Qué podría aportar yo aquí junto a estas figuras tan poderosas y admiradas?

Cuando me fueron a presentar a otros miembros del equipo, la sencilla tarea de pronunciar mi nombre correctamente se convirtió en todo un reto. Algunos intentos pasaron de «Mary-Anna» o «María» a «Marina» y hasta lo que me sonó como un «Marinara». Llegar a nombre de salsa de pasta fue suficiente para darme por vencida. Por el momento me iba a tener que conformar con ser simplemente «María».

Cada mañana, los presentadores de GMA salen a las calles y hablan con quienes han viajado desde diferentes puntos del país, esperando conocerlos y aparecer en el show al menos un par de minutos; yo no quería que nada me desconcentrara antes de salir. Estaba lista para enfrentarme al imponente Times Square.

Recuerdo los gritos del público, los sonidos de los taxis sonando sus cornetas en la distancia, los productores dando indicaciones a diestra y siniestra, las cámaras por todas partes. Fue súper estresante. No estaba acostumbrada a trabajar con el ruido de la calle. No podía escuchar lo que se estaba diciendo.

Vi la señal del asistente de dirección para que me moviera hacia la izquierda, luego hacia la derecha. Sentía las voces de la multitud en el oído. Todo pasó tan rápido. Ese es el ritmo de la televisión en vivo.

Dos segundos más tarde, George Stephanopoulos (una personalidad tan importante que hasta había inspirado un personaje en la serie *The West Wing*) nos puso el micrófono en la cara. Nadie nos había dicho a quién se le haría cuál pregunta o cuándo; y estaba la complicación adicional de que Pedro, Yannis y yo no habíamos trabajado juntos todavía. Nos conocimos pocas semanas antes; no nos unía aún el tipo de química que se ve en los shows de la mañana; esa relación la desarrollaríamos más adelante.

Me quedé pasmada mientras vi que Yannis comenzó a bromear con Stephanopoulos acerca de la ascendencia griega de ambos. Pedro mencionó que a las siete de la noche estaría en su cama viendo las repeticiones de la serie *The Golden Girls*. Yo me iba desesperando porque nadie hablaba de nuestro programa, cómo podía verlo la audiencia, y por qué esta alianza entre Univisión y ABC era tan importante que estaban haciendo un lanzamiento sincronizado en sus programas matutinos.

Finalmente, Lara se volteó hacia mí y comencé a explicar todo lo que a velocidad supersónica me cruzaba por la mente. Estaba tan nerviosa. Sentí la necesidad de llenar el aire (literalmente) con toda la información relevante sobre *Fusion* y nuestro show. Y de pronto, en un abrir y cerrar de ojos, el segmento terminó. Nos pidieron que nos quedáramos con el famoso chef Guy Fieri que iba a preparar unos platos en la parte de cocina del show. Después de tres pollos asados, acabó nuestra intervención. ¡Uf! Me di cuenta que se me había derramado un poco de salsa *barbecue* en la camisa, pero al menos los nervios no me traicionaron y no respondí nada en español. ¡Misión cumplida!

Más tarde, el presidente de Disney-ABC, Ben Sherwood, nos llamó a su oficina. Él es un visionario de la televisión, que además escribió la novela en la que se basaba la película *Charlie St. Cloud* ¡en su tiempo libre! Yo, de pana, pensé que estaba a punto de felicitarnos. En cambio, nos miró a los tres, especialmente a mí, y dijo: «Bueno… esa fue una oportunidad perdida», mientras fruncía el ceño.

¡Trágame tierra! Me quería morir.

Ay no, Mariana. Tenías miedo de meter la pata, y fue justo lo que pasó.

El señor Sherwood continuó explicando que no habíamos tomado en consideración a la audiencia con la que estábamos hablando. Él sugirió que deberíamos haber dicho algo así como «si quieres saber lo que tus hijos están viendo, lo que les gusta, lo que están escuchando, ve nuestro programa». Cuando le escuché decir eso, supe que tenía razón. Fue una lección enorme que nunca olvidaré: conoce a tu público, entiéndelo y prepárate para hablar con ellos. Salí de ahí devastada.

No pude superar el fracaso de la mañana. Ni siquiera me sentí cómoda preguntándole a Yannis o a Pedro lo que pensaban. Ellos tenían mucha más experiencia que yo y probablemente entendieron que era más importante hacer una conexión con la audiencia que repetir como loros los puntos de venta de nuestro show. En mi mente, había metido la pata totalmente. Y el jefe lo sabía. Dios, y ahora, ¿qué voy a hacer?

Luego de la frenética corredera de aquella mañana, finalmente tuve un momento para sentarme y revisar mi teléfono. Tenía decenas de mensajes de todas partes del mundo: Venezuela, México, Los Ángeles y de muchas otras ciudades en Estados Unidos.

«Hola, Mariana, soy José. Te he seguido desde que comenzaste tu carrera y quería decirte que eres una gran inspiración para muchos jóvenes».

Otro mensaje decía: «Mariana, no me conoces, pero te sigo desde que estabas en Univisión, y fue muy inspirador ver a una de nosotros, en la tele en inglés. ¡Qué orgullo!».

Pasé una hora viendo mis redes sociales. Leí tantos comentarios motivadores que lentamente se reparó mi autoestima. Esos mensajes me recordaron mi propósito. En el momento en que salí por esa puerta, una pequeña chispa de rebeldía activó mi verdadera voz interior: *llegaste aquí debido a tu personalidad; esa es la única forma en la que vas a diferenciarte del montón. Cometiste un error. Aprende de eso y sigue, sigue adelante. Contrataron a Mariana, no a María ni a otra persona.*

Me di cuenta de que tenía algo valioso para aportar y compartir. Claro, definitivamente habría una curva de aprendizaje, pero eso es parte de cada desafío. Parte de la vida.

Al comenzar un nuevo trabajo, una nueva clase en la escuela o al cambiar de carrera, muchos nos preguntamos: *¿Estoy realmente calificado para esto? Y dudamos. Tal vez hayan cometido un error al escogerme.* Cuando estoy en esa posición, trato de verme a mí misma como me vio ese día José: a través de los ojos de su generación, que es la más conectada, diversa y con la mayor sensibilidad que ha existido. Los jóvenes saben que cada uno de nosotros tiene más que ofrecer de lo que pensamos. Aprecian lo que nos hace especiales a todos y entienden que la perfección es una meta insostenible y falsa. Esos mensajes me pusieron las cosas en perspectiva.

Esa chispa fue el origen de este libro. Como ya sabes, mi primer día en la televisión en inglés no fue lo que esperaba. Tampoco fui tan perfecta como quería ser. Pero, como bien me enseñaron mis papás, al final solo puedo ser perfectamente yo. Llegué hasta donde estaba como resultado de todas las cosas que me habían pasado: buenas y malas, deseadas o no deseadas, perfectas y, sí, también, muy imperfectas. Ese conjunto es lo que nos hace quienes somos, son las experiencias que nos dan las herramientas que necesitamos para enfrentar las batallas de la vida.

No es fácil sentirse cómodo con cada una de las decisiones que tomamos. Incluso ahora, varios años después de esa lección de

GMA, me pregunto cómo me convertí en una de las pocas corresponsales nacionales latinas y la primera de mi país, Venezuela, que actualmente trabaja en MSNBC. Ha sido un viaje impredecible. Complejo y también fascinante. Al fin y al cabo, las personas que hacen ese anhelado *crossover* de los medios en español a inglés son muy pocas. Los presentadores de las cadenas nacionales generalmente vienen de las noticias locales en inglés. A pesar de haber sido contratada por Univisión, de contar con cinco años de experiencia en un medio nacional y de haber recibido el prestigioso Premio Peabody, sabía que aún «se me salía el acento» al hablar inglés y era relativamente desconocida en el mercado general. Sin embargo, tantas cosas dentro y fuera de la pantalla contribuyeron para ayudarme a llegar a donde estoy hoy y otras tantas marcarán el camino por el que debo transitar para alcanzar el lugar con el que sueño.

Cada vez que comparto mi historia, las personas se conectan con muchos de mis momentos más difíciles. Por eso, un día decidí plasmarlos en el mundo de las redes sociales. Lo hice añadiendo un #GoLikeMariana como un toque personal en algunos de mis *posts*. Creé un *hashtag* que para mí significaba «seguir adelante» de una manera agradable y «chévere». Quería motivarme con esos mensajes positivos. Esas acciones «go like» me han ayudado a tomar la vida tal como viene y a intentar sacar el mejor provecho de ella.

Así que mi primer gran salto en inglés realmente fue perfecto, incluidas las ampollas y la metida de pata, porque es lo que necesitaba para recordar quién soy. No se trata de compararse con los demás, sino de comparar quién eras antes y quién eres ahora, dónde empezaste y adónde vas.

Cuando estás parado al otro lado de esa puerta grande,

esperando que se abra; cuando estás frente al portal tras el cual están tus metas, solo tú sabes realmente lo que se necesita para llegar hasta allí.

En este libro, espero compartir algunos de los retos, las lecciones, los miedos y las victorias que me han marcado, con la esperanza de que ayuden a otros a encontrar inspiración en su propio recorrido.

En todas mis experiencias personales y en las historias que he cubierto (desde desastres naturales hasta la situación de los niños migrantes en los centros de detención en la frontera, incluyendo protestas, juicios e intrigas políticas) he llegado a reconocer que, en cada conflicto, en cada tragedia, en cada acontecimiento abrumador, solo estamos compartiendo nuestra esencia como seres humanos. Y ninguno de nosotros es perfecto. Si bien algunas cosas nos pueden separar a veces, debemos esforzarnos por recordar que nuestro desorden, nuestras diferencias, nuestras luchas grandes y pequeñas son lo que nos hace perfectamente adecuados para convertirnos en agentes del cambio que queremos ver en el mundo.

Cierro los ojos ahora, cuando ya han pasado varios años, y recuerdo cómo terminó aquella mañana con el equipo de GMA en Nueva York.

Miré mi brazo y toqué con un dedo la marca de sol que dejó en mi muñeca desnuda la pulserita de mi querida abuela. Mis pies ampollados parecían tatuados por líneas rojas donde el material rozó mi piel. Todo eso ya no importaba. Estaba feliz, inspirada, motivada e inmensamente agradecida por haber tenido esa gran oportunidad. Me prometí que la próxima vez lo haría mejor.

Cuando salí del edificio pensé: *¡Cónchale!* Realmente quería una foto de este momento, como lo hago a menudo para conmemorar los momentos que me marcan.

Esperé hasta que un turista pasó por ahí.

«¿Te importaría tomarme una foto?», le dije entregándole mi iPhone.

Cuando mi fotógrafa improvisada trató de captar el momento, me preguntó si trabajaba en la televisión.

Con una explosión de entusiasmo, subí las manos al aire y grité: «¡Sí!».

Desde ese día se convirtió en mi pose triunfal.

#GoLikeMariana: Acepta lo que te hace diferente. Llegaste a donde estás debido a tu personalidad, y esa es la única forma en la que triunfarás. Escucha las sugerencias con respeto, pero trata de encontrar tu propio espacio sin perder tu identidad.

#GoLikeMariana: Derrota el síndrome del impostor. Visualiza dónde empezaste y dónde estás ahora. El camino a seguir se construye día a día, con sudor, dedicación, respeto y voluntad de aprender y compartir lo que sabes.

Cuenta hasta cien

Caracas, Venezuela, junio de 2007

Caracas es una ciudad arrullada por un hermoso valle. Visitantes y residentes se orientan en ella usando como norte una imponente montaña con tres picos: El Ávila, La Silla y Naiguatá. Vivir en Caracas es sentir esa presencia majestuosa los trescientos sesenta y cinco días del año. La montaña es a Caracas lo que el Sena a París, o la bahía de Guanabara a Río de Janeiro. A El Ávila lo han pintado grandes artistas, ha inspirado versos a los más apasionados poetas, compositores le han dedicado decenas de inolvidables canciones.

Había subido mi amado Ávila cientos de veces. Aquel domingo por la mañana quería inundarme el cuerpo y el alma del aire puro que allí se respira. Sabía que al regresar al apartamento de mis papás, continuaría con la rutina de cada fin de semana: comer arepas (nuestro tradicional sándwich tipo tortilla) traídas directamente de la arepera de mi Papi. Luego tenía cita con la modista, para arreglar el vestido que usaría como dama de honor en el matrimonio de una querida amiga de la infancia y, tal vez, terminaría aquel domingo caraqueño en el cine, viendo alguna de las películas de Hollywood con las que estaba obsesionada. La eterna optimista que llevo dentro siempre quiere hacer mucho más de lo que el tiempo permite y cree que puede inventar días de treinta horas.

Ya lista con mi ropa de ejercicio, me hice en el pelo una cola, tomé el iPod y cerré la puerta de mi cuarto muy sigilosamente, tratando de escapar de un regaño casi inevitable.

Me dirigía hacia la mesa de la cocina para buscar mis llaves cuando Mami me detuvo en seco. «Mariana, ¿en serio vas a subir el cerro ahora? —me preguntó mientras me seguía—. Tú quieres hacer demasiadas cosas a la vez. Necesito que me ayudes a preparar la mesa. Tus primos vienen a almorzar».

No me atreví a responder en voz alta. En mi mente barajaba todas las razones por las que ir a trotar me daría la energía para regresar de mejor ánimo. También sabía que, a su manera, mi mamá estaba tratando de preservar un cierto grado de normalidad en nuestra complicada vida. Pero la verdad era que, en Venezuela, mi país natal, desde hacía mucho tiempo las cosas habían dejado de ser «normales».

Desde la elección de Hugo Chávez como presidente de la

República en 1998 bajo una agenda socialista y populista, el gobierno avanzó lentamente hacia lo que muchos preludiaban como una dictadura.

Siguiendo los pasos de su mentor, el líder cubano, Fidel Castro, Chávez ya llevaba ocho años en el poder. Eventualmente logró cambiar la Constitución, lo que le permitiría quedarse en el Palacio de Miraflores por tiempo indefinido. Ese mayo de 2007, cerró Radio Caracas Televisión (RCTV), uno de los canales nacionales más importantes, y lo reemplazó con una estación financiada por el estado. Cuando la señal dejó de funcionar, fue como si de pronto en Estados Unidos quitaran del aire a NBC, ABC o CBS. Aquello provocó una estruendosa ola de quejas lideradas principalmente por los estudiantes que protestaron en las calles durante todo el año. Las cifras sociales ya mostraban severos daños a la economía y los crímenes violentos casi se habían duplicado...

Yo cursaba el cuarto año de universidad y estaba activamente involucrada en el movimiento estudiantil, como la mayoría de mis compañeros, amigos y conocidos. Los jóvenes de todo el país bloqueábamos pacíficamente calles y carreteras; nos pintábamos las manos de blanco en señal de reclamo; hacíamos pancartas y marchábamos hasta el centro de la ciudad en cualquier momento de la semana. Íbamos a clases apenas para organizarnos; los profesores nos apoyaban y convocaban puntos de reunión para que pudiéramos protestar juntos. Lamentablemente, los mítines pacíficos a menudo se volvían peligrosos. La policía antidisturbios abundaba y era común que usaran gases lacrimógenos para acabar con las manifestaciones. Los jóvenes sabíamos que había demasiado en juego como para detenernos en ese momento. Y no nos detuvimos. Esa generación de jóvenes pasó a conocerse nacional e internacionalmente como la luchadora, la defensora de los derechos humanos y los principios democráticos. Nos bautizaron como «los *millenials* tricolor».

Por todo eso, subir El Ávila era lo que necesitaba aquel domingo, aunque tuviese que enfrentar a mi mamá; el ejercicio me ayudaría a aclarar la mente y ordenar mis ideas.

De pie frente a ella, entendía que el riesgo de ese ambiente volátil que inundaba la ciudad también pesaba en el aire de nuestra cocina.

Pensé: *Lo único que quiere es mantenernos a salvo.*

«Volveré a tiempo», le aseguré, intentando tranquilizarla mientras la besaba rápidamente en la mejilla para salir antes que pudiera soltarme el próximo «pero».

El sendero para llegar a la cima del mágico cerro que separa a Caracas del mar Caribe comienza en la base de la montaña, a cinco minutos del apartamento donde crecí. La capital es una ciudad dividida en dos y ambos espacios tienen dinámicas propias: al oeste están las sedes de la parte ejecutiva del gobierno, edificios con mucha historia, como la Biblioteca Nacional, la Cancillería, el Palacio de Miraflores, sede de la presidencia. En el oeste está la Caracas originaria, la que fundada en 1567 fue convirtiéndose con el paso de los siglos en una metrópoli envidiablemente moderna. Ese oeste, que fue sinónimo de progreso y prosperidad se había tornado en deterioro, convirtiéndose en una colmena de barrios marginales y viviendas precarias.

Pasando una frontera imaginaria, encontramos el este, antes rodeado por haciendas de café y caña de azúcar, que luego se urbanizó de forma desorganizada y ya en pleno siglo veinte se convirtió en zonas residenciales de clase media, espacios comerciales, oficinas, elegantes rascacielos y, también, el barrio popular más grande de América Latina.

En muchos sentidos, El Ávila, que se encuentra justo en el medio como un lindero imaginario, sirve como refugio y pulmón de verdor en una jungla de concreto. Aún en estos tiempos cada vez más polarizados, es uno de los pocos lugares donde los venezolanos, sin distinción de clase social o de divisiones políticas, pueden coexistir.

Aquel domingo era un día hermoso, con un cielo claro y temperatura agradable. Yo estaba feliz de poder disfrutar de un poco de paz y tranquilidad. «Sí, Mariana, esto es exactamente lo que necesitas hoy», me dije, mientras me inundaba de pensamientos positivos.

Podía escuchar el trino de los pájaros por el camino ascendente. Sus melodías se mezclaban con el sonido de la suave brisa de los árboles y los pregones de los vendedores ambulantes: «El aguaaa e'coco, raspao's fríos y papelón con limón», cantaba un muchacho con picardía. La simpática cacofonía me mantenía motivada a pesar de que la subida se hacía más difícil.

Repentinamente, por el rabillo del ojo vi a un hombre semidesnudo, en actitud de villano de telenovela. Tenía el pelo oscuro, ondulado y peinado hacia atrás con gel. Me inspiró desconfianza. Decidí detenerme. Poner distancia. Me incliné y fingí atarme los cordones de mis zapatos de goma. Respiré profundo y en silencio rogué que continuara su camino. Como si me hubiese leído el pensamiento pasó muy lento por mi derecha, evaluándome. Prácticamente me rozó en el estrecho camino, como hacen tantas personas mientras suben y bajan de prisa por la montaña. Al tenerlo cerca, un escalofrío me subió por la espalda. Cuando desapareció de mi vista pensé que todo había terminado. *¡Uf, menos mal! ¡Buena idea la de atarme los zapatos!*

Seguí escalando. La caminata me llevó hasta una cima con vista panorámica de la ciudad. Había otros excursionistas y familias alrededor. Este pico, Sabas Nieves, ofrece una de las mejores vistas del valle de Caracas. Me senté en la grama. Observé todo desde allí, pero no conseguía quitarme la sensación de que alguien me vigilaba. El miedo es una sensación emocional, pero también física. Un nudo en el estómago y en la garganta me robaba serenidad.

Ay, Mariana, no le hagas caso a eso, vale.

Unos veinte minutos después, empecé a bajar por el sendero. En una curva aislada, volví a verlo. Salió de entre los árboles. Se abalanzó sobre mí con un salto atlético, como un verdadero depredador. Sus rodillas flexionadas casi alcanzaron la altura de su pecho. Tenía los brazos totalmente extendidos para agarrarme. Me lanzó contra un arbusto.

¿Me había seguido todo el trayecto? ¿Cuánto tiempo estuvo escondido, esperándome? Las preguntas más inútiles se agolpaban en mi cerebro.

De sus shorts sacó una pistola y me encañonó justo en la frente. Nuestras miradas se cruzaron. Me quedé absolutamente paralizada.

«¡Dame todo lo que tienes!», me gritó.

Yo no uso joyas de valor. Llevaba apenas unas pequeñas argollas. En el koala (esa pequeña bolsa que se sujeta en la cintura) tenía mi iPod mini rosado que había pedido para mi cumpleaños, y el equivalente a cinco dólares. Temblando, se los entregué.

Ya tienes todo, pensé.

¿Por qué sigues aquí?

Estábamos solos en ese tramo de bosque. Me sentía atrapada, sin salida. Podía ver las gotas de sudor rodando por su cuello, su sien, sus aterradores músculos. Yo también sudaba, y aunque hacía mucho calor, un hilo de miedo helado caía por mi pecho.

Me sonrió con malicia. Quería mostrarme que estaba disfrutando el momento y en control de la situación. El tramo en que estábamos era poco visible, distante. Cualquier cosa podía pasar en aquella solitaria inmensidad de la montaña. Podía hacerme daño, violarme, asesinarme. Y nadie lo vería. ¿Cómo debía reaccionar? Mil veces había escuchado que resistirse empeora las cosas. Es mejor ceder, rendirse, no pelear.

El corazón me latía a mil por hora, por la mente me cruzaban los peores augurios. Las víctimas (y yo lo era) caen rápidamente en la autorecriminación. No debí salir aquella mañana. He debido complacer a mi mamá y quedarme ayudándola. ¿Cuántas veces me había rogado mi papá que me cuidara, que prestara atención a mi entorno? Me agobiaba la culpa a la inversa. Ahí estaba yo, en una situación terrible que podría haberse evitado. Él me preparó para tantas cosas en la vida, pero en aquella época era imposible controlar mi falta de sentido de peligro.

Escuché un ave cantar a la distancia. Papi me había dicho que a veces soñaba con ser un pájaro y poder volar como uno de ellos. En ese momento crítico, él estaba allí conmigo, como siempre. Me aferré a su presencia como si fuera una tabla de salvación.

———

Con la pistola todavía en mi frente, el hombre me ordenó ponerme de rodillas. Me dejé caer y sentí que el peso del mundo iba conmigo. Cerré los ojos. *Este es mi fin. Así es como terminará mi historia. Ni siquiera he hecho la mitad de todo lo que soñaba. ¡No estoy lista para morir!*

«¡Cuenta hasta cien!», dijo mi verdugo. Comencé a contar en voz alta.

Los primeros diez números salieron rápido. Como no escuché el sonido de sus pasos alejándose, sabía que todavía estaba allí, quizás planeando qué hacer con la aterrorizada mujer de veintitrés años que estaba por completo a su merced.

Cuando llegué a cincuenta, sentí que el arma, fría y pesada, se deslizaba malévolamente por mis mejillas hasta rozar mis labios.

«Cincuenta y uno, cincuenta y dos, cincuenta y tres…». Mi boca temblaba tanto que no sabía siquiera si estaba pronunciando los números correctamente.

Llorar no era una opción. Seguí contando mientras recuperaba algo de aplomo. *Respira, sigue respirando.*

Cuando por fin escuché sus pasos retrocediendo, exhalé aliviada.

Mis párpados se despegaron despacio, muy despacio, como si alguien más los estuviera abriendo. Cuando entendí que estaba sola, me levanté y comencé a correr tan rápido que iba tropezando con las raíces de los árboles. Sentía un intenso terror. Todavía podía estar cerca, mirándome. ¿Y si estaba esperando para seguirme a casa y matar a toda mi familia, para robarnos?

Casi sin aliento, al llegar abajo, vi una pequeña caseta de vigilancia. Como sé que la policía en Venezuela a veces actúa en complicidad con los malandros, de inmediato descarté la idea de reportar la agresión. Si el ladrón se había puesto de acuerdo con los guardias me iría mucho peor.

No sé de dónde saqué las fuerzas para correr el par de cuadras que me separaban de mi edificio. Me aseguré de que el lugar estuviera despejado antes de agarrar las llaves, que dejábamos escondidas en una maceta y, temblando, subí al apartamento.

«Mari, ¿estás bien?», preguntaron a la vez mi hermano Álvaro Elías y mi hermana Graciela.

Tenía la cara descompuesta por el terror y las rodillas llenas de tierra.

Comencé a llorar desconsoladamente. Las lágrimas salían como el torrente de un río fuera de su cauce. Me temblaba todo el cuerpo.

El atraco fue la gota que derramó el vaso.

Después de meses de intensas tensiones políticas y de participar sin descanso con mis amigos y hermanos en protestas estudiantiles contra las repetidas violaciones del gobierno a los derechos humanos de los venezolanos, me sentí derrotada y con la certeza de que las cosas empeorarían mucho antes de mejorar, que el drama estaba lejos de la palabra fin.

Ese evento fue una encrucijada, un hito, un punto de quiebre que marcó mi vida. La violencia me obligó a tomar una decisión. A pesar de lo doloroso que resultaba, había llegado la hora de salir del país. Desde hacía un tiempo tenía la mirada puesta en Estados Unidos. Era el único país en el que había pasado suficiente tiempo, entre campamentos y cursos de inglés en verano, como para sentir algo de familiaridad.

Me tomaría más de una década entender que el asalto no solo

fue un punto de inflexión que me impulsó a seguir un nuevo camino, también fue un evento que me dio una herramienta valiosa e inesperada.

Ahora, cada vez que enfrento una circunstancia fuera de mi control, empiezo a contar lentamente hasta cien. Los números marcan el ritmo de mis ideas y se sincronizan con los latidos de mi corazón, lo que me da la oportunidad de pensar y respirar. No puedo hacer nada si no respiro. En situaciones particularmente angustiantes, contar me ayuda a recordar que, para vencer el miedo, necesito mantener la calma.

Contar hasta cien usualmente toma menos de dos minutos. Ese día en la montaña, podría haber muerto antes de llegar a ese número. Entender que en cuestión de segundos, la vida puede cambiar, para bien o para mal, me hizo valorar que cada minuto cuenta y hay que aprovecharlo al máximo.

Además aprendí lo que pasa con el trauma. Hasta que lo enfrentas, no tienes idea de cómo reaccionarás. No hay una guía práctica de qué hacer cuando alguien te apunta repentinamente con un arma. Cuando me sucedió, sufrí una profunda transformación. La Mariana que subió la montaña no fue la misma que bajó. En ese momento sentí que había perdido a la Venezuela de mi infancia, aquella por la que mis padres tanto habían trabajado. El terruño seguro, cálido y divertido que cobijó a nuestra familia. El lugar mágico donde crecí. Ahora se iba desmoronando y daba paso a una duda existencial. ¿En quién me convertiría sin mi país? ¿Perdería mi identidad?

Tendría que hacer un esfuerzo consciente para llevar su esencia conmigo. Para tomarlo todo, de principio a fin, lo bueno y lo malo, y poder seguir formándome, desarrollando la capacidad de superar las tormentas que el futuro me depararía. Esa infancia idealizada siempre tuvo verdades difíciles que no supe ver. Para seguir avanzando tendría que volver atrás y enfrentarlas.

#Go like Mariana: Respira. Cuenta. En situaciones estresantes, busca una fórmula que te ayude a recuperar la compostura y a concentrarte en lo que debes hacer para salir del atolladero. Puede ser algo tan sencillo como respirar, contar, decir una oración o una hacer una tarea básica que le indique a tu cerebro que estás en control.

#Go like Mariana: El caos o las situaciones imprevistas pueden llenarnos de temor, pero muchas veces los cambios nos ayudan a crecer. En esos momentos hay que tratar de pensar en lo que sigue, y buscar algo positivo que nos permita lidiar con el miedo, la frustración, el dolor o lo que estemos enfrentando.

2

Mi mundo mágico

La Guaira, Venezuela, 1990

Carnaval. *Carnival. Carnevale.* En cualquier idioma, la esencia es la misma: Alegría y pasión desbordadas. Es la fiesta pagana que más gente convoca en el mundo entero. Jornadas de danza y máscaras, de sonrisas y música contagiosa, de libertad y maquillaje exagerado. Las investigaciones muestran que ya en la antigüedad existía una festividad similar hace unos cinco mil años en la cultura sumeria. Se sabe que lo que hoy conocemos como Carnaval es herencia de los antiguos saturnales, aquellas celebraciones en homenaje a Saturno.

Pero fueron los cristianos quienes dieron un nuevo significado al carnaval convirtiéndolo en un adiós a los placeres de la carne y estableciendo un compromiso de austeridad por los cuarenta días que conforman la Cuaresma, que va desde el miércoles de ceniza hasta el Domingo de Resurrección, fechas variables en el calendario durante las cuales los creyentes se dedican a hacer ayuno, abstinencia y, en algunos casos, penitencia.

El Carnaval no solo se celebra en ciudades famosas como Río de Janeiro o Venecia. La verdad es que la festividad congrega a millones en los cinco continentes. En América se disfruta desde Alaska hasta Tierra del Fuego y en muchos países latinos se afirma que si uno no ha vivido un Carnaval, entonces, tristemente, uno no ha vivido. En Carnaval todos somos iguales, todos somos libres, todos tenemos derecho a ser felices.

«Niñitas, apúrense. ¡Nos vamos a la playa!», anunciaba mi mamá.

Para mí, a los seis años, aquello era música celestial. Cada año, al llegar las vacaciones de Carnaval, tan pronto como esa frase salía de los labios de mi mami, la alegría resonaba en los pasillos de nuestro apartamento en el barrio de La Castellana.

Con más de dos mil kilómetros de costa en el azul Caribe, la playa en Carnaval vibraba con el latido del corazón de mi país... Las llamativas carrozas encabezaban el desfile por las calles del litoral, coloridas y exóticas aves revoloteando en el cielo mientras las lagartijas corrían presurosas sobre la cálida arena. Los sonidos del mar, las cigarras y el tuntún de los tambores. El olor del agua salada combinado con el de las empanadas de cazón y la fuerte guarapita (un cóctel de maracuyá, caña de azúcar y alcohol). Esa pequeña parte de mi Venezuela encapsulaba por igual el misterio y la grandeza de mi pueblo como un recordatorio de nuestro realismo mágico latinoamericano que hasta el día de hoy encuentro en todo lo que hago. De allí vengo, de allí soy, allí nací. Tengo alma y cuerpo caribeños.

Mi familia se preparaba para una semana de diversión. Para nosotros, niños, eran cuatro días de libertad, de permiso para nadar y corretear olas, descansar bajo las palmeras y disfrutar de un descontrol casi ilimitado. Licencia para jugar con nuestros amiguitos llenos de salitre y sin horarios; para comer jugosos tequeños y paletas de helado a cualquier hora; para salir de las restricciones de la capital de Venezuela en los años 90.

Ah, mi Caracas, bella, con el mejor clima imaginable, inspiradora de canciones y versos, se había ido convirtiendo de a poco en una ciudad con el apellido «Peligro». No podíamos salir a caminar ni montar bicicleta fuera del área de nuestro apartamento. Mis padres y tíos lamentaban tener que pedirnos que no nos subiéramos en el transporte público porque ya en esa época era medio riesgoso. «Ustedes no saben la maravilla que era El Metro», los escuchaba decir con tristeza y algo de frustración. Nos llevaban en carro a todas partes y así nuestra relación con el entorno se vio marcada por razones de seguridad. Pero en la playa era todo lo contrario. Podíamos explorarla a nuestras anchas, recorrer todo, caminar sin chaperones.

En ese momento, Venezuela no era el país que es hoy. En la década de 1990 era, todavía, y a pesar de los baches, una de las naciones más ricas de Suramérica, una superpotencia global petrolera, gasífera y minera. Una de las pocas democracias aparentemente sólidas en una región de altibajos políticos. Para que podamos hacernos una idea de cuán progresista y próspera llegó a ser, entre los años 1980 y 1990, por ejemplo, el Banco de Venezuela tenía una sucursal en el Upper East Side de Manhattan, que se puede ver en el fondo en varias escenas de la película de Al Pacino, *Perfume de mujer.*

Venezuela creó el Sistema Juvenil e Infantil de Orquestas Sinfónicas, que hoy tiene réplicas en cuatro continentes. La televisión fue modelo de producción, desde las muy exportadas telenovelas hasta el Miss Venezuela, que marcó la pauta para concursos de belleza a nivel mundial.

A partir de la década de 1950, Venezuela atrajo a cientos de miles de inmigrantes. Mi bisabuelo materno llegó de Córcega, una pequeña isla frente a las costas de Francia. Mi familia paterna estaba desde los tiempos provinciales asentada en el Occidente, con una trayectoria de incansable trabajo en comercio y negocios. Esa fue la Venezuela de mis padres, donde se conocieron, se enamoraron y fundaron nuestra familia.

Mi mamá dirigía la casa como la señora Hughes de *Downton Abbey.* Todo estaba siempre ordenado y pulcro, nos acostumbró a ser puntuales y, cuando viajábamos, nuestra maleticas estaban listas y esperándonos en la puerta horas antes.

Mi hermana Graciela, quien es tan solo un año menor que yo, es mi otra mitad. Lo hacíamos todo juntas. Como mi mamá insistía en vestirnos igual, crecí sintiendo que ella era una extensión de mí y desarrollé una constante necesidad de protegerla.

Graciela y yo solíamos llegar a casa de la escuela alrededor de las tres de la tarde, listas para quitarnos los uniformes escolares: medias blancas hasta la rodilla, faldas azules y camisas con botones que salían de nuestra casa impecablemente planchadas por la mañana y regresaban arrugadas y con olor a recreo.

El viernes de Carnaval brincábamos del autobús escolar con más alegría que de costumbre y corríamos para ver quién llegaba primero al portón del edificio; subíamos sin aliento al segundo piso con la emoción a cuestas y unas ganas desenfrenadas de escuchar la frase: «Niñitas, ¡apúrense! ¡Nos vamos a la playa!». Tan rápido como podíamos, nos cambiábamos la ropa para ese viaje a la libertad.

La familia había heredado de nuestros abuelos una pequeña cabaña en un club en el estado costero de Vargas. Camurí era como una gran familia, con invitados que entraban y salían para cada fiesta. Tenía un río pequeño para pescar, dos piscinas, dos playas, una pequeña marina, tres restaurantes, un faro, un cine improvisado y, por supuesto, una iglesia. A diferencia de los clubes en Estados Unidos donde todo está milimétricamente organizado, en Camurí la estructura se mezcla con la jungla y la arena, en un estado de maravilloso desorden tropical.

Era una fiesta continua, un compartir con todos los que buscaban escapar de la ciudad.

Mi familia no solo pasaba allí el Carnaval, sino también los fines de semana largos, varias Navidades y noches de Año Nuevo (cuando todos se reunían para construir una gran fogata en la playa). Mucho para hacer: surfear, nadar y patinar. Estar en un club cerrado nos permitía saborear la libertad que anhelábamos. La garita de entrada solo le daba acceso a miembros e invitados; una barrera física que separaba al club de los barrios populares aledaños. Sin embargo, mi hermana y yo éramos demasiado jóvenes para entender eso. Este era nuestro mundo mágico y nos encantaba estar ahí.

Por aquellas épocas, tan añoradas en mis recuerdos, las pequeñas cabañas ni siquiera tenían líneas telefónicas; y obvio, no había
celulares. Para comunicarnos con «la capital», debíamos ir a la oficina central de teléfonos y pedir una llamada.

Las cabañas tenían dos pisos. Todas se veían igual desde afuera:
rústicas, de color blanco grisáceo, con una cocinita en una terraza
abierta que daba paso al frondoso jardín. La nuestra tenía dos habitaciones: la de mis papás y una con literas para nosotros, los chamos.

Mi hermana y yo compartíamos una pequeña maleta.
Necesitábamos poco: trajes de baño, un par de chancleticas (que
luego le rogué a mi mamá que cambiara por *jellies*, unas sandalias
plásticas que estaban de moda) y ropa de dormir. Los juguetes se
quedaban en la cabaña: tubos inflables, palas, pelotas, una cebra y
un cocodrilo flotantes, patines y bicicletas.

Allí los días transcurrían haciendo guerras de bombitas de agua,
construyendo castillos de arena y haciendo dibujos abstractos que
luego le vendíamos a los abuelos por el equivalente a una paleta
de helado, que ellos compraban con alegría para fomentar nuestra
creatividad y espíritu empresarial.

Graciela y yo empezábamos a contar desde el momento en que
nos subíamos al carro, mientras papi montaba el equipaje en el
maletero del fiel Toyota Samurái azul y mi mamá abrochaba a nuestro hermanito, Álvaro Elías, en el puesto de atrás.

Ir de la capital al litoral requería llegar al otro lado de El Ávila a
través de un túnel construido en la década de 1950. El viaje podía
durar de cuarenta y cinco minutos a una hora y media, dependiendo del tráfico.

No había tiempo que perder, ni siquiera podíamos parar a comer;

así que, para acelerar el proceso, pasábamos por Misia Jacinta, la arepera de mi papá, que con orgullo funcionaba como un negocio rentable a tiempo completo. Allí recogíamos unas cuantas arepas para el camino. En secreto deseaba que un día nos detuviéramos en el McDonald›s que quedaba justo al frente para comprarme una cajita feliz con su anhelado juguete, pero no quería herir los sentimientos de mi papi.

La arepa, el pan nuestro de Venezuela, es una tortilla de maíz fresco que puede abrirse para rellenarla con lo que te apetezca ese día y comer en el desayuno, el almuerzo o la cena. (Por eso el local de mi papá funcionaba como un negocio 24/7).

Nos encantaba «La reina pepiada» con pollo, aguacate y mayonesa; «La Catira» de pollo desmenuzado y queso amarillo; y la «Arepa con pabellón», el plato típico de Venezuela: carne mechada, caraotas negras y plátano.

Para cualquier otra familia, comer en el carro hubiera sido un desastre, pero no bajo la supervisión de Diana Atencio, quien de un maletín sin fondo sacaba servilletas, toallitas húmedas y bolsitas plásticas para guardar, compactar o desechar lo que íbamos consumiendo. Las arepas se acompañaban con refrescos Malta, conservados en una hielera portátil. No tener que parar a comer nos permitía llegar a la playa sin escalas.

El indicio de que ya estábamos fuera de Caracas era que la señal de radio se desvanecía. Se nos empezaban a tapar los oídos. El aire se hacía denso por la humedad del mar. Jugábamos a aguantar la respiración hasta que el carro cruzara el túnel a través de las montañas; y tomábamos bocanadas de aire al llegar al otro lado.

¡¡¡Fiuuuuu!!!

La cordillera revelaba un mundo muy diferente a la burbuja que mis papás habían creado para nosotros en la ciudad. Estaba llena de ranchitos pobres con techos de zinc donde vivían miles de familias en la miseria.

Por la noche, cuando miras el paisaje de Caracas, notas miles de lucecitas que cubren la montaña, cual libélulas iluminando el cielo; es como un pesebre. Pero cuando sale el sol, el desencanto te golpea: es una favela de millones. A pesar de la riqueza de Venezuela, estas comunidades marginadas sufrían la grave desigualdad que reinaba allí. Usar esa disparidad e injusticia social fue un principio central en la plataforma de campaña que colocó en la presidencia al teniente coronel Hugo Chávez Frías en 1998.

Cuando asumió el cargo, heredó un país donde el salario promedio de los venezolanos era casi un setenta por ciento más bajo de lo que ganaban durante el enorme auge petrolero de los veinte años anteriores. A pesar de la prosperidad que disfrutaba mi país, la corrupción y los errores en políticas económicas y sociales hicieron imposible cerrar la dolorosa brecha que acabaría destrozándonos. Muchos pasaban hambre mientras que otros vivían en exagerada abundancia.

El colegio fue el primer lugar donde se hizo evidente para mí la brecha entre ricos y pobres. Estudié en el Merici (una academia dirigida por monjas ursulinas) los catorce años de educación primaria y el bachillerato. El lema bordado en nuestro uniforme era *Serviam* (en latín, «Serviré»).

El Merici fundó en 1962 una escuela para niños de escasos

recursos llamada irónicamente «Campo Rico», financiada por las donaciones de nuestras familias y de las exalumnas. Una vez al año, los niños de esa escuela venían a pasar el día a nuestro colegio y las diferencias se hacían aún más notorias.

Nunca olvidaré como sus ojos se iluminaban al ver nuestros útiles escolares, nuestros zapatos e incluso los bonitos lazos que llevábamos en el pelo cuidadosamente cepillado. Para ellos, algunas niñas parecían princesas de la vida real.

Incluso a mi corta edad, sabía que algo no estaba bien. Mi mamá trabajó organizando las donaciones para Campo Rico durante diez años. A pesar de que les dábamos la bienvenida a los estudiantes a nuestra escuela por un día, realmente no llegábamos a conocerlos. No sabíamos sus nombres ni los problemas que enfrentaban en sus hogares. No estábamos haciendo lo suficiente para tener un impacto real en sus vidas.

Ahora sé que, para ayudar de verdad a los más necesitados, tenemos que ir más allá de pagar por su educación básica o mostrarles que hay un mundo mejor. Debemos darles herramientas como individuos y a nivel de comunidad para que puedan luchar por sus sueños y motivarlos a creer en sí mismos, a reconocer su potencial.

Hoy, *Serviam* significa para mí algo profundo: hacer todo lo que esté a mi alcance para alentar el crecimiento personal y profesional de las personas que se cruzan en mi camino. Tratar de cerrar las dolorosas brechas que nos separan, sin importar cuáles sean.

Cuando era niña, en esos viajes a la playa, no noté aquellas brechas. Mientras conducíamos por un poblado de pescadores con muchas carencias llamado Naiguatá, justo antes de llegar al club de playa, solía presionar mi rostro contra la ventana del auto con curiosidad. Veía niños descalzos corriendo por el camino y escuchaba el sonido de la música popular flotando entre los callejones. Mujeres en tanga vendiendo besos (y probablemente todo lo demás) por un par de bolívares, nuestra moneda local. Los vendedores ambulantes ofrecían cervezas y las demás bebidas alcohólicas que puedas imaginar. Mucho color para distraernos de la pobreza. A menudo miraba con asombro a los niños de mi edad o menores. Todos parecían hacer lo que querían y siempre estaban sonriendo. Al menos eso era lo que yo creía.

Una vez que llegábamos al club, nuestro propio sentimiento de independencia comenzaba a salir a flote. Corríamos hacia el mar sin preocuparnos por nada. Ni siquiera teníamos que pensar en el dinero. En aquel entonces, el Club Camurí nos entregaba un pequeño talonario de billetes falsos estilo Monopolio que podíamos usar para comprar refrescos, sándwiches o cualquier cosa que quisiéramos en el abasto.

Cada año, los miembros del club organizaban una fiesta en la playa e invitaban a un grupo de música local llamado Las Sardinas de Naiguatá. Eran pescadores de oficio, pero extraordinarios músicos de corazón. Llegaban con sus tambores, sus panderetas y la reina del Carnaval; vestidos con camisas coloridas y las caras pintadas, tocaban una mezcla única de merengue, combinado con el ritmo de los tambores africanos que corre por nuestras venas. La fiesta era una procesión de cientos de personas que bailaban y se apropiaban de la calle que conducía a la entrada del club. Algunos se disfrazaban, mientras que otros llevaban trajes elaborados con los rostros pintados; había alcohol en abundancia y todos marchaban al compás de la música con la reina al frente dirigiendo la comparsa.

Yo tenía ocho años cuando realmente me fijé en la mujer que llevaba la corona: tenía la piel morena, labios voluptuosos y brillantes y un collar de flores silvestres como único accesorio. Llevaba un disfraz sencillo, no como las *misses* de la ciudad: un vestido blanco de un solo hombro, de estilo griego. No necesitaba ningún adorno adicional. Su seguridad era suficiente. Nunca antes había visto a alguien así.

Debo decir que, en Venezuela, la belleza es desde hace muchos años el segundo gran producto de exportación. Es una de las pocas cosas que ofrece a las mujeres la posibilidad de una movilidad ascendente en clase social. El *Miss* Venezuela es una mega industria. Es parte integral de nuestra cultura. Elegimos reinas de belleza para todo, incluso para los equipos de béisbol, fútbol y baloncesto. Hay reinas de belleza en los pueblos, en las cosechas, en las empresas, en las escuelas primarias y hasta en las cárceles.

Ese es otro indicador de la enorme división de clases y el racismo prevalente en nuestra sociedad. En un país donde la mayoría de la población es mestiza, nacida de la mezcla del indígena, el africano y el europeo, muchas de las *misses* o reinas de belleza, tienen la piel y el pelo claros.

Sin embargo, en cuanto vi a la reina de Naiguatá llegar al Club Camurí con su grupo musical supe que era diferente. Me miró por un momento y sonrió. No era fría ni distante, con la expresión congelada que caracterizaba a las de la televisión; al contrario, era fuerte y majestuosa, de piel bronceada, cabello rizado y risa musical.

Yo era una niña bajita y peludita, que mostraba las encías al sonreír, pero de repente la posibilidad de transformarme de patito feo a cisne elegante se volvió real. Fue como una revelación. Esta mujer era ella misma, de manera perfecta y auténtica.

Si por cualquier golpe de suerte yo podía sentirme tan segura en mi propia piel como ella, no tendría que compararme con las otras niñas, esas que con sus elaborados disfraces criticaban sin piedad a quienes no encajábamos en los estándares de belleza que nos habían impuesto.

Me sentía tan inspirada por ella que decidí participar en la competencia de disfraces del club. Aunque era para niños, los padres se tomaban el asunto *muuuuy* en serio. Escogían o creaban trajes y accesorios vistosos y costosos. Los niños modelaban en una pasarela blanca ubicada en medio del jardín tropical del club.

Inspirada en la reina morena, me puse un collar de flores silvestres y, vestida con mi mejor sonrisa, resistí los comentarios de las otras chamitas que me criticaron por tratar de imitarla. Me subí a la pasarela con orgullo y bailé con los tambores sin pensar en llevar el ritmo. Al final, para sorpresa de todos, ¡gané la competencia!

Me tomaría décadas analizar ese evento y necesité de mucho crecimiento interno para aceptarme realmente como soy. Ahora mi sonrisa viene de adentro, mi confianza es genuina y respeto el hecho de que mi cuerpo es pequeño, pero fuerte, sano y me lleva por el mundo haciendo el trabajo que amo.

Desearía poder regresar el tiempo y agradecer a esa joven que, sin saberlo, se convirtió en uno de mis ejemplos de ideales femeninos. Su imagen vive en mí. Su espontaneidad todavía me conmueve y el recuerdo de la luz en sus ojos, que se fijó en los míos durante solo un par de segundos, me fortalece cuando cualquier comentario negativo amenaza con abrir la caja de Pandora de mis miedos y dudas.

La reina de Naiguatá me enseñó que el espíritu humano se eleva por encima de esas barreras. Presentar nuestra verdadera esencia es mucho más efectivo que cultivar solo la parte estética o cumplir con una lista de expectativas. Y en mi experiencia genera interacciones más auténticas y duraderas de lo que podemos imaginar.

En la playa, mis papás se sentaban en el mismo espacio junto a las piedras cada mañana, año tras año. Colocaban las clásicas sillas verdes de plástico junto a su grupo de amigos en un tramo de arena al que llamábamos «la playa de los viejos», porque los chamos no se paraban por ahí. Mis hermanos y yo pasábamos solo a la hora del almuerzo para confirmar que estábamos sanos y salvos.

Por la noche, una sala de cine improvisada en el auditorio de la iglesia era el lugar ideal. Instalaban un proyector gigante en la misma área donde se celebraba la misa los domingos, con las paredes abiertas a los lados de manera que se podía escuchar el océano. Mi fascinación por Hollywood y mi deseo de aprender inglés comenzaron en ese pequeño auditorio.

En cada visita me sentaba allí con los ojos llenos de ilusión, noche tras noche, viendo películas como *Top Gun* y *Home Alone* de cuyo protagonista, Macaulay Culkin, me enamoré cuando tenía doce años. Me esforzaba por imitar todo lo que él hacía en la película. Hice varios intentos de colocar carritos de juguete en el piso para que mi profesora de matemáticas se resbalara y cayera como los ladrones e, incluso, intenté lanzarme con una cuerda y un gancho de ropa desde el segundo piso de nuestro apartamento como Macaulay hizo para llegar a su casa del árbol. Afortunadamente mi mamá me detuvo antes de saltar, y para evitar una tragedia segura, mandó a colocar rejas en la ventana de nuestra habitación.

También lloré durante días después de ver a Macaulay en *My girl* o *Mi primer beso* en la cual su personaje muere por unas picaduras de abeja sufridas mientras buscaba el anillo que su querida amiga Vada había perdido. Todavía me pregunto ¿a quién se le ocurrió una película tan cruel? Además de un claro disgusto por las abejas, desarrollé unas ganas enormes de dar mi primer beso «antes de morir», al igual que el personaje de Macaulay.

La oportunidad se presentó unos años después. Había puesto mis ojos en un chamo un poco mayor que yo. Su nombre era Reinaldo Herrera. Era elegante, como un señor inglés sacado del cine que tanto admiraba. Su tía es la diseñadora de alta costura Carolina Herrera, por lo que el estilo le venía de forma natural; pero además de su aspecto, tenía algo especial. Reinaldo era muy maduro y se comportaba como un caballero con o sin la supervisión de un adulto. Era noble, honesto, bueno. Cuando sonreía me hacía sentir que el resto del mundo se desvanecía.

Un año, la última noche de Carnaval, lo vi junto al faro. Estaba solo, mirando las estrellas.

Me dije: «Mariana, empieza a caminar hacia él. Puedes hacerlo. Dios, por favor, haz que yo le guste». Sentí que el corazón se me salía del pecho, pero de alguna manera encontré el coraje para hablarle.

—Hola, Rey... um... Necesito decirte algo importante —me miró con los ojos muy abiertos—. ¡Quiero besarte antes de morir! —dije con mi voz melodramática de adolescente, los ojos brillando de curiosidad por algo que solo había visto en películas y en telenovelas.

Mis oraciones deben haber funcionado; se levantó y sostuvo mi rostro entre sus manos con infinita ternura.

—¿Estás segura? —preguntó.

Apenas logré asentir con un silencioso pero definitivo sí.

Sus labios se posaron lentamente sobre los míos como las alas de una mariposa, sutiles pero inolvidables. Esa noche, bajo las estrellas, me convertí en su novia.

Tras un par de años, sucedió lo inevitable; él me imaginaba vestida de novia y con nuestro primer hijo en menos de cinco años mientras yo me veía recorriendo el mundo en busca de la noticia del momento.

La decisión de separarnos fue muy dura, nos queríamos demasiado, pero teníamos metas y proyecciones de vida muy distintas. Dolió mucho reconocer que no estábamos hechos el uno para el otro, pero sabíamos que era lo mejor. Mantuvimos una cordialidad lejana y ambos quedamos con el recuerdo de esos hermosos días de playa, iluminados por la pasión del Carnaval.

El ritual de cierre para marcar el fin del Carnaval se llama «El entierro de la sardina» y se celebra el Miércoles de Ceniza. Los pobladores de Naiguatá y algunos visitantes participaban en una parodia de procesión fúnebre. Imagina una gran fiesta de barrio donde se baila y se llora al compás de la música, marcada por el ritmo de los tambores; las damas vestidas de negro se lamentan dramáticamente y se limpian los ojos con pañuelos. Los «dolientes» con trajes exagerados llevan a la querida «sardina» con mucho derroche al lugar donde será velada.

La sardina gigante, hecha de cartón, del tamaño de una persona, representa los deseos pecaminosos de la carne y está forrada con fotos y periódicos «subidos de tono». La procesión está dirigida por un sacerdote y monaguillos falsos seguidos por cientos de personas. Comienza en los muelles de pesca y se abre paso a través de la multitud mientras los supuestos feligreses lanzan «agua bendita» falsa (ron de verdad tomado de las cavas), pidiendo que se elimine la lujuria.

Cuando llegan a su destino, las viudas (un grupo de hombres disfrazados) lloran sobre el cuerpo de la sardina al ritmo de la pandereta, el cuatro (una pequeña guitarra) y los tambores de la banda de la ciudad, las Sardinas de Naiguatá. Llevan palmas en sus manos para espantar moscas, brujas y demonios. Al caer la noche, la sardina es arrojada al mar para que se una a los peces reales mientras la procesión se lamenta. Esto cierra el ciclo, marcando el final del Carnaval y el principio de la Cuaresma.

La fascinación que siento por los colores, los olores, los sonidos y los matices de mi cultura, viene de admirar ese y otros rituales que enmarcan nuestra idiosincrasia. Mi gente habla un español apura'o que reconocerías en cualquier lugar donde encuentres a un venezolano. Ese fue el mundo mágico de mi infancia y juventud, que un día se desvanecería sin previo aviso.

El 15 de diciembre de 1999, Venezuela sufrió un deslave de tierra monumental, causado por las fuertes lluvias. La «tragedia de Vargas» golpeó las zonas costeras en la Guaira y mató a miles de personas en los ranchitos pobres de la montaña, que se sabía era una zona de peligro. Para entonces, alrededor del ochenta por ciento de la población de Caracas vivía bajo el índice de pobreza y los únicos lugares para hacer viviendas improvisadas estaban en las afueras de las montañas cercanas a la ciudad.

Árboles, escombros y tierra comenzaron a rodar estrepitosamente por la montaña. Luego vino un aguacero torrencial que duró varios días. Un deslizamiento masivo de rocas cayó por las laderas. Las carreteras y los pueblos a su paso, incluyendo Naiguatá, quedaron completamente bloqueados y destruidos.

Mi hermana y yo estábamos en Caracas ese día, porque teníamos que estudiar para unos exámenes finales, pero mis padres y Álvaro Elías se habían quedado en el club de playa. Aquella noche no pudimos dormir, pegadas al televisor viendo las noticias de las lluvias y los daños en el área. A las ocho de la mañana del día siguiente finalmente conseguimos ponernos en contacto con nuestra familia a través de la central de teléfono y les pedimos que salieran lo más rápido posible. Se las arreglaron para ponerse en camino, pero las inundaciones repentinas absorbían todo lo que encontraban a su paso.

La pequeña represa de Camurí colapsó. Las calles y los caminos de tierra donde saltaba cuando era niña se convirtieron en ríos desbordados.

Mi mamá aún recuerda que cuando miró hacia atrás veía el agua y el lodo irrumpiendo violentamente en las cabañas. Intentaron salir, pero no pudieron ir más allá del siguiente pueblo. Todos trataban de escapar y el tráfico bloqueaba las carreteras. Algunos se quedaron atrapados en el barro, que finalmente se convirtió en arenas movedizas que se tragaban todo.

Cuando empezaron a dar la vuelta, mi hermano notó la oleada que venía hacia el carro. El agua se filtró por encima de las ruedas y casi a través de las puertas. «Podía sentir la tierra temblar y vibrar —me dijo después—. Fue como un terremoto, las casas y las piedras cayeron como fichas de dominó mientras el mar se volvió rojo oscuro por ese lodo espeso y avasallante que venía hacía nosotros».

«Papi, dale, dale, pasa. Mete el acelerador. ¡Pasa ya!», gritó mi hermano mientras mi papá intentaba sacar la camioneta de la tierra. No pudieron regresar a Camurí. Buscaron refugio en el edificio de un amigo. Allí esperaron en el balcón del séptimo piso porque los pisos de abajo estaban completamente sumergidos en el agua. El torrente estaba tan cerca que tan pronto llegaron al balcón del apartamento y miraron hacia abajo, toda la calle en la que habían manejado poco antes estaba inundada.

En Caracas, mi hermana y yo vivimos momentos de desesperación sin saber dónde estaban. Rezábamos a toda hora. Le pedí fervientemente a Dios que salvara a mi familia. Las imágenes en la televisión eran devastadoras. Sabíamos que habían salido del club, pero no tuvimos noticias de ellos hasta casi la medianoche, cuando al fin pudieron llamar.

Tres días después, un helicóptero rescató a las personas en su edificio y lograron regresar a casa.

Miles no tuvieron la misma suerte. Según los estimados, la tragedia le costó la vida a entre diez mil y treinta mil personas, el diez por ciento de la población del estado. Casi trescientas mil personas resultaron afectadas por «El deslave de Vargas», que aparece en El libro Guinness de los récords como el deslizamiento de tierra con el mayor número de víctimas mortales. Esta tragedia afectó las vidas de ricos y pobres por igual.

Lo que hizo la naturaleza, el ser humano lo empeoró. La

catástrofe expuso aún más la división entre las clases sociales; algunos de los más pobres lo vieron como una oportunidad para entrar a los clubes y saquear. Mientras que los residentes más ricos se regresaron a Caracas y no ayudaron a los pueblos como Naiguatá a recuperarse. Miles de personas desplazadas fueron llevadas a un refugio improvisado en un enorme estadio de la capital y allí quedaron olvidadas, como basura que debía ser eliminada. Al final se hartaron y se fueron a buscar dónde reubicarse; la mayoría nunca podría volver a casa.

Estas pequeñas ciudades que formaron más tarde se convirtieron en lugares por los que se pasa rápidamente en un carro blindado. Esa parte de La Guaira nunca recuperó su antiguo esplendor. Barrios enteros desaparecieron. Los hoteles y las pequeñas empresas fueron borrados. El maravilloso verdor selvático se volvió marrón, con el suelo quemado. La arena devoró la costa hasta que la playa quedó irreconocible. Décadas de desigualdad afloraron en esos días de diciembre, algunos de los más tristes de la historia patria.

Todavía recuerdo con dolor lo que le dijo una señora a mi mamá: «Ojalá que las lluvias se hubieran llevado todos esos ranchitos y a la gente que vivía ahí». Horrorizada, mi mamá de inmediato le pidió que saliera de nuestra casa y hablara con un sacerdote sobre esos pensamientos. El racismo, la intolerancia, la hipocresía y el prejuicio estaban en todas partes; yo no sabía qué decir o hacer. ¡Me sentía tan frustrada e impotente! era una adolescente que hasta entonces no se había percatado de la gravedad de la situación ¿Qué podríamos hacer como individuos para curar esas heridas tan profundas? ¿Cómo puede un país tener sentido de unidad si algunos de sus ciudadanos muestran tal desprecio por las vidas de sus compatriotas?

Ahora, años después, cuando cubro desastres naturales, sufrimientos causados por el ser humano o disturbios políticos, siento que al fin hay algo que puedo hacer. Sé que es mi responsabilidad no solo mostrar las consecuencias de lo que sucede cuando pasa un huracán, un tiroteo masivo, un terremoto o un accidente fatal, sino también revelar la verdadera dimensión humana, para que el público no se olvide de esas pérdidas y al regresar a mostrar cómo evolucionó la situación, uno o cinco años después, quiero que la audiencia recuerde los rostros más allá de los titulares, desde el gas lacrimógeno en Ferguson, Missouri, hasta los terremotos en Haití y México, el tiroteo de la iglesia de Charleston, en Carolina del Sur y el huracán María en Puerto Rico.

Trato de reportar estas tragedias de una manera que refleje que ante todo somos seres humanos, que cada uno de nosotros merece la oportunidad de tener una vida digna y el derecho a prosperar. Llevo a La Guaira conmigo en cada cobertura, como recordatorio de que todo puede desmoronarse en un instante; y a pesar de nuestros mejores esfuerzos para protegernos, la vida puede golpearnos de distintas formas una y otra vez. Las divisiones pueden crecer lentamente, sin que nos demos cuenta de sus implicaciones. No podemos recuperarnos sin recordar de dónde venimos, y cuánto tenemos en común.

#*Go like Mariana*: Reflejar nuestra verdadera identidad es mucho más efectivo que cultivar solo la belleza externa o cumplir con una lista de expectativas, y puede dar libertad a otros de maneras más poderosas de lo que podemos imaginar.

#*Go like Mariana*: Podemos ayudar a los que están en nuestro camino dándoles las herramientas para que puedan luchar por sus sueños y motivándolos a creer en sí mismos.

3

«Por favor, no luzcas demasiado latina»

Minnesota, 1993

A los siete años, un buen día mi papá me dijo: «Mi Mari, las voy a mandar a ti y a tu hermana a un lugar donde nadie habla español. Quiero que aprendan inglés y conozcan diferentes culturas».

Papi comenzó a describir lo que sería un verano entero en Estados Unidos, repitiendo una frase a la que, en aquel entonces, no le puse mucho cuidado: «Nunca se sabe lo que nos depara el futuro».

En ese instante yo solo pensaba: *¡Seguramente voy a ir a un campamento de verano en Mayamiii! O todavía mejor, ¡quizás me manden a uno más al norte donde vive Mickey Mouse!*

Pero mi papá, un hombre de mundo y amplia cultura que valoraba mucho la educación, tenía un plan diferente.

Desde Caracas, nos mandó a un campamento de verano en Brainerd, Minnesota.

Mickey Mouse no andaba por ahí.

Tengan en cuenta que esto fue antes de los celulares, Instagram y Snapchat, por lo que no podía buscar ninguna información sobre el lugar al que íbamos.

Cuando llegamos, noté que casi todos los niños tenían el pelo rubio y los ojos azules o verdes.

Mi hermana y yo parecíamos salidas de *El libro de la selva* o *Aladino*.

La primera noche, el director nos reunió a todos alrededor de la clásica fogata y anunció ceremoniosamente: «Chicos, este año tenemos un campamento muy internacional. Las hermanas Atencio están aquí desde Venezuela».

Los otros niños no tenían la menor idea de dónde quedaba mi país. Nos hacían preguntas insólitas: «¿Saben lo que es una hamburguesa?» o «¿ustedes van al colegio en burro o en una canoa?». Yo intentaba responder en mi inglés machucado y ellos simplemente se reían a carcajadas de mis esfuerzos acompañados por gestos de manos con los que intentaba mostrar gráficamente la idea que mis palabras no lograban explicar.

Estoy segura de que no lo hacían por maldad; solo querían entender quiénes éramos y establecer una comparación con la realidad que conocían. Desde su punto de vista, el mundo estaba dividido en dos grupos: los que eran como ellos y los que parecíamos personajes de libros y películas de aventuras.

Nosotras éramos «diferentes». Y cuando uno es chamo, eso duele, y mucho. Pero como yo era «la mayor», sabía que era mi responsabilidad cuidar a mi hermanita, así que me llené de valentía y decidí aprender todo lo que pudiera acerca del estilo de vida estadounidense.

Durante ocho años hicimos lo que más tarde bautizamos como «la experiencia de verano». En cuanto terminaba el año escolar en Venezuela nos íbamos a una serie de ciudades de Estados Unidos que, puedo decir con orgullo, no muchos norteamericanos conocen tan bien como nosotros.

Luego volvíamos a casa y continuábamos practicando el inglés gracias a un pequeño televisor que teníamos en la sala, al cual papi logró instalarle una parabólica para que tuviera los canales gringos. Gracias a esa tecnología, para entonces muy avanzada, pude descubrir a íconos del periodismo como Katie Couric, Diane Sawyer, Andrea Mitchell y Christiane Amanpour.

Sin importar cuánto mejoraba nuestra capacidad para comunicarnos en otro idioma, relacionarse con alguien en un país extranjero año tras año no era nada fácil. Tener un amigo era como recibir una recompensa especial; en esos años hice amistades con las que todavía mantengo contacto.

La verdad es que todos necesitamos sentirnos valorados y aceptados. Y creemos que eso debería suceder de manera espontánea, pero no es así. Cuando eres diferente tienes que esforzarte para pertenecer al grupo. Es posible que sientas que debes ser súper amable o más inteligente, atractivo, servicial, cómico, cualquier cosa para ser aceptado por el grupo con el que quieres estar. A veces terminas por cambiar quién eres para complacer a los demás y eso te persigue hasta la edad adulta. Esas experiencias de la infancia perduran mucho más de lo que piensas.

Miami, 2017

Aunque digamos mil veces que no nos importa la opinión de los demás, eso no es completamente cierto. Como parte de cualquier sociedad, tenemos que establecer relaciones con amigos, colegas e incluso con miembros de la familia que serán enmarcadas y definidas por lo que piensan de nosotros y lo que pensamos de ellos. Y, nos guste o no, las personas a menudo basan sus opiniones en cómo lucimos.

Discutir la apariencia de una periodista o presentadora de televisión es algo común en los medios de comunicación. Para quienes estamos frente a las cámaras, a veces se siente como un concurso de belleza en el que nos inscribieron sin haberlo pedido. Nuestros compañeros y jefes hacen comentarios que pueden impactar nuestras carreras y, también, nuestra autoestima.

¿Por qué escogió una camisa sin mangas?

¡Oye, hoy luces estupenda!

No necesito decir más…

Una de las preguntas más frecuentes cuando voy a participar en un evento, incluso si se trata de ir a dar un discurso o ser moderadora de una conversación, es «¿qué te vas a poner?».

Sé que suena banal, pero en muchas industrias todavía se espera que las mujeres encajen en cierto molde si desean ser tomadas en serio. Bueno, si esto se va a convertir en un concurso quiero que la banda o listón que me identifique diga: *¡Mi gente!*

Luego de una década trabajando en medios de comunicación, tras haber pasado de Univisión a MSNBC, me he acostumbrado a los comentarios sobre mi apariencia. Ahora, en lugar de agobiarme por los juicios y prejuicios, he aprendido a usar mi *look* como una forma sutil de proclamar: «Aquí estoy, y no pretendo ser alguien más. ¿Sabes qué? Puedes estar donde quieras sin cambiar tu esencia».

Así que se podrán imaginar mi emoción cuando me invitaron a la Cena de Corresponsales de la Casa Blanca en la primavera de 2017. Era una gran oportunidad para mostrar mi identidad.

Esa velada, patrocinada por la Asociación de Corresponsales de la Casa Blanca, es conocida como *nerd prom* [fiesta de graduación de *nerds*] y es el evento mediático más destacado del año en Washington, al que asiste tradicionalmente el Presidente, y la crema y nata del periodismo. Decenas de medios nacionales e internacionales cubren la ceremonia de principio a fin.

Ya había ido una vez antes, en 2014, durante el mandato de Barack Obama, representando a Univisión y *Fusion*. Había quedado deslumbrada por el brillo y el glamour. Además de ver al presidente y a la primera dama, Michelle Obama, me había topado a tantas estrellas que era difícil contarlas. Vi al elenco de *Scandal*,

House of Cards, *The Good Wife* y *Modern Family*, junto a los comediantes más famosos de la época, presentadores de noticias, reporteros y productores de documentales.

Todos socializaban en las mesas y te podías acercar a pedirles *selfies*, como si fuera la boda de tu prima; de hecho, eran mucho más accesibles allí que en las alfombras rojas de Hollywood o cualquier ciudad donde se realizan entregas de premios o festivales cinematográficos. En mi opinión, la Cena de Corresponsales de la Casa Blanca es más sorprendente que muchas galas que asociamos con grandes celebridades.

En esa primera ocasión, noté que no había muchos hispanos presentes; porque simplemente no hay muchos latinos en los medios nacionales a pesar de que, según la Oficina del Censo, somos la minoría más grande en Estados Unidos y para el año 2060 representaremos alrededor del treinta por ciento de la población total, unos 119 millones.[1]

Así las cosas, cuando NBC me invitó a ir al famoso *nerd prom* en 2017, estaba más que encantada de representar a nuestra gente, orgullosa de tener un asiento en la mesa, de manera literal y figurativa. Quería hacer un pequeño homenaje a mi cultura. Tuve una idea: ¿qué tal si usaba algo con amarillo, azul y rojo, los colores de la bandera de Venezuela y otras naciones suramericanas?

Elegí un vestido de corte sirena al estilo de Sofía Vergara en tono dorado, zarcillos azul rey y una cartera *clutch* roja. ¡*Perfecto*!

Con el equipaje ya listo junto a la puerta, estaba preparando un almuerzo rápido con mi esposo antes del vuelo cuando sonó mi celular. Era una de mis jefas en el canal.

—Mariana, solo quería asegurarme de que estés preparada para una gala tan prestigiosa —dijo—. ¿Cómo te vas a vestir?

Fue una llamada muy rara, y lo que siguió fue aún más extraño.

—¿Por qué lo pregunta? —respondí.

—Por favor, no luzcas demasiado latina.

Al principio pensé que no había escuchado bien.

—¿Discúlpeme? —repliqué.

—Quiero decir, cuando elijas tu atuendo, no luzcas demasiado latina.

Me sentí ofendida, herida. El insulto y la indignación me golpearon a la vez.

—Perdón, ¿a qué se refiere? —le pregunté mientras mi voz comenzaba a temblar por la humillación.

Con cada palabra, esta persona me hacía sentir cada vez peor. ¿Debía permitirlo?

¿Te imaginas a alguien en tu trabajo pidiéndote que no te veas demasiado moreno, o asiático o blanco? ¿No luzcas tan musulmán o cristiano? ¿Cómo cambias lo que eres intrínsecamente?

—Todavía no entiendo lo que se supone que debo hacer o no—expresé, tratando de comprender lo que realmente estaba sucediendo.

—¿Por qué no vas a la tienda Saks Fifth Avenue y le pides a una estilista que te ayude? —fue la siguiente sugerencia. (No quise siquiera mencionar que trabajo con una estilista personal en Saks desde que estaba en Univisión)—. Pídeles que te escojan algo recatado. No demasiado colorido ni apretado. Piensa en Ivanka Trump, ¿está bien? Avísame si tienes algún problema. Adiós.

«¡Basta!», quería gritar por ese teléfono. Sin embargo, no lo hice.

Quisiera confesarles que pensé en una respuesta inteligente y cortante; pero, aturdida, cerré la llamada y me quedé callada.

De inmediato pensé en el vestuario multicolor ya cuidadosamente empacado.

Se me arrugó el corazón, sentí que mi comunidad había sido golpeada y denigrada. Y como si eso fuera poco, tuve que enfrentar nuevamente la creencia de que hay una fórmula para clasificar a la gente por su apariencia. Por un momento reviví la sensación de estar fuera de lugar y ser la niña diferente en el campamento de verano.

Soy una latina de piel clara, pelo liso oscuro y cejas gruesas. En mi país, me consideran «blanca» debido a mi ascendencia europea y mi estatus socioeconómico.

No puedo cambiar mi genética ni la familia en la que nací, pero estoy dolorosamente consciente de que mi origen me otorga cierto grado de privilegio. En Estados Unidos, eso suele significar que la policía no se me acerca sospechosamente en un centro comercial, ni me preguntan si tengo permiso de trabajo cuando me escuchan hablar español. También significa que mi nivel de educación no es cuestionado, mientras que otros latinos están constantemente bajo una lupa, siendo juzgados tan solo por el color de su piel.

A esto se le llama «colorismo», un tipo de discriminación que la escritora Alice Walker definió en su libro *In Search of Our Mothers' Gardens* [En busca de los jardines de nuestras madres] como el «tratamiento perjudicial o preferencial de las personas de la misma raza basado en el color de su piel».[2]

En Estados Unidos, el colorismo se remonta a los tiempos de la esclavitud, cuando los sirvientes de piel clara trabajaban en el hogar en lugar de ser enviados a las inclemencias del campo. El colorismo también formó parte del colonialismo español que impregna la cultura hispanoamericana.

Algunos en nuestra comunidad todavía califican a las personas por ser «demasiado blancas» o «demasiado morenas»; o «no lo suficientemente blancas» o «no lo suficientemente morenas». Honestamente, no existe y nunca habrá un color adecuado para satisfacer a todos.

Pensaba en todo eso, con el teléfono todavía en la mano y un torrente de lágrimas a punto de estallar.

Mi esposo se dio cuenta de mi angustia.

—*Jose*, ¡me acaban de decir que por favor no luzca tan latina! ¿Qué significa eso? —pregunté mientras lo abrazaba con fuerza—. ¿Significa que no debo vestirme como JLo, Penélope Cruz o Salma Hayek? ¡Porque estoy segura de que el noventa y nueve por ciento de las mujeres del plantea quisiera parecerse a ellas!

O sea. Eso era exactamente lo que debía haber dicho. La idea llegó muy tarde.

Entonces mi esposo, que es el típico ingeniero, un hombre de ciencia, no tan apasionado como yo en temas de identidad, me confesó algo igualmente doloroso que le había pasado.

—Lo siento mucho, Mari. Te entiendo más de lo que crees porque a veces también me siento así en mi trabajo —admitió.

Jose se graduó en el prestigioso Instituto Tecnológico de Massachusetts (MIT, por sus siglas en inglés) y vino a Estados Unidos desde Venezuela casi al mismo tiempo que yo para cumplir su sueño de abrir un negocio. Su familia por parte de padre es libanesa, con una historia de migración generacional. Hay más libaneses fuera del país (de 8 a 14 millones) que dentro del hermosísimo y tan histórico Líbano (4 millones). Su familia ha tenido que emigrar dos veces, primero desde Líbano y más recientemente de Venezuela.

Luego de trabajar varios años como consultor para McKinsey & Company, *Jose* había logrado ahorrar suficiente dinero para lanzar su propia empresa en el sur de la Florida, dedicada a su mayor pasión: el golf. Luego de seis años, TheGrint, su aplicación para golfistas que calcula el hándicap de un jugador, fue catalogada por CNN Big Ideas como «un factor de cambio» para el deporte, haciendo que el golf sea hoy más accesible para los deportistas jóvenes de distintas comunidades.

Pero *Jose* dice que el golf es todavía un deporte muy «blanco», sin importar cuántos campeonatos Tiger Woods u otros jugadores de minorías raciales hayan ganado las copas más prestigiosas.

—Tuve que cambiar la firma en mi correo electrónico para que los inversionistas y usuarios respondan de manera justa y rápida —me dijo ese día en nuestra cocina.

Me di cuenta de que cuando firmaba como «*Jose* Torbay», algunas veces me descartaban o me ignoraban; pero, cuando firmaba con mis iniciales, J. T., casi siempre me contestaban —explicó—. Por alguna razón, incluso cuando la gente lee mi nombre en un correo electrónico junto a las iniciales CEO, todavía piensan que soy «*Jose*, el jardinero» no «el empresario del MIT» —añadió—. Hoy fuiste vista como «Mariana, la señora de servicio», no como «la corresponsal de noticias».

Hay casi 58 millones de hispanos en Estados Unidos.[3] Algunos son jardineros y señoras de servicio; otros son campesinos o mesoneros. Hacen un trabajo importante y todos debemos sentirnos orgullosos y agradecidos por su labor. Lamentablemente, los estereotipos que acosan a los latinos, en Hollywood, en los medios de comunicación y en la política, nos impiden ser vistos *también* como médicos, abogados, astronautas, directores ejecutivos o profesionales del más alto nivel. Los estereotipos revolotean por donde vayamos y se vuelven peligrosos cuando, en lugar de ser considerados parte vital de la fuerza laboral, nos agrupan dentro de lo peor de la sociedad: pandilleros, violadores, delincuentes.

Mi esposo y yo, ambos *millennials*, trabajadores e inmigrantes legales estábamos experimentando solo una partecita de las consecuencias devastadoras de una ola de racismo que comenzó a avanzar en Estados Unidos a partir de 2016.

Antes lo había percibido en pequeñas cosas que me hacían sentir como una extraña. Recuerdo a la señora que una vez me gritó: «Aquí hablamos inglés, ¡bienvenida a Estados Unidos!», cuando me escuchó hablar español en la peluquería.

También tuve un compañero de trabajo con el mal gusto de preguntar si finalmente iba a casarme con un gringo. Le respondí: «Mi novio es libanés-venezolano», y él añadió: «Ya solo falta que te unas al grupo islámico ISIS. ¡ja, ja, ja!».

No es nada gracioso; simplemente es más fácil restarle importancia a esos comentarios porque se necesita valentía y mucha energía para enfrentar el racismo y la xenofobia.

Es por eso que años después, cuando ya era una presentadora de noticias de treinta y tres años y me llamaron para advertirme que no luciera «demasiado latina», me sentí nuevamente como la niña peludita e insegura que a los siete años intentaba encajar con el resto. Probablemente esa fragilidad emocional me impidió defenderme.

Claudiqué. Me rendí. Camino al aeropuerto, llamé a mi estilista en Saks y cambié el vestido y los accesorios por una opción «más conservadora». El hecho de aceptar mi debilidad me hizo pensar en los momentos en que me había quedado callada para evitar confrontaciones y en los que, sin desearlo, había hecho que *otros* se sintieran mal por ser diferentes.

Connecticut, 2002

Estaba terminando la secundaria en Venezuela cuando mis papás me enviaron a pasar el último año de bachillerato en un internado en Wallingford, Connecticut. Por supuesto, con mi imaginación adolescente a toda máquina iba soñando con un *high school* gringo de película, con un *locker* o armario en el que podría colgar afiches y guardar mis cosas parecido a los de mi programa de televisión favorito en ese momento, *Salvados por la campana*.

Cuando llegué al cuarto que me asignaron, mi compañera de habitación me estaba esperando. Abrí la puerta con emoción y allí estaba ella, sentada en su cama. ¡Con un velo en la cabeza! Era musulmana. Su nombre era Fátima, oriunda de Bahrein. ¿Dónde quedaron Zach Morris y Kelly Caposki? Fátima no era lo que yo esperaba. Ella debió percibir mi cara de decepción. En honor a la verdad, no hice mucho para ocultarla.

En aquella época de mi vida yo quería ser popular. Tal vez conseguir un novio chévere con quien ir a la fiesta de graduación para mandar fotos envidiables a mis amiguitas en Venezuela. Pensaba que Fátima, con su timidez y estricto código de vestimenta musulmana, sería un obstáculo para cualquier relación de pareja que quisiera tener.

No podía entender por qué esa niña tenía que rezar cinco veces al día o por qué no podíamos dejar entrar a los chamos a nuestro cuarto si ella no llevaba puesto su pañuelo en la cabeza. No me daba cuenta de que la estaba haciendo sentir como los niños en el campamento de verano me hicieron sentir a mí. Mi falta de empatía era el equivalente a preguntarle: «¿Sabes qué es una hamburguesa?».

No la vi como un ser humano excepcional e interesante. Me dejé llevar por mi propio egoísmo y no supe ponerme en sus zapatos.

Duramos apenas un par de meses juntas, pues la pasaron a otro dormitorio donde compartía habitación con una profesora en lugar de otros estudiantes. *En verdad eso es lo mejor para ella. Estará bien. Ella es diferente*, pensé.

Cuando catalogamos a las personas como «diferentes», se convierten en «los otros», y eso los deshumaniza. En realidad, lo que hacemos es construir excusas para justificar nuestra falta de sensibilidad. Así, no son dignos de nuestro tiempo, dejan de ser nuestro problema. De hecho, incluso en nuestra mente a veces pueden ser la causa de nuestros problemas.

Entonces, ¿cómo reconocemos nuestros puntos ciegos? Primero, tenemos que entender lo que nos hace únicos y aprender a aceptar esas diferencias. Cuando nos sentimos cómodos con nosotros mismos estamos listos para apreciar lo que hace a los demás diferentes y especiales.

Me di cuenta de esa realidad un par de meses después. Ya había hecho nuevos amigos, había encontrado el noviecito ideal para el baile de graduación y casi me había olvidado de Fátima, cuando me inscribí para participar en un concurso de talentos con el fin de recaudar fondos caritativos. Cada estudiante tenía que ofrecer algo para la subasta. Todos parecían tener un talento interesante. Algunos tocaban el violín; otros hacían monólogos teatrales.

Yo pensé: *Nosotros no practicamos talentos como esos en mi colegio en Venezuela*. Sin embargo, estaba decidida a encontrar algo que sorprendiera al público.

Llegó el día del show y mi turno. Me subí al escenario con un *CD player* portátil y puse el nuevo éxito de mi cantante preferida: Shakira. *Whenever, wherever... we are meant to be together* [Contigo, mi vida, quiero vivir la vida. Y lo que me queda de vida, quiero vivir contigo].

«Hola a todos, mi nombre es Mariana y vengo a subastar una clase de baile».

Los gringos se volvieron locos. Como si todo el colegio hubiese levantado las manos para aplaudir. ¡Mi clase de baile se destacó de la décima clase de violín subastada ese día!

Mientras caminaba de regreso a mi cuarto, no me sentía diferente. ¡Me sentía súper especial! Y luego comencé a pensar en Fátima. Me di cuenta de que ella era del Medio Oriente (como la familia de Shakira) y tal vez podría haberme enseñado algunas cosas sobre su estilo de baile o sus hermosas tradiciones, si tan solo yo hubiese estado abierta a ello.

Apreciar mis diferencias me ayudó a comenzar a ver lo positivo en las diferencias de los demás. Podemos sentirnos avergonzados de lo que nos hace diferentes, o rechazar las cosas que hacen a otros diferentes. Pero esas son nuestras ventajas competitivas y comparativas. Tenemos mucho que ofrecernos unos a otros para beneficiarnos entre todos.

Nunca le pedí perdón a Fátima. Es algo de lo que hasta el día de hoy me pesa.

Cuando regresé a Venezuela al culminar mi año de internado, comencé a sentir cómo estas experiencias me habían cambiado y me estaban cambiando. La empatía es una aptitud que se puede aprender y desarrollar. Y si algo se puede aprender, entonces hay esperanza de que podemos cambiar para mejor. Esa fue una de las razones por las que comencé en el periodismo.

En 2017, durante el evento de corresponsales de la Casa Blanca, usé el vestido «estilo Ivanka» que me habían sugerido. A pesar de que posé para las fotos, me sentí patética.

Finalmente entendí que mi propósito no era solo conseguir el trabajo de mis sueños en un canal de televisión; mi verdadera misión debía ser (y es) tratar de cambiar el juego desde dentro y mostrarle a esas niñas con nombres difíciles de pronunciar que también pueden triunfar, en lo que sea que eso signifique para cada una de ellas, manteniéndose fieles a sí mismas, leales a sus valores y sus principios.

Miami, 2017

Los medios de comunicación tienen el poder de dictar el orden del día de un país. Los periodistas determinan cuáles serán los titulares y, cuando hay voces variadas en una sala de redacción, la cobertura refleja un panorama de noticias más amplio.

La diversidad en las historias es importante, pero también lo es la autenticidad de los narradores. Las compañías deben fomentar un entorno en el que las voces nuevas no se transformen en el reemplazo de las existentes, sino que tengan el poder de expresar sus propias ideas y su propia cultura, con un estilo original. No debemos crear «al siguiente tal y cual»; necesitamos a las nuevas figuras que seguirán fortaleciendo nuestra profesión.

Y aunque elegir un vestido pueda parecer superficial, se convierte en algo significativo, para bien o para mal dependiendo del contexto. Todavía pienso en la conversación telefónica con aquella jefa que me criticó como una oportunidad perdida y lamento no haberle dicho que su comentario me había incomodado inmediatamente después de ocurrido, porque tal vez, si lo hubiésemos discutido, esa persona habría entendido y aprendido de mi reacción.

El efecto mariposa de las pequeñas cosas puede ser extraordinario. A veces comienza con algo sencillo, como pronunciar nuestro nombre correctamente. ¿Recuerdan que he sido desde María hasta Marinara? Bueno, mis papás me bautizaron como Mariana y quiero que mi nombre suene tal cual ellos lo escogieron. Pienso que es nuestra responsabilidad (especialmente si trabajamos en televisión o radio) tratar de respetar el ritmo de las palabras en su idioma original. He visto a muchos «John» molestos porque les dicen «Yon» en español. Entiendo esa frustración y también comprendo lo difícil que resulta rodar la «r» como se hace en español o en francés, pero eso no debe ser motivo de burla. Hay palabras o frases en otros idiomas tan comunes que ni siquiera nos detenemos a pensar en su origen, como las palabras *pizza*, *lobby*, *bon appétit* o *fashion*.

Además del idioma, hay maneras más sutiles de celebrar nuestra herencia cultural. Cuando la congresista Ilhan Omar lleva con orgullo su hiyab o la jueza de la Corte Suprema, Sonia Sotomayor y la congresista, Alexandria Ocasio-Cortez lucen sus aretes o zarcillos de argollas, están enviando al mundo un mensaje muy poderoso, que convierte esa leve brisa de mariposa en vientos de cambio.

Una de las mayores lecciones que he aprendido es que no podemos seguir hablándole solo a nuestra propia comunidad, que conoce y entiende la situación. Debemos buscar aliados en otras comunidades, en nuestros vecindarios y lugares de trabajo. En la televisión han sido personas como los presentadores Joy Reid, Ali Velshi o Mika Brzezinski quienes me han brindado su apoyo y consejo sobre cómo hablarle a las minorías con base en sus propias experiencias.

Los latinos (o *latinx*, como esta generación se refiere a nuestra comunidad para incluir a todos los géneros y tipos de diversidad) somos trabajadores, fuertes, felices, leales, familiares; somos coloridos, amables, vibrantes. Venimos en todas las formas, tamaños, colores y acentos; pero cuando alguno de nosotros emigra a Estados Unidos, sin importar de dónde vengamos, ya sea que nos gusten las empanadas, los tamales o las arepas, que bailemos salsa, cumbia o norteño, todos nos volvemos parte de la gran comunidad latina en Estados Unidos.

«En cuanto cruzas la frontera, eres latino». Esa fue una de las frases más poderosas que escuché de Mario Kreutzberger Blumenfeld, el gran Don Francisco, presentador de *Sábado Gigante*, el show de variedades más largo en la historia de la televisión mundial, que terminó en 2015 con cincuenta y tres temporadas al aire, siempre con el mismo anfitrión.

Me tomó mucho tiempo y mucha búsqueda interior entender a cabalidad el impacto de lo que Don Francisco me dijo.

Cuando dejé mi país de origen, yo sabía quién era: una venezolana. Y aunque había visto y leído bastante sobre la identidad latina en Estados Unidos aquel era un concepto nuevo para mi esposo y para mí mientras estábamos en Caracas. Una vez que llegamos a Estados Unidos, cada uno por su lado vivió un proceso de adaptación.

Como inmigrante, comprendí que se trata de una definición compleja. Muchas veces escuché comentarios incómodos como: «Tú eres una latina "blanca"» o «tu acento no es tan fuerte» expresados como elogios, pero yo los sentía en ocasiones como insultos velados. Estoy cansada de decir que los latinos venimos de todos lados y por eso lucimos diferentes. Uno no puede lucir «más» o «menos» latina, lo que sea que eso signifique.

Por otra parte, tener poco acento en otro idioma es cuestión de práctica y de cierta habilidad natural, como la tienen algunas personas para la música, o el deporte. Lo importante es buscar la forma de comunicarnos para seguir hacia adelante en el país que elegimos como segunda patria. Claro está, como periodista de televisión es importante para mí hablar lo más claro posible, pero los acentos deberían ser como medallas. Yo no quiero perder el mío. No quiero vestirme como otra persona. No me voy a disculpar por mi apariencia, ni por mi forma de hablar y menos por defender aquello en lo que creo. Quiero que mi voz refleje quien soy ahora: una inmigrante latina que trabaja duro para lograr sus sueños, que está tratando de encontrar un espacio en esta gran nación, sin olvidar de dónde viene. Quien no sabe de dónde viene ignora hacia dónde va.

En el siglo veintiuno, lo que define a una persona *latinx*, es nuestra identidad cultural compartida, no el tono de la piel, ni el español que habla. Nos sentimos muy cómodos llamando a nuestros hijos Salma, Hans, Katsumi, Kenya o Jennifer, así como José, Ana, Eva o Guillermo.

La identidad latina es un crisol de razas y culturas. Hay que entender a cabalidad lo que nos une y lo que nos divide; lo que nos hace fuertes y también lo que nos debilita. Ese conocimiento nos hará crecer. No podemos elegir nuestro color de piel ni la familia que nos tocó, si nacimos en un hospital de lujo o en una clínica rural; pero cada quien puede elegir cómo usar su fuerza, su energía, su poder, sea grande o pequeño, para promover las causas en las que cree. Necesitamos celebrar nuestras diferencias y hacer de ellas ladrillos para construir nuestra pirámide, no piedras para lanzárnoslas unos a otros.

Cuando cubro historias sobre inmigración, muchas veces la

gente me pregunta mi posición sobre el tema. Solo les digo que soy una inmigrante que casi se vuelve indocumentada cuando perdí mi trabajo (más detalles sobre eso después). Un día, repentinamente, me vi en peligro de estar «ilegal», un término peyorativo que nunca debería usarse para definir a una persona.

Afortunadamente, logré evitar una posible deportación volviendo a estudiar, gracias a la ayuda económica de mi familia. Muchas personas no tienen ese privilegio. Aun así, requirió mucho esfuerzo pasar de desempleada y casi indocumentada a trabajar en uno de los canales de televisión más importantes de Estados Unidos y llegar a su mesa en la Cena de Corresponsales de la Casa Blanca.

Allí sentada, en medio de tantos famosos, pensé en los latinos que han luchado realmente por nuestra comunidad; personajes históricos como César Chávez y Dolores Huerta, dirigentes obreros y activistas de los derechos civiles. Ellos fundaron el Sindicato de Obreros Agrícolas de América para garantizar el respeto a la dignidad de los campesinos en la década de 1960. Sus métodos pacíficos hicieron de la lucha de los trabajadores agrícolas una causa moral con plataforma nacional.

Tras la muerte de César Chávez, muchas escuelas, calles y parques fueron nombradas en su honor. Dolores Huerta tiene casi noventa años y sigue luchando. Recibió la Medalla Presidencial de la Libertad y fue la primera latina en ser incluida en el Salón de la Fama Nacional de Mujeres en 1933. También es conocida por crear la frase «Sí se puede», posteriormente adoptada por Barack Obama como su lema en la campaña que lo llevó a la presidencia en 2008.

Como organizadora de «La Huelga de Uvas» en Delano,

California en 1965, donde negoció mejores condiciones para los obreros, como vocera para denunciar las separaciones familiares durante la crisis migratoria de 2017 o tocando puertas para animar a los hispanos a votar en las elecciones de medio término de 2018, Dolores ha sido y sigue siendo ejemplo de que «Sí se puede».

Hoy, el fruto de esos y muchos otros logros abre nuevas oportunidades. El grupo Hispano del Congreso tiene más latinos elegidos en ambas cámaras que nunca antes. Sonia Sotomayor hizo historia al ser la primera jueza latina en la Corte Suprema de Justicia; Sofía Vergara, fue la actriz de televisión mejor pagada en 2016; María Hinojosa es la primera presentadora latina del canal de servicio público PBS y lanzó *LatinoUSA*, uno de los pocos programas de radio dedicados a nuestra comunidad. Y cómo olvidar la gran lección que le dio al país el boricua Lin-Manuel Miranda, al mostrarnos a los fundadores de Estados Unidos a través del valor de la inmigración y a ritmo de rap con *Hamilton* en Broadway. Cabe mencionar además el éxito de «Despacito» donde unieron sus talentos los puertorriqueños Luis Fonsi y Daddy Yankee, junto a la compositora panameña Erika Ender. El mundo entero se rindió ante esta melodía y hasta Justin Bieber la cantó en español.

Pero aún queda mucho camino por recorrer. Nuestra fuerza todavía no refleja el poder de nuestros números. Tenemos que seguir e insistir; *pa' lante, pa' lante, pa' tras ni pa' coger impulso*, como dice Cristina Saralegui. Y eso comienza con cada uno de nosotros: con las cosas pequeñas que nos pasan cada día.

Por eso, cuando me invitaron nuevamente a la Cena de Corresponsales de la Casa Blanca al año siguiente, en la primavera de 2018, me vestí con mucho color, un peinado llamativo y joyas grandes. Y entré al evento de la mano del famoso chef español José Andrés y su esposa, mientras mi esposo *Jose* me animaba desde la casa (solo me dieron un boleto de entrada). Y sí, me sentí orgullosa de lucir *muy latina*.

Nunca confronté a aquella jefa acerca de la llamada; pero la próxima vez que sacó a relucir algo sobre mi apariencia, yo estaba lista para defenderme.

Pasó unos cuatro meses después en la oficina. Sin razón aparente criticó mi pintura de labios. Yo regresé a mi escritorio por unos minutos, respiré profundo, le confié a mi mejor amigo del trabajo lo que había pasado y regresé a la sala de redacción.

«Si lo que tiene que decir no está directamente relacionado al contenido del reportaje en el que estoy trabajando, le agradecería que no hiciera ese tipo de comentarios sobre mi apariencia», le dije.

Esta persona estaba sentada delante de su computadora y posiblemente otros colegas hayan escuchado lo que le dije. Pero no me importó. No se habló más al respecto y no volvió a ocurrir.

Ya no pretendo que estas cosas no importan. No me hago la loca. Lucharé contra ese tipo de discriminación no solo por mí, sino por Alondra de la Cruz, la estudiante que me pidió ser su mentora, y me escribió con emoción para decirme que fue aceptada en la Universidad de Berkley para estudiar periodismo. Por Alberto Solórzano, el director de la escuela preescolar Marilyn en California, quien me pidió que le leyera en español e inglés a su clase porque sus pequeños alumnos tenían miedo luego de una redada de inmigrantes que afectó a sus familiares. O por los niños bajo el cuidado de Nora Sandigo en Miami, cuya historia pude contar en el noticiero de NBC; ella recibe a los hijos de padres deportados o en peligro de deportación. Al adoptarlos o convertirse en su representante legal, los salva de entrar al colapsado sistema de inmigración y adopción. Nora ha recibido documentos firmados para encargase de más de 1.250 niños. Es una gran responsabilidad que asume todos los días con la ayuda de muchos voluntarios.

Por ellos. Por mi esposo. Por nuestros futuros hijos. Por todos los que son «diferentes» seré Latina, con mayúscula y «a mucha honra», sin jamás disculparme por ser *perfectamente yo.*

#GoLikeMariana: No podemos elegir nuestro color de piel ni la familia en la cual nacemos; pero cada quien puede escoger cómo usar su fuerza, sea grande o pequeña, para promover causas valiosas y, por cierto, poderosas. Necesitamos celebrar nuestras diferencias y hacer de ellas ladrillos para construir nuestra pirámide, no piedras para lanzarlas unos a otros.

4

Un puente humano

Nueva York, 2001

Era el 11 de septiembre de 2001. El reloj marcaba las 8:55 a. m.

—¿Por qué no puedo dormir hasta tarde el último día de mis vacaciones de verano? —refunfuñé bostezando mientras mi papá me levantaba con una premura que no entendí porque el despertador ni siquiera había sonado.

Mis pantuflas de Piolín y mi actitud rebelde de diecisiete años avanzaron con pereza hacia la cocina.

Mi papi se detuvo allí, afectado, petrificado, con la mirada clavada en el televisor. Volteé a ver la pantalla. No sabía lo que estaba pasando.

Un edificio que reconocí como una de las Torres Gemelas estaba envuelto en llamas. Una densa columna de humo se desprendía del concreto.

Estábamos a unas seis millas (10 km) al norte del emblemático World Trade Center.

Frente a nuestros ojos, literalmente adheridos a las imágenes, otro avión se estrelló contra la segunda torre a las 9:03 a. m. confirmando nuestros peores temores. Mi hermana Graciela y yo aún pensábamos que el macabro espectáculo debía ser una película de terror, y no algo que estaba pasando «en vivo y en directo».

Mi papá temblaba mientras sostenía nuestros pasajes de avión en la mano. Nuestro vuelo a Venezuela salía desde el aeropuerto John F. Kennedy (JFK) a las 5:00 p. m. de esa tarde.

Yo había viajado a Nueva York para pasar allí los últimos días de esas vacaciones. Mi mamá y mi hermano habían regresado a Caracas un día antes, pues su colegio comenzaba antes que el nuestro. Además, mis padres tenían la costumbre de no volar juntos en el mismo avión. «¿Y si algo nos pasa a los dos al mismo tiempo, quién va a cuidar a los niños?», decían.

Así que Papi, Graciela y yo nos quedamos, sin imaginar que seríamos testigos de la devastación de la ciudad que habíamos llegado a considerar nuestro segundo hogar.

Cuando la economía de Venezuela estaba en su mejor momento, durante el auge petrolero de los setenta, Papi ahorró suficiente para comprar un pequeño apartamento en la ciudad que tanto amaba.

Recuerdo que nos dijo que se sentía como el «rey del mundo» porque la Gran Manzana era su nuevo vecindario.

Con el tiempo, vendió ese apartamento y pudo comprar otro, en el Upper East Side. Ahí es donde nos quedábamos al final del verano, año tras año, y todavía es allí donde se hospeda mi familia cuando estamos en la ciudad. Eso nos ayudó a crecer en un mundo de contrastes, con dos ciudades donde fácilmente nos podíamos sentir en casa por distintas razones.

A lo largo de los años he visto Nueva York y el vecindario cambiar de forma drástica. Cuando era niña, en el sótano de nuestro edificio había tiendas de ropa barata y un restaurante de hamburguesas; ahora hay boutiques que venden relojes de lujo y joyas exclusivas. Mi mamá a menudo se queja de tener que caminar varias cuadras para comprar un litro de leche y para tomar el metro. Las brechas sociales han crecido con el cambio de la zona.

En Nueva York me siento cómoda. Me aventuro sin miedo por sus rutas y atajos, que conozco bien. Tomo el metro, corro en el parque. Sin etiquetas. Sin restricciones. Voy a museos e iglesias. Es una relación que nunca pude tener con Caracas. Allá crecí sintiendo que el peligro acechaba, que debía estar en alerta constante, y a pesar de esas raíces fuertes que siempre me hacen vibrar con su recuerdo y que se renuevan en cuanto respiro su aire me cuesta un poco sentirme relajada en sus calles.

Además, el deterioro que veo crecer a pasos agigantados cada vez que regreso a Caracas me deja heridas nuevas, que me hacen quererla con dolor, con llanto contenido. Quisiera poder amarla a plenitud, restaurar en un instante su gloria pasada, la que pude entrever en mi niñez y la que llenaba de orgullo a mis padres y abuelos. Tal vez un día la veré como la sueño.

Pero aquella mañana de 2001, mi otra ciudad, perdió de pronto el manto de seguridad que me cobijaba. Nueva York se me hizo pedazos.

Mi hermana y yo nos agarramos de las manos durante más de una hora mientras el televisor mostraba a los rescatistas tratando de sacar a las personas de las torres: los equipos de emergencia evacuando los edificios, los incendios que ardían en ambas estructuras, las víctimas que se lanzaban por los ventanales tal vez pidiendo un milagro que les permitiera salvarse o, acaso, buscando morir de una forma rápida, en lugar de esperar la certeza de quemarse vivos.

Estábamos viendo el programa matutino *The Today Show* en NBC. Periodistas como Katie Couric, Al Roker y muchos otros, visiblemente afectados pero intentando guardar la compostura, explicaban lo que estaba sucediendo y nos ayudaban a asimilar la tragedia. Aquel día aprendí el valor del contexto y los matices en la información, así como la importancia de descubrir por qué los terroristas querían destruir a Estados Unidos y cómo pudieron planear los ataques. El repentino estallido de nuestra burbuja de seguridad cambió la visión que teníamos del mundo.

Me tomaría mucho más tiempo, educación, madurez y análisis comprender las implicaciones del ataque terrorista más horrendo en la historia de Estados Unidos. Mi papá, en cambio, lo entendió de inmediato. Nunca había visto a mi héroe tan impotente y preocupado. Simplemente se quedó allí, como varado entre el aturdimiento y la conmoción.

Las siguientes horas estuvieron marcadas por intentos frenéticos de ubicar a nuestros amigos en la ciudad y llamar a las aerolíneas. Mi padrino, Leopoldo Monterrey, su esposa, María Isabel y su hijo de apenas siete años, Juan, habían ido al aeropuerto para tomar un vuelo temprano a Venezuela, pero no podíamos contactarlos.

Leo, el mejor amigo de mi papi, era un escritor alto y atlético, un hombre de pensamiento libre y poco convencional. Acababa de elegirlo ese año como padrino de confirmación, y confiaba que me guiaría en la fe durante mi vida adulta. Para los católicos el padrino se convierte en un segundo padre. Es un compromiso muy especial.

Si algún día, Dios no lo quisiera, algo les pasaba a mis papás, él sería la mejor persona para cuidarnos. Sin embargo, aquel día sentí que podía perder tanto a mi papá como a mi padrino de un solo tiro.

Cada minuto sin saber de él y su familia aumentaba la angustia. Es un sentimiento que he llegado a conocer muy bien como periodista de campo, cuando veo a personas en busca de familiares o amigos en medio de alguno de los desastres que me ha tocado cubrir. Veo sus caras y sé lo que están sufriendo.

El 11 de septiembre no solo estábamos preocupados por la familia Monterrey. También rezábamos por muchas personas buenas a las que habíamos llegado a conocer a lo largo de los años, desde Spencer, el dueño de Throckmorton Fine Art, una galería que a mi papá le encantaba visitar, hasta el vendedor de frutas que no estaba en su puesto aquella mañana.

¿Estarían todos bien?

Las preguntas se agolpaban en mi mente.

¿Cuánto tiempo tendremos que quedarnos en Nueva York? El espacio aéreo está cerrado. ¿Qué pasará con nosotros?

—Papiii, no tenemos comida —grité desde la cocina.

—Un venezolano murió en los ataques —respondió con el teléfono en la mano—. Hay víctimas de todas partes del mundo.

Me sobrecogió un sentido de vulnerabilidad compartida que iba más allá de cualquier frontera o nacionalidad.

Al final resultó que el vuelo de Leo y su familia estaba pautado para salir en un horario más temprano. Cuando ocurrió el ataque, los Monterrey ya se estaban registrando en el mostrador del aeropuerto JFK y un empleado de la aerolínea susurró algo al oído de la mujer que los atendía. Ella se puso pálida, me contó Leo después.

«No es uno de los nuestros», dijo el empleado de la aerolínea.

El estado de alerta se extendió por todo el aeropuerto, pero no era alarma máxima, aún.

Leo y su familia llevaban aproximadamente una hora esperando cuando escucharon un inquietante anuncio: «Estamos evacuando el aeropuerto. Tienen que irse, ¡ahora!».

Todavía no tenían idea de cuán grave era la situación. Su esposa María Isabel dijo que no quería irse sin su maleta. Cuando llegaron al área de equipaje, todos corrían en desorden total.

«Cuando finalmente conseguimos nuestras maletas y las sacamos, ya no había nadie. Fuimos casi de las últimas personas en salir del aeropuerto», relataba Leo más tarde.

No había taxis. Comenzaron a caminar con el equipaje en mano. Su hijo de siete años rodaba la maletita asustado.

Finalmente, vieron a un hombre conduciendo un autobús vacío y lo detuvieron. «Señor, por favor, llévenos a donde usted vaya».

El autobús los llevó a Queens. Cuando salieron, se sentían como turistas recién llegados a una escena apocalíptica con olor a infierno.

Unos cruzaban los puentes a pie. Otros escapaban de Manhattan como en estampida de fantasmas. La mayoría mostraba su rostro cubierto de polvo.

Mientras tanto, en nuestro apartamento la incertidumbre nos estaba enloqueciendo. No sabíamos si Leo y su familia habían llegado al aeropuerto o no. Mi papá insistía en tratar de comunicarse por teléfono. Y yo salí a buscar provisiones para los próximos días. No estábamos preparados para una emergencia de ese calibre.

Salí corriendo en pijamas y *sneakers*, tratando de encontrar un supermercado. No había tiempo para cambiarse. No había tiempo para pensar. Y nada en mi archivo mental o emocional podría haberme preparado para lo que estaba a punto de vivir.

La respiración se me empezó a cortar al ver una nube de humo devorando edificios. Estaba lejos, pero podía detallar claramente todo. No recuerdo cuántas cuadras caminé.

Comencé a jadear; era mi primer ataque de ansiedad.

La gente a mi alrededor corría y lloraba. El ambiente era de infinito desconcierto, miedo y frustración. Algunos se tapaban la boca con pañuelos. Nunca olvidaré la desesperación en sus ojos.

Logré conseguir unas cuantas cajas de cereal y leche para volver rápidamente al apartamento. Me concentraba en medir y calcular mi respiración. Me dolía la cabeza, me zumbaban los oídos, pero tenía que llegar con mi hermana y mi papá. Me mantuve enfocada en esa meta. Y así pude seguir, un paso tras otro.

Mientras tanto, en Queens, Leo vio una escuela de conducción llamada Ferrari. El letrero en la puerta decía «Cerrado», pero de todos modos tocó con los nudillos en la ventana, con la esperanza de darle a su familia un refugio. Los dueños, latinos, salieron a la puerta.

«Sí, entren». Los dejaron pasar y allí estuvieron Leo, María Isabel y Juan, resguardados por un par de horas.

Al fin, viendo que había personas dirigiéndose al metro, que reanudó operaciones por la noche, decidieron tomarlo. Estaban prácticamente solos, pues no había gente tratando de regresar a Manhattan. Pero Leo necesitaba llegar a buscarnos. El metro los dejó en la calle 59, por Bloomingdale's. Cuando salieron a la superficie, vieron a Nueva York como una ciudad fantasma.

Caminaron y caminaron hasta que encontraron a un taxista que los acercó hasta nuestra zona.

Apenas podía creerlo cuando los vi en el *lobby* de nuestro edificio. Estaban como en *shock* y agradecidos de estar vivos, como si hubieran vuelto de otro mundo. Corrí hacia ellos.

«Ahijada querida» dijo Leo, abriendo los brazos, mientras yo corría a su encuentro. Era como si quisiéramos ahuyentar una pesadilla, que sabíamos era real.

A pesar de haber sido ellos los que se habían perdido en aquel laberinto caótico, yo también sentía que me había extraviado y me habían encontrado.

Las horas y los días siguientes transcurrieron en cámara lenta. Una tarde, muchos de nuestros vecinos comenzaron a bajar lentamente a la calle, afuera de sus casas. Prendían velas de forma ritual y empezaron a hablar entre ellos. La de aquella noche fue una vigilia prolongada, como una espontánea terapia de grupo entre personas con el alma lastimada que no podían seguir soportando el peso de la soledad. Todos sin excepción teníamos al miedo como sombra.

Poco a poco algunas de mis preguntas iniciales encontraron respuesta. Tuvimos que quedarnos en la ciudad hasta que se reanudaron los vuelos internacionales. No sabíamos cuándo se abrirían las rutas o si habría un sistema de prioridades.

En medio de los grandes problemas teníamos uno más pequeño: ¡ninguno de los tres sabía cocinar! La mayoría de los restaurantes y servicios de comida no estaba funcionando, así que casi todo el tiempo comíamos cereal.

Durante un par de semanas, en Nueva York casi nadie pudo ir a trabajar. Una ciudad que siempre está en movimiento había sido detenida a la fuerza.

Una noche bajamos a la calle 57 y nos encontramos con un cuadro esperanzador y sorprendentemente hermoso. Cientos de velas y un silencio de calma llenaban la intersección que por lo general era ruidosa. A raíz del dolor insuperable, extraños y vecinos decidieron consolarse mutuamente, y unirse en un sentimiento de solidaridad hacia la ciudad.

Los neoyorquinos, esos que siempre habían tenido fama de fríos, dejaron sus apartamentos para rezar, para compartir comida, para conectarse entre sí y hacer del llanto colectivo un método de sanación.

El tiempo pasaba y todavía no sabíamos qué hacer. Quedarnos dentro del apartamento y ver las noticias era insoportable, pero teníamos miedo a salir. ¿Podríamos ir al cine? ¿O al Museo Metropolitano? ¿Y si hubiera una bomba alrededor del Empire State? Todos temíamos otro ataque.

Mi papá sabía que las cosas cambiarían, drásticamente. Había sido una experiencia traumática para el hemisferio occidental y para todos los habitantes del planeta. A la vuelta de la esquina se asomaba una crisis internacional. Guerra. Más dolor y destrucción.

Recuerdo haber caminado mucho por Central Park; por alguna razón inexplicable, acaso por el verdor de los árboles, era el único lugar en el que se sentía algo de tranquilidad. No nos atrevíamos a acercarnos al *downtown* y mucho menos a la Zona Cero.

Un día subimos por la Avenida Madison. Vimos por primera vez a una persona comiendo en un restaurante. Llevaba un sombrero de los «Yankees de Nueva York» y un abrigo de cuero marrón oscuro. Estaba sentado afuera. Solo. Desafiante. No conocíamos su nombre ni su historia, pero el mensaje que transmitía no necesitaba mayor explicación: «No podemos dejar que nos quiten nuestro estilo de vida».

Mi papá se volteó hacia mí y me dijo: «Mari, quiero que mires a ese hombre y aprendas esta lección: Resiliencia. La capacidad humana de adaptarse y superar la adversidad. Y —añadió—, si puedes aprende a hacerlo con humildad».

Las ramificaciones geopolíticas del 11 de septiembre se fueron aclarando meses después. En el discurso del Estado de la Unión en enero de 2002, el presidente George W. Bush dijo que: «Irak, Corea del Norte, Irán… estados como estos y sus aliados terroristas constituyen un eje del mal. Estos regímenes representan un grave y creciente peligro».[1]

Siendo de Venezuela (un país gobernado en ese momento por el presidente Hugo Chávez, abierto crítico de Estados Unidos y aliado declarado de Irán) yo sabía exactamente de qué lado estaba mi país.

Me sentía dividida en dos, luchando por entender dos ideologías opuestas.

Desde ese momento me propuse hacer un esfuerzo consciente por reconciliar esas narrativas con la mía. Debía formar mi propia opinión. Quería moverme con igual destreza en mis dos mundos para evaluar lo mejor de cada uno y compartirlo con la contraparte. Me imaginaba convertida en una especie de puente humano, uniendo a los dos lados, para mostrar que las personas de un aquí son como las de allá. Seguía pensando en la famosa cita de Maya Angelou: «Nos parecemos más, mis amigos, de lo que nos diferenciamos».[2]

¿Por qué es tan difícil para algunos entender que los seres humanos somos básicamente iguales?

Confirmé esta verdad en pequeños momentos de esperanza que comenzaron a surgir en la ciudad tras los ataques. Uno de mis mejores recuerdos fue el maratón de Nueva York. En el año 2001, solo dos meses después de la tragedia, se canceló por motivos de seguridad, pero la ciudad invitó a los corredores a inscribirse para el año siguiente.

La asistencia en 2002 fue masiva. Los atletas en las calles hicieron su reaparición, fue la máxima demostración de unidad y resiliencia. Leo corrió mientras yo lo animaba y me prometí a mí misma que participaría al menos una vez en mi vida como muestra de mi amor por Nueva York y su espíritu de superación.

¡Finalmente corrí el maratón en 2010!

Diez años después de los atentados, en 2011, estaba en Nueva York cuando se anunció la captura y muerte de Osama Bin Laden por parte de las Fuerzas Especiales de Estados Unidos. Fui al World

Trade Center con mi propia cámara para grabar las lágrimas y los abrazos de tantas personas que sentían que por fin podrían cerrar el capítulo más oscuro de sus vidas.

Por otra parte, cada vez que volvía a Estados Unidos encontraba un poquito más de recelo hacia los inmigrantes. Había miedo y desconfianza. Recordar esas nubes de humo, aquel olor a quemado y el terror en los ojos de la gente, me permitía entender por qué. Había una razón de peso para ese miedo. Habíamos visto lo que el odio sin control hacia «los otros» (el Occidente) podía causar. Sin embargo, la solución no es crear bandos, es enfrentar los miedos y quitarles su poder. Nadie te explica que es natural tener miedo, pero que en lugar de generalizar y encasillar lo que no conoces es mejor tratar de entenderlo. Este temor al «otro», en ambos lados, crea un abismo entre las personas, una grieta enorme y profunda que solo se puede acortar con un puente de entendimiento si queremos vivir en paz. Ser testigo de este miedo cambiaría mi modo de mirar el mundo.

Muchos tenían la sensación de que Estados Unidos, alguna vez faro de esperanza, había iniciado el camino hacia un nacionalismo radical. En los años siguientes esa discusión sería causa de fuertes conflictos y yo tendría una participación activa desde mi plataforma personal y profesional.

Al fin y al cabo, yo siempre seré una inmigrante, que vino de Suramérica. De una región que a menudo recibe cobertura mediática negativa y en las noticias se le etiqueta como el «tercer mundo»; a nuestra gente se les llama «extranjeros ilegales» o «los otros». Esta chama de Caracas intentaría ser ese puente entre los mundos, entre los idiomas, entre las edades y las generaciones, para ayudar a las personas a ver los retos que enfrenta cada lado, pero también la belleza y el valor de cada cultura, lo que cada ser humano tiene para ofrecer y compartir.

No puedo combatir el terror con poder político o militar, pero sí puedo hacerlo con historias. Relatos que nos conectan, que encienden una luz en la densa oscuridad de nuestros miedos. A eso me comprometí y eso trato de lograr.

#*Go like Mariana*: Frente al terror, nuestras mayores fortalezas son la resiliencia, esa capacidad intrínsecamente humana de adaptarse y superar la adversidad, y recordar que tenemos más similitudes que diferencias.

5

El precio de la libertad

Caracas, 2007

El gas lacrimógeno huele igual en todas partes: Caracas, Ferguson o Hong Kong. Sin importar donde estés, su olor es inconfundible. Apesta a represión. Hiere los ojos y los pulmones y se nos tatúa en la memoria. Es la tinta de la maldad.

Cuando ves que se dispersa en el aire, crees que has escapado de su efecto, pero unos treinta segundos después llega la prueba de fuego: los ojos te arden y comienzas a llorar involuntariamente. Luego viene la sensación de asfixia y una irritación incontrolable que te quema la piel. A eso se suma una fuerte opresión en el pecho, como si alguien te estuviera aplastando, impidiendo que te muevas. Finalmente, el vómito y la diarrea se aseguran de que no olvides la experiencia por el resto del día o, en mi caso, de la vida.

El gas lacrimógeno no es una simple molestia; según los Convenios de Ginebra es un agente de guerra química. Aunque su uso fue prohibido en conflictos bélicos desde 1993, muchos países lo utilizan como arma antidisturbios. En 2007 me enfrenté a su devastador impacto por primera vez.

Tenía veintitrés años y estudiaba en la Universidad Católica Andrés Bello en Caracas, una institución que se oponía públicamente al gobierno de Hugo Chávez y lo acusaba de violar los derechos humanos. Nosotros, los estudiantes, no íbamos a quedarnos en silencio ni de brazos cruzados.

El calor de aquel verano quedó en mi mente asociado al miedo. Además del gas lacrimógeno recuerdo la incertidumbre de las protestas estudiantiles y el terror de lo sucedido en El Ávila. Ese día cambió mi destino. Tener un arma apuntando a mi cabeza, me hizo enfrentar la posibilidad de morir cuando apenas empezaba a entender el significado de la vida y recién descubría la vocación que quería seguir. En medio del caos, me esforzaba por darle sentido a mi existencia y liberarme del yugo que intentaba doblegarnos como sociedad.

Cuando me inscribí en la carrera de Comunicación Social de La Católica en 2003, tuve tres opciones: publicidad, producción audiovisual o periodismo. En mi corazón, especialmente luego del 11 de septiembre, quería una carrera en periodismo. Sin embargo, en el momento en que debía escoger una especialidad, los ataques contra periodistas en Venezuela iban en aumento. Enfrentaban la violencia y el hostigamiento por parte de las fuerzas gubernamentales que querían controlar las noticias a cualquier costo. Temí por mi futuro y, en medio de esa frustración, opté por la alternativa más «segura» eligiendo la publicidad.

Qué miedosa. Qué cobarde, Mariana.

Mis papás estaban tranquilos con la idea de que no iba a exponerme a los peligros y las críticas de ser reportera. Tenían la ilusión de que un oficio tan creativo captara mi interés y me hiciera feliz. Mi primer trabajo de medio tiempo fue con un gigante de la publicidad, BBDO Venezuela. Me estaba preparando para ser gerente de cuentas, una posición muy respetada en cualquier agencia publicitaria; pero me sentía miserable. En unos pocos meses me di cuenta de que eso no era lo mío.

Suramérica atravesaba tiempos turbulentos y no, no era posible olvidarme de esa realidad, ni quería hacerme la desentendida. Quería tener un asiento de primera fila en la historia y ser parte de la generación que tomó acción.

Luego de cinco años en el poder, el gobierno de Chávez mostraba los colmillos con sus matices autoritarios y su deseo de mantenerse en el poder a toda costa. Los estudiantes empezamos a protestar, inspirados por nuestros libros de historia y lo que habíamos leído sobre Mahatma Gandhi, Martin Luther King, Jr. y también por la gesta de un grupo de estudiantes venezolanos, la Generación de 1928, que se alzó contra la dictadura de Juan Vicente Gómez en los años treinta. Ese levantamiento fue el primer movimiento de masas exitoso en nuestro país, uno que sentó las bases de la democracia y estableció la hoja de ruta para los líderes que se convertirían en presidentes de la República en el siglo veinte.

En los pasillos de La Católica, la voz del presidente Hugo Chávez anunciando que no renovaría la concesión de Radio Caracas Televisión (RCTV) sonó como un campanazo, especialmente en la escuela de comunicación. En 2002, RCTV transmitió mensajes de los líderes que habían organizado un fallido golpe de estado contra el gobierno. Chávez juró hacerlos pagar y estaba cumpliendo su palabra.

Muchos de mis compañeros de clase ya eran líderes estudiantiles y manifestantes con gran «experiencia de calle». Se habían movilizado para exigir justicia para los estudiantes afectados por la violencia y la política represiva. Yo no era líder ni organizadora, tampoco mis hermanos, que asistían a la misma universidad. Pero sabíamos que debíamos unirnos al resto del cuerpo estudiantil. Fue una toma de conciencia gradual. Poco a poco nos dimos cuenta, individual y colectivamente, de que teníamos la capacidad para lograr un cambio. Estábamos indignados y queríamos hacer algo para mejorar el futuro del país.

Habíamos plantado las semillas creando un sentido de responsabilidad social y un sistema de apoyo sólido y organizado de todo el cuerpo estudiantil en las nueve universidades de Caracas.

Cada mañana había una asamblea en la que los líderes nos explicaban la actividad de protesta del día, ya fuera marchar, debatir, quejarnos en la alcaldía u otras instituciones de gobierno, tomar las calles pacíficamente o recaudar dinero. Nuestros profesores nos apoyaban y animaban.

El movimiento no tenía una estructura jerárquica pero pronto se formaron grupos para asumir diversos roles. Estaban los portavoces, los que hacían pancartas, los que coordinaban el tráfico, los que reunían a la multitud y los que dirigían las redes sociales.

Somos una generación que salió de la crisálida con alas poderosas.

Con el cierre de RCTV, Chávez logró aislar primero a quienes no tenían más ventanas al mundo exterior o cualquier otro medio para denunciar las injusticias en sus vecindarios. Suprimió y silenció a los más pobres, aquellos a los que irónicamente había prometido defender.

Era el conocido y repetido patrón dictatorial que aprendió en la Cuba de Fidel Castro: callar a la prensa para controlar la información, tanto dentro del país como a nivel internacional.

Ese acto de injusticia provocó algo poderoso en mí. Fue el pararrayos que me hizo reconocer que yo quería ser periodista para sacar a la luz los abusos y la corrupción que estaban tratando de cubrir ferozmente quienes ostentaban el poder.

No pudieron amedrentarnos. La libertad de expresión fue nuestro móvil y escudo, nuestra razón de ser. Seguimos organizando foros, protestas pacíficas y reuniones. Estábamos recibiendo un curso intensivo de democracia.

Cinco días después del cierre de la televisora, planeamos una marcha desde nuestra universidad, en las afueras de Caracas, hasta la sede de la Conferencia Episcopal de la Iglesia Católica. Queríamos que nos ayudaran a mediar una conversación con el gobierno. Necesitábamos un defensor que diera seriedad a nuestra causa y nos brindara orientación y protección.

La marcha convocó a unos tres mil estudiantes. Caminaríamos

tres kilómetros cantando consignas y pidiendo libertad. Nuestro mayor desafío se encontraba al otro lado de la reja de la universidad.

La entrada tenía una simple puerta de metal rodeada por una cerca de alambre delgado. Era el punto de reunión durante los recreos, y allí, entre clase y clase, compartí secretamente algún cigarrillo con mis amigas. (Nunca fui fumadora, pero de vez en cuando daba un par de jalones para sentirme *cool*). En ese momento, la débil reja y ese pequeño espacio divisorio habían adquirido un significado completamente diferente; se había convertido en un frágil muro defensivo, lo único que nos separaba de cientos de tropas de la Guardia Nacional Bolivariana, que con equipos similares a los de la policía antidisturbios: vestidos de negro con equipos de comando, con armas largas de guerra, escudos antimotín y bombas de gases lacrimógenos («gas del bueno», lo llamaba Chávez) esperaban dispuestos a hacer lo que consideraran necesario para impedirnos marchar.

Los estudiantes nos pintamos las manos de blanco como un signo de paz y llevamos pancartas que decían «Libertad» y «Estudiantes». Algunas chamas incluso llevaron claveles que entregarían a las tropas como un símbolo de solidaridad, intentando suavizar sus corazones.

Intento fallido.

«¡Los estudiantes *no* pasarán! —gritó el coronel a cargo, a través de su altavoz—. ¡Si no vuelven a las aulas, nos veremos obligados a replegarlos!».

Respondimos al unísono:

¿Quiénes somos? ¡Estudiantes!

¿Qué queremos? ¡Libertad!

¡Libertad!

Con el rápido correr de los minutos, la confrontación se hizo inevitable. Estaba de pie junto a Graciela, que estudiaba Derecho, y Álvaro Elías, recién comenzando la universidad, pero ya hecho un hombre a sus 19 años.

Para nosotros, ser parte del movimiento era orgánico. Teníamos conversaciones apasionadas en la mesa familiar sobre nuestro papel como la próxima generación. Sobre el hecho de que, si eras estudiante, tenías la responsabilidad de defender la libertad de expresión, la libertad de prensa y la democracia. Nuestros padres siempre nos apoyaron, incluso marchaban con nosotros en las calles de nuestra urbanización los fines de semana. Había un vacío de poder; su propia generación nos había fallado. Estaban asustados por nosotros, pero también orgullosos de vernos participar. Aun así, mami decía: «Niñitos, no vayan al frente de la marcha. Tengan mucho cuidado. ¡No se pongan a hacer tonterías!».

De vuelta en la protesta, sus palabras resonaron en mi cabeza cuando me di cuenta de que mi hermano había llevado pañuelos para que nos cubriéramos la cara. Una pequeña toalla con leche o vinagre es un remedio casero contra los efectos de los gases lacrimógenos. Al ver su pañuelo mojado, supe que tenía toda la intención de dirigirse al frente de la protesta. Mi hermana, por otro lado, quería quedarse atrás.

Mi prioridad era protegerlos y documentar lo que sucediera con mi cámara. (Esto fue antes de la época de los iPhone y el *streaming* en internet en tiempo real). Mi familia, mis derechos civiles, mi futuro: todo estaba en riesgo.

Los guardias tenían cascos con protectores transparentes y a través del plexiglás podíamos verles los ojos. Su mirada reflejaba que solo sabían obedecer órdenes; eran miradas gélidas, sin corazón.

Podíamos ver la expresión del odio que el movimiento de Chávez había sembrado tan profundamente que nos puso a unos contra otros. Hermano contra hermano.

Respiré para ahuyentar el miedo.

Se acabó el tiempo.

La puerta se abrió.

Los claveles cayeron al suelo.

Sentí el sudor frío en la mano de mi hermana mientras la sujetaba con fuerza. Mi hermano apretó el pañuelo alrededor de su cabeza y se alejó de nosotros.

«¡Estudiantes!», gritamos todos con las manos pintadas de blanco en el aire mientras corríamos hacia la Guardia Nacional Bolivariana como los vikingos en las cruzadas.

El ejército disparó perdigones y algunos tiros al aire. Abrieron los cañones de agua para que los chorros fríos nos hicieran retroceder.

Pero lo peor fue el gas.

El alcance de una bomba de gas lacrimógeno puede ser entre seiscientos y cuatro mil pies cuadrados (180 a 1.200 mt2). La nube de humo venenoso nos cubrió como en una escena de batalla de *Star Wars*. Yo seguía agarrada a mi hermana pero no podía verla. El olor, el ardor, el pánico, se mezclaban en esa neblina oscura y fétida.

En medio de la confusión, Graciela me soltó la mano. La angustia de perderla me golpeó más fuerte que los gases, los empujones y los pisotones. Quería gritar su nombre. Pero me falló la voz.

¿Dónde estaba mi hermana? ¿Cómo la encontraría? Tampoco podía ver a mi hermanito.

Horas más tarde encontré a Graciela y a Álvaro Elías al otro lado de la reja. Esa separación, en esa última marcha a la que asistimos juntos, fue un presagio de cómo se bifurcarían poco después nuestros caminos. Nuestro hogar, tal y como lo conocíamos se iba derrumbando.

Después de la marcha, las protestas continuaron sin parar. Cada mañana íbamos a clase con nuestras mochilas llenas de pancartas, marcadores y planes de batalla.

«Entonces chicos ¿a dónde van a marchar *today*?», preguntaba el profesor Jerry O'Sullivan con su acento irlandés mientras caminábamos hacia su clase de comunicación con tremendas ojeras.

El «Profe O'Sullivan» venía de la ciudad de Rathbarry. Tenía unos setenta años, su pelo era corto y blanco; usaba corbatín de lazo y chaqueta (¡en medio del calor caribeño!). Nunca supe por qué o cómo terminó enseñando en nuestra clase, pero estaba muy agradecida de tener a nuestra propia caricatura de Lucky Charms en la vida real. Más tarde descubrí que este humilde señor era un erudito de Stanford y un antiguo legionario (o soldado de la iglesia) que había recibido el título de Caballero de la Orden de San Gregorio, el mayor honor que la Iglesia Católica puede otorgar a un laico.

Habíamos formado un vínculo especial y él se había interesado de manera genuina en mi futuro. Decía que debía considerar ir a Estados Unidos, porque con mi inglés y mis buenas calificaciones quizás podría optar a una beca por mérito.

«Tienes mucho *potential* —decía Jerry—. No puedes dejar que tus circunstancias te definan… *they can't define you* —continuaba—. A veces la mejor manera de ayudar es desde lejos».

Sin embargo, en el fondo de mi corazón, no quería irme. Estaba enamorada de lo que estábamos haciendo en el movimiento estudiantil; yo quería seguir siendo parte de eso.

Durante todo el año marchaba por el día, en la tarde trabajaba medio tiempo en la agencia de publicidad y en la noche veía las noticias estadounidenses en la tele. Nuestros papás habían instalado una pequeña antena parabólica en la casa para que siguiéramos practicando el inglés. Todo un lujo. Nos llevaban libros, DVD y cualquier otro material en ese idioma que pudieran encontrar.

Mis programas de noticias favoritos eran *60 Minutes*, *World News* y *TODAY Show*. Admiraba la seriedad de Andrea Mitchell, con su amplio conocimiento de la política global; la voz, el estilo y la profundidad de Diane Sawyer, que parecía una estrella de cine; y la inteligencia, la amabilidad y la naturalidad de Katie Couric.

Fue finalmente ahí, pegada a la pantalla como un chicle, que confirmé a qué quería dedicarme. Soñaba con ser Mariana, la periodista. Quería estar en la televisión, pero tenía pena de decirlo en voz alta. Sabía que era un trabajo peligroso en mi rincón del mundo y no tenía claro cuán lejos estaba dispuesta a llegar por un reportaje.

A medida que crecía la brecha entre el gobierno de Chávez y la oposición, germinaba el odio de ambas partes, los reporteros comenzaron a ser arrestados y se vieron obligados a huir por no cooperar con el gobierno. Otros recibieron burlas por criticar al presidente. Comprendí que, desde Venezuela, hubiera sido imposible hacer el tipo de periodismo que anhelaba, el que hago hoy.

Intentaba buscar un equilibrio entre la protesta estudiantil y mi anhelo secreto de ser periodista ese domingo por la mañana cuando fui a subir la montaña que abraza a Caracas. Lo que me pasó ese día hizo que toda mi vida pasara de repente ante mis ojos. Ahí estaba de rodillas, jadeando, con el cañón de una pistola en la cabeza. Las palabras de la segunda epístola del apóstol Pablo a Timoteo, que había leído en la Biblia, me confortaron en medio del terror: «Porque no nos ha dado Dios espíritu de cobardía, sino de fortaleza, de amor y de templanza».

Fortaleza. Amor. Templanza. Bases sólidas para encontrar nuestro propósito. El asalto a mano armada marcó un antes y un después para mí. Tenía que seguir mi vocación. Si lograba salir viva de esa montaña, lucharía por mis metas.

La noche del atraco, mi cuerpo todavía temblaba sin control; me bañé dos veces, pero no pude borrar el asco que regresaba en oleadas al recordar el encuentro con mi agresor. Decidí ir a refugiarme con mi mayor aliado, y abrirle mi corazón acerca del tema que ocupaba mis pensamientos.

Lentamente caminé hacia el estudio de mi papá, un cuarto lleno de libros, objetos de arte, con sus características paredes pintadas del color de los bosques; una habitación que llamábamos cariñosamente «el cuarto verde». Ahí Papi pasaba las noches leyendo y escuchando música clásica. A medida que me acercaba, pude oír la melodía de la canción *As Time Goes By* [A medida que pasa el tiempo] de *Casablanca*, nuestra película favorita.

Lo tomé como una buena señal.

—Papi, necesito hablar contigo —le dije.

—Claro, Mari. ¿Qué pasa? ¿Es acerca del asalto? —preguntó

preocupado mientras cerraba el libro, poniendo a un lado su copita de tequila.

—No, prefiero no hablar más de eso por hoy. Estaba pensando en mi futuro, y... eh... he decidido que quiero ser periodista. Periodista de televisión.

Él sonrió.

—Mi Mari, te eduqué para que hagas lo que quieras en la vida. Te he dado y te seguiré dando lo que pueda para que desarrolles la pasión que tienes dentro. Si quieres ser periodista, te apoyaré incondicionalmente. Pero recuerda, nada en la vida es gratis. Tienes que trabajar duro para lograr lo que quieres —levantó la copita ceremoniosamente y añadió—: Brindo por mi hija, Mariana, la periodista.

Esa era la bendición que necesitaba; pero honestamente podría haberme ahorrado mucho tiempo si hubiera tenido el coraje de decir lo que quería para mi vida, a calzón quita'o, años antes.

A menudo, sobre todo cuando somos jóvenes, nos da pena decir lo que imaginamos para nuestro futuro. Nos da vergüenza expresar abiertamente lo que nos gusta, o a quién amamos. Creemos que quizás eso que deseamos podría no encajar con lo que dictan nuestras familias o la sociedad. Y suponemos que si mantenemos nuestros sueños calladitos, nadie vendrá a preguntarnos por ellos. Eso no sirve. Es un atraso. Una vez que hayamos descifrado lo que queremos, hay que contárselo al mundo. Cuanto más lo digamos en voz alta, más real se volverá. Y, ¿adivina qué? La gente a nuestro alrededor comenzará a entender, tal vez poco a poco, hasta que estén listos para ayudar realmente. ¡Así que, grita tus sueños tan alto y claro como puedas!

Luego de haber dado ese primer paso, tenía que ponerme a trabajar para lograr mis objetivos. Tuve que moverme rápido. Necesitaba completar el GMAT o el GRE, los exámenes que exigen las universidades estadounidenses, obtener cartas de recomendación y comenzar el proceso de aplicaciones para las escuelas cuyos programas me interesaban.

Canalicé el trauma que aún seguía latente en largas listas de tareas pendientes y esa misma semana compré carpetas de colores, bolígrafos Sharpie y un gran calendario para ir marcando los plazos de cada solicitud.

Luego me puse a buscar una imagen periodística y un estilo que quisiera tener como ejemplo. Mis primeras fuentes de inspiración fueron Katie, Diane y Andrea, mujeres con personalidades sensibles y fuertes, pero todas se veían muy diferentes a la jovencita que soñaba con ser como ellas, sentada al otro lado de su pantalla de televisión en Suramérica. Ciertamente no tenía su entonación en inglés, su pelo dorado ni sus delicados rasgos.

En esa búsqueda de modelos a seguir, descubrí a Christiane Amanpour. Desde la primera vez que la vi, grabé sus historias en mis casetes VHS y les puse una etiqueta que decía «No borrar» en marcador negro.

Amanpour. ¡Qué mujer!, con su melena negra alborotada, su acento iraní-británico, la piel color aceituna y sus chaquetas de estilo safari. Podía hablar diferentes idiomas, perseguir a Osama bin Laden a través de las montañas y cubrir conflictos mundiales, así como cualquiera de sus colegas masculinos.

Ay, Dios, permíteme ser un día tan aguerrida como ella.

Mientras lidiaba con el proceso de aplicación a las universidades, trataba de minimizar una montaña de miedos, sobre mis notas, mis habilidades y la competencia que enfrentaría.

El Profe O'Sullivan me dio el empujón que necesitaba para no darme por vencida.

«Tienes muy buenas calificaciones, *good grades*, y una historia de vida que te hace *different*», dijo.

Me estimuló a dejar de leer los consejos genéricos para llenar aplicaciones que aparecían en internet y concentrarme en escribir un ensayo que me saliera del corazón. Su consejo fue acertado: si estás buscando entrar en la universidad o al trabajo de tus sueños, presenta lo que te hace especial. Copiarte de los demás no hará que sobresalgas entre la pila de ensayos o currículums de trabajo.

Dejé de escuchar las dudas de la niña insegura que afloraba cuando menos esperaba y le hice caso a O'Sullivan.

Mi ensayo de aplicación a la universidad fue una carta abierta al presidente Chávez, suplicándole que pusiera fin a la división y al odio en nuestra tierra. En él escribí tanto mi queja como mi compromiso de futura periodista. Para terminar la carta, concluí:

> Si bien como seres humanos nunca seremos completamente objetivos, los periodistas deben luchar contra la cobertura desequilibrada, independientemente de las tendencias de una organización o gobierno. Gracias, señor presidente, porque aprendí esta lección de la manera más difícil. Sé que me odiará por esto, pero pronto voy a empezar como pasante en Globovisión, el único canal de oposición que queda en el país. Sin embargo, sé que la única manera de convertirme en una reportera objetiva es entrar a un postgrado en periodismo.

Quizás después del posgrado nos volvamos a ver, usted y yo. Yo voy a ser la mujer sentada en la silla de ancla de noticias o la corresponsal de noticias en un canal internacional. Desde allí, cambiaré la perspectiva del periodismo en Venezuela y seré una líder en los medios. Mi objetivo es ayudar a ampliar la forma en que las personas perciben la realidad, porque el mundo no es rojo [el color más frecuentemente asociado al comunismo], señor presidente, mucho menos negro o blanco.

En verdad, usted me ha ayudado, señor Chávez, ya que los eventos que he experimentado de primera mano me han proporcionado un ojo agudo que ve más del bien o el mal. La visión distorsionada del periodismo en mi país me ha inculcado un deseo de cambio que solo puede ser un rasgo de los más persistentes.

Gracias por todo.

Atentamente, Mariana Atencio

Octubre, 2007

Mi carta no fue una más del montón. Algunos de los rectores de las universidades donde apliqué me llamaron por teléfono para decirme que la carta abierta a Chávez fue algo diferente, agudo y refrescante, distinto a lo que usualmente leían en las aplicaciones que les llegaban.

Aunque apliqué a cuatro universidades, mi esperanza estaba en Columbia, porque quería estudiar en Nueva York. Todavía recuerdo la emoción tan intensa que me dio leer el correo electrónico que me ofrecía la oportunidad de mi vida.

Estimada señorita Atencio:

Nos complace informarle que se le ha otorgado una beca de mérito para asistir a la Escuela de Periodismo de la Universidad de Columbia.

Fue como el trampolín hacia la libertad en un párrafo, uno que sin duda tenía el toque de Dios.

Sin embargo, mi éxito fue agridulce. Las bombas de gas lacrimógeno seguían extendiéndose por los cielos de mi ciudad y mis compañeros continuaban arriesgando sus vidas todos los días. Yo, por otro lado, estaba llena de remordimiento, sentía que los traicionaría con mi partida. Era como estar a punto de ganar una carrera y detenerse abruptamente un segundo antes de cruzar la meta.

Esa vez, busqué el consejo de mi mamá, la mujer más práctica y directa que conozco. Me acerqué a ella mientras leía en su *chaise longe*, siempre dueña de sí, la señora de la casa, con esa elegancia característica que no perdía ni cuando estaba en bata de dormir en su habitación.

Su cálida sonrisa me iluminó cuando soltó el libro que tenía en la mano y me hizo un gesto para que me sentara a su lado. La abracé y me dejé envolver en su perfume y sus cariños. El abrazo de mi mami es la mejor manera de describir lo que es «sentirse en casa».

Sus palabras fueron firmes pero suaves. Ese es su estilo.

«Mari, te amamos tanto… más de lo que puedas imaginar. Va a ser muy difícil para nosotros verte ir, pero sabemos que esa es la única forma en que podrás encontrar tu propio camino. ¡No puedes quedarte aquí! Nunca nos perdonaríamos si pierdes esta oportunidad de oro creyendo que tienes que quedarte aquí para estar con nosotros. El vínculo que compartimos es inquebrantable. No importa qué tan lejos estén o por cuánto tiempo tú o tus hermanos viajen, somos uno, como una mano con sus cinco dedos. Cada uno es igualmente importante. Esa mano siempre unida en el afecto y la solidaridad, así somos los Atencio Cervoni».

Mi madre, Lady Di o Lady Diana, como la llaman algunas de mis amigas, me dio el empujón que necesitaba. Me subí a ese avión y prometí no mirar atrás. Si me iba a ir de mi país, tenía que echar pa' lante y darlo todo para que mi familia se sintiera orgullosa de mí.

#*Go like Mariana*: Si mantenemos nuestros sueños calladitos, nadie vendrá a preguntarnos por ellos. Una vez que hayamos descifrado lo que queremos, el próximo paso es contárselo al mundo. Cuanto más lo digamos en voz alta, más real se volverá.

Mariana, la periodista

Nueva York, 2009

¡No podía contener la emoción! Christiane Amanpour, la gran periodista y mi ídolo desde niña, visitaría el campus de la Universidad de Columbia donde yo estudiaba, gracias a una beca académica.

Estaba programado que Amanpour y su muy famoso colega de CNN, Anderson Cooper, dieran discursos en la escuela de periodismo. Muchos de mis compañeros formaron fila para tomarse fotos con el presentador de noticias, apodado «el zorro plateado», debido a su cabello canoso y a su innegable atractivo. Pero yo quería una foto con mi heroína y traté de conseguirla.

Luego de su conferencia, Amanpour salió rápidamente por uno de los pasillos. Apuesto lo que sea que va tras Bin Laden, pensé con mi habitual tendencia a fantasear.

Corrí por el auditorio para hablar con ella antes de que llegara al ascensor. Mi mejor amiga de clase me miraba con cara de asombro y pena ajena.

—La admiro mucho —le dije, mientras le pedí una fotico junto a mi amiga—. Lo siento, sé que está apurada. ¿Adónde se dirige?

—Tengo que llevar a mi hijo al dentista. Tiene cita y se me hace tarde —respondió con una sonrisa sutil.

Definitivamente no era la respuesta aguerrida que estaba esperando. Pero fue un momento real entre dos mujeres en diferentes puntos de su carrera, uno que me hizo darme cuenta de que la mayoría de nosotras asume el papel de madre, esposa, hija o amiga solidaria al mismo tiempo que el de profesional y se espera que lo hagamos todo bien porque nosotras mismas hemos creado ese ideal tan difícil, y aplaudimos con entusiasmo a las que parecen estar logrando esa meta, aunque a solas nos preguntemos si de verdad se puede alcanzar ese balance «perfecto».

Amanpour, la periodista veterana, la guerrera invencible, la maestra del periodismo moderno tenía que ser madre cuando su hijo la necesitaba, y lo hacía con la misma, o probablemente más pasión, de la que vemos al aire en sus reportajes.

Mi mayor reto hasta el día de hoy es encontrar equilibrio entre mi vida personal y la profesional. Ser una periodista que cubre noticias en cualquier parte del mundo, dándole voz y plataforma a quienes no la tienen, pero también aspiro a una vida familiar plena. He aprendido a respetar las increíbles fortalezas y las debilidades detrás de esas dos identidades, sin tratar de aparentar que es fácil tenerlo todo.

Luego de la época de protestas estudiantiles en Venezuela, llegué a Estados Unidos el 5 de agosto de 2008, sin pasaje ni planes de regreso. No tenía la muy comentada *Green Card*, esa famosa «visa para un sueño», pero sí la igualmente célebre «maleta llena de ilusiones», imposibles en ese momento, y unas ganas imparables de aprender. Ese era mi equipaje. A esto se refería mi Papi cuando me dijo: «Nunca sabes lo que el futuro te depara». Por fin entendí que para esto me había estado preparando; ser inmigrante era lo que estaba en mi futuro.

Durante aquel año de posgrado, comencé a contar historias en inglés por primera vez. Era un momento crucial en Estados Unidos y, como estudiante de periodismo, tenía que cubrir lo que me asignaran. La elección del presidente Barack Obama, el primer mandatario afroamericano en la historia del país, figuraba entre las tareas.

Cuando se anunciaron los resultados electorales, estaba cubriendo la noticia para Columbia en la sede de la campaña de Obama en Filadelfia, una ciudad muy importante para Estados Unidos y en particular para los afroamericanos.

Salí a las calles y vi docenas de personas de todas las razas y creencias abrazándose, bailando con alegría. Recordé el odio y la división que había presenciado en mi propio país. Sentí un gran alivio por lo que estaba viendo en aquella ciudad. Parecía el comienzo de una era de igualdad de oportunidades, de tolerancia y de unidad. El *Yes, we can* retumbaba en el aire.

Haber llegado a un «Estados Unidos postracial» me hacía sentir muy afortunada. ¡Claramente no tenía idea de lo que vendría algunos años más tarde!

Después de un período intenso de estudios y añoranza, caminé con orgullo por el espectacular campus de Columbia en la 116 y Broadway, con el tema *New York, New York* de Frank Sinatra como canción de fondo. El día estaba soleado y resplandeciente. Desfilé sonriente con mi toga y birrete color azul claro, como una quinceañera llegando a su fiesta, con el resto de la Universidad como invitados.

Estaba rodeada por mis compañeros de clase y futuros colegas. ¡La mayoría, mentes brillantes! Muchos mostraban ya impresionantes méritos profesionales. Durante mi año en Columbia, me atacó varias veces el temido e ineludible «síndrome del impostor». Me torturaba pensando: *¿qué puedo aportar aquí? Tal vez cometieron un error al darme la beca. Todos están mucho más calificados que yo. Ya tienen ofertas de trabajo y yo ni siquiera tengo contactos para empezar a buscar.*

Pero aquel día con mi traje de graduada, escuchando a Sinatra, me sentí verdaderamente lista para comerme el mundo.

Ah, y mi mayor motivación estaba ahí: mis papás. A pesar de las dificultades en Venezuela, lograron llegar para la ceremonia. Sus rostros brillaban con una luz especial.

Al terminar mis estudios universitarios, necesitaba una visa para trabajar de forma legal en Estados Unidos. Ningún canal me contrataría sin un permiso de trabajo. Mejor dicho, cualquier empresa interesada tendría que pagar extra por mi patrocinio, involucrando abogados y papeleo adicional. Aquello significaba un gran obstáculo en medio de la cruda recesión económica por la que atravesaba el país. Sentía que iba con una notita que decía «no me contrates» pegada en la frente, a cada entrevista.

Me cerraron la puerta en las narices muchas veces. ¡O sea, hubo oficinas donde no pasé ni del *lobby*! Entonces decidí usar aquello que me hacía «distinta» como ventaja competitiva. A veces lo que se percibe como una debilidad se puede convertir en un beneficio. Mi estatus de inmigrante, el español como primer idioma y mi conocimiento de América Latina podían ser cartas de triunfo. Transformar las supuestas «desventajas» en herramientas positivas, puede hacernos sobresalir. Conversé con un consejero en Columbia y logré que me recomendara con medios en español. Así fue como logré poner un pie en la puerta (aunque fue la puerta de atrás) en *El Diario, La Prensa*, el periódico en español más antiguo de Estados Unidos.

Llegar a la cima usando el ascensor no pasa casi nunca. Toca trabajar duro, fajarnos para subir cada peldaño por las escaleras. Pero cuando llegas, disfrutas la vista aún más, porque tu viaje estará lleno de momentos en los cuales te caíste, te volviste a levantar y aprendiste. Mi primer peldaño fue lograr que la Universidad me recomendara con un medio en español. Por supuesto, estaba muy orgullosa de haber conseguido un trabajo en periodismo, así fuese como pasante, en medio de la dolorosa y compleja Gran Recesión. Entre 2008 y 2009, casi 9 millones de personas perdieron sus trabajos en Estados Unidos. De ellos, 114.000 empleados de redacción, reporteros, editores, fotógrafos y videógrafos que trabajaban en cinco industrias que producen noticias: periódicos, radio, televisión, cable y publicaciones digitales de noticias, según datos del Centro de Investigación Pew.[1]

Salvo mis ganas de trabajar y de hacerlo muy bien, realmente no tenía con qué negociar. Ni de casualidad había un «as» a la mano o metido en el bolsillo de mi chaqueta. Milagrosamente, el que sería mi jefe quedó gratamente impresionado con mi actitud de hacer lo que fuera necesario, en cualquier horario, fin de semana o madrugada, con tal de que me aceptaran como pasante y aprobó el preciado patrocinio de mi H1B. Aunque no era el trabajo de mis sueños, reconocí que era un paso crucial en la dirección que me interesaba seguir. No podía darme el lujo de perderlo. En Venezuela usamos la expresión «La masa no estaba para bollos». En España es «La Magdalena no estaba para tafetanes». O en buen cubano «El horno no estaba para galleticas». A trabajar sin quejarte, Mariana, que sin visa no había *green card* en el horizonte.

A estas alturas, creo que nos conocemos lo suficiente como para confesarles que mis mayores decepciones ocurren cuando parece que estoy en la cresta de la ola. Precisamente eso me sucedió en *El Diario, La Prensa* cuando ya llevaba casi un año, y había demostrado que tenía mucha iniciativa y una capacidad de trabajo difícil de igualar. Me había comprado mi camarita y hacía reportajes que yo misma editaba para los nuevos medios audiovisuales (o sea internet). Pensaba que iba en la vía rápida de mi escalera al éxito. Pobre ilusa. El día menos pensado caí de platanazo.

Aquella mañana caminaba sobre una nube. Me habían concedido una entrevista con la famosa y muy aclamada autora chilena Isabel Allende. No era un logro pequeño. Isabel, autora de *La casa de los espíritus* y considerada la escritora de lengua española más leída del mundo, acababa de publicar una nueva novela, *La isla bajo el mar*. Isabel había vivido algunos años en Venezuela cuando su país, Chile, sufría la dictadura del general Pinochet. Sabía que ella sentía un especial afecto por mi país. Y ahí estaba yo, Mariana Atencio, la periodista, anotándome el lujo de entrevistarla.

De un brinco me subí al metro desde el Spanish Harlem hacia Brooklyn, saboreando ya en mi mente la forma en que escribiría la entrevista, con énfasis en la sugestiva belleza del realismo mágico latinoamericano y el empoderamiento de la mujer, dos temas comunes en la obra de Isabel.

Al llegar al jardín exterior del edificio donde estaban las oficinas del periódico, me encontré con mi mejor amiga, Ana María, que acababa de llegar en su patineta. Llevaba tenis Converse y una franela roja que decía *Seriously?* [¿En serio?], con letras blancas destacadas, y cuyo borde de manga corta revelaba un tatuaje recién hecho con henna en el brazo derecho.

Ana quería codificar contenido digital. Como *El Diario* necesitaba otro pasante, entregué su currículum para ayudarla. Al fin y al cabo, yo también había empezado así y me habían contratado unos meses después. Por algún lado hay que empezar. Yo tenía veinticinco años y Ana veintitrés, pero ella parecía de quince. Era como mi Peter Pan. Estoy segura de que a Ana se le ocurrió el lema «Solo se vive una vez» antes que a las hermanas de Azúcar Moreno. Y no importa cuántos años pasen, ella siempre luce como una adolescente, con el espíritu de niña rebelde envidiable.

—¿Qué más, chama? —nos dimos un beso en la mejilla (como es habitual en América Latina) y le entregué unos pudines *light* que había comprado esa mañana—. Esto es pa' la dieta. Por favor, no me mires así. Estamos solteras, tenemos que mantenernos en forma —le dije con mi mejor sonrisa.

—¡No seas fastidiosa, Mariana! Quiero poder comer postres normales con todas las calorías. No me interesa tener fotos de matrimonio con un vestido talla dos. ¿Pa' qué? Si después me engordo y voy a tener a un tipo al lado reclamándome que no se casó con las tallas de doble dígito que hay en mi clóset. No, no, ni de broma —respondió ella, moviendo los ojos mientras tomaba la bolsa y metía su patineta por la puerta del ascensor.

Cuando las puertas se abrieron en el piso dieciocho, me di cuenta de inmediato que algo andaba mal.

La sala de redacción de *El Diario* por lo general mostraba un ambiente colorido donde podías toparte con personajes tan distintos como la congresista hispana Nydia Velásquez, el astrólogo conocido como «El niño prodigio» y la periodista peruana Vicky Peláez, que más tarde fue acusada de ser una espía a favor de Rusia. Pero aquel día parecía la escena de una obra de teatro fúnebre.

En la puerta nos encontramos con personas que nunca habíamos visto antes. Todos muy serios, vestidos de negro. Lucían como una delegación diplomática del inframundo. Notamos que todos hablaban en voz baja y murmuraban en grupos dispersos por los rincones. En la redacción la tensión era tan heavy que el aire se podía cortar con un cuchillo.

—¿Qué está pasando? —preguntó Ana, preocupada.

—Voy a averiguar. Ve para la biblioteca. No te preocupes —le contesté.

Yo no tenía oficina, ni siquiera un cubículo o un escritorio. Ana y yo compartíamos un espacio en un cuartico sin ventanas conocido sarcásticamente como «La biblioteca», lleno de libros viejos, rumas de periódicos y kilos de polvo que nos causaba las peores alergias al final de cada semana. Estaba muy lejos de trabajar en un canal de televisión, pero en aquel huequito lleno de polvo me convertí oficialmente en periodista. Fue allí donde escribí por primera vez artículos sobre la comunidad hispana en Nueva York. Algunos fueron sobre temas serios y otros, bueno, más triviales, como el nuevo calendario de los bomberos, los desfiles de la ciudad con sus deslumbrantes carrozas e incluso una convención sobre pornografía. Era un espacio donde me sentía segura hasta aquel día.

Tratando de mantener la calma me puse a buscar a mi jefe con la mirada entre el sombrío mar de trajes negros. Por fin lo vi. Estaba del otro lado de la redacción y venía hacia mí. Tenía la cara roja. Sus ojos azules argentinos parecían estar a punto de estallar en lágrimas.

—Atencio, hoy más que nunca, no me reventés la paciencia— dijo bruscamente mientras caminaba por el pasillo con los cuervos.

Nunca había visto a alguien ser despedido, pero estaba muy consciente del difícil estado de la economía y de cómo afectaba a todo el país y al mundo.

Aun así, nunca pensé que aquel día me iba a tocar a mí pasar a la lista de desempleados. Necesitaba mi trabajo por todas las razones que ya conocen.

———

—¿Señorita Mariana Atencio? Venga con nosotros, por favor —dijo uno de los hombres de negro.

Respira, Mariana… Respira.

Me guiaron a una oficina de vidrio donde estaban quitando algunos de los muebles y los objetos personales del inquilino anterior.

—Lamentamos informarle que está despedida. Su puesto ya no está disponible.

Eso fue todo. Sin una explicación. Sin que mediara una palabra amable. Dejé de respirar durante unos cinco segundos. Fue el comunicado más robótico que había escuchado hasta entonces. Me di cuenta de que el cuervo negro que me guio hasta allí era parte de una empresa encargada de despedir personas. Me recordó a la película de 2009 *Amor sin escalas*. Desafortunadamente el hombre que me dio la mala noticia estaba lejos, muy lejos de parecerse a George Clooney.

¿Ahora qué? La imagen de Mariana, la periodista, se esfumó en un instante. Se había ido tan rápido como el florero que estaban empacando.

—¿Y mi visa? —fue lo único que salió a través del nudo en mi garganta—. Fíjense que el periódico ya la patrocinó y si la pierdo no podré permanecer de manera legal en Estados Unidos —argumenté, pensando que eso los convencería de ayudarme.

—Señorita Atencio, estamos despidiendo a un tercio de esta compañía. En este momento su visa no es una de nuestras prioridades.

Me entregaron una hoja de papel amarillo. Una lista en negro sobre blanco de todas las personas que estaban siendo despedidas aquel día. Nombres, apellidos, edad y años servidos en la empresa.

—Empaque sus cosas y salga de la oficina lo antes posible, por favor.

Para su corporación yo era solo otro numerito frío y sin rostro. Había personas en la lista con más de sesenta años de edad que probablemente tenían hipotecas, hijos en la universidad y familias que alimentar. Nada de eso pesa, nada importa cuando las empresas tienen que reducir sus gastos.

Como de costumbre, empecé a recordar todo lo bueno que había logrado en el corto tiempo que llevaba en *El Diario* y lo mucho que había aprendido.

Al mes de entrar a la redacción logré convencer a mi jefe de la importancia de crecer en el frente digital. Compré mi propio equipo de cámara y micrófono para crear contenido. Se me ocurrió la idea de un programa digital en el que narraba los titulares y las columnas más importantes del periódico. Lo llamé *La Semana, Nueva York* y lo filmaba en lugares emblemáticos de la ciudad. Colocaba mi trípode en medio de una calle y hacía mis propias presentaciones y comentarios calculando la altura a la que debía estar la cámara para quedar en el centro de la imagen. Como soy bajita, muchas veces necesitaba subirme a una de esas cajas plásticas que los supermercados usan para guardar frutas y vegetales. (¡La producción más rudimentaria que puedan imaginar!). En mi tiempo libre, con la ayuda de Ana María, editábamos el show a diez minutos. Cumplía con esas y muchas otras responsabilidades. Mucho más de lo que decía mi descripción de trabajo. Pero quería absorberlo todo.

Mirando por el espejo retrovisor, me doy cuenta de que yo era una YouTuber antes de que YouTube se hiciera famoso. Obviamente no era la mejor camarógrafa ni la editora más experta, pero con ese trabajo aprendí lo básico de grabación y edición. No me quedé en mi casa pensando: ¿Llegaré a la televisión algún día? Presenté ideas innovadoras que fueran fáciles de ejecutar y que ayudaban al buen nombre y la imagen de la compañía.

Mi trabajo diario consistía en escribir historias para el periódico. Le sugerí a mis jefes reportajes para grabar, editar y publicar en la página web del periódico. Así fue como se me ocurrió la idea de lanzar una especie de noticiero digital a través de internet. En esa época, Twitter también estaba creciendo y cada vez atraía a más usuarios. Al ser la empleada más joven con conocimiento de redes sociales, me ofrecí voluntariamente para aprender sobre ese novedoso medio y enseñar a los escritores del periódico. Incluso ayudé a algunas de las personas ya mayores a configurar sus cuentas individuales. Lo que hacía de buena voluntad valía la pena. Era una inversión en mi carrera.

Los ejecutivos del periódico, como el editor en jefe Alberto Vourvoulias-Bush y la editora Rosanna Rosado (que luego se convirtió en Secretaria de Estado de Andrew Cuomo, el Gobernador de Nueva York), estaban encantados.

En ese trabajo aprendí a pensar siempre en las necesidades de la persona a la que te diriges. Proponer ideas es una parte fundamental en el periodismo. Es levantar la mano y decirle al entrenador que estás listo para participar en el juego, no esperar a que siempre te pasen la pelota esperando por una asignación. Es dar vida a las historias que te interesan y que pueden llamar la atención del público.

Pero no es nada fácil. En todos estos años, he tenido un montón de buenas ideas que nunca salieron al aire porque no pude hacer que los editores se interesaran. Todavía lucho con esto hoy.

¿Qué es lo que ayuda? Insisto, es la fuerza de una historia. Ese «había una vez...» que se abre paso en nuestra psiquis. Saber proponer un reportaje tiene que ser como contar un cuento de aventura en lugar de una tarea fastidiosa. Y comienza con saber en qué están interesados tus jefes. Luego hacer la tarea, es decir mucha lectura, no solo de los periódicos nacionales, sino también de los locales, para descubrir historias y personajes fuertes. En aproximadamente medio minuto, presentas una idea que abarca el contenido de la historia, quiénes son las voces, una o dos fuentes, cualquier dato relevante, el momento y el lugar. Es el abc del periodismo.

El periodismo requiere investigar a los que están en el poder, pero también, como lo expresó Masha Gessen, escritora de *The New Yorker*, el periodismo se trata de hablarle a las personas sobre otras personas.[2]

Le propuse reportajes a mis jefes y ejecutivos en otros departamentos. Aprendí a tener historias en la punta de la lengua, para que, si me topaba con un ejecutivo o editor en el ascensor, en el baño o incluso en una fiesta, pudiera ofrecérselas. Estaba decidida a no permitir que las limitaciones ni las pautas de mi trabajo actual determinaran la senda de mi futuro. Cuando trabajamos con lo que tenemos, podemos convertirlo en un trampolín hacia donde queremos ir.

Muchos meses más tarde, mi jefe me felicitó por mis segmenticos de internet. Y cuando necesitó un reportero que trabajara los sábados presentando los titulares del periódico en la estación local, Univisión 41 en Nueva York, me preguntó si estaba disponible.

Había una cámara de Univisión en medio de nuestra sala de redacción de *El Diario*. Tenía que pararme frente a todos mis colegas periodistas, que no dejaban de trabajar, haciendo *click* en sus computadoras, ponerme un micrófono y dar las noticias.

No me pagaban más. Tenía el mismo puesto y seguía sin cubículo pero, al fin, tenía un minuto en televisión cada semana. Sesenta segundos que eran oro en polvo.

Incluso creé una frase de cierre para que la audiencia me recordara: «¡No te lo pierdas!».

Al cabo de un par de meses, muchos televidentes recordaban mi eslogan. ¡Estaba en camino hacia lograr mi sueño! Hay más para contar sobre aquel día fatídico en el que me despidieron. Pensar en mis pequeños éxitos me dio esa fuerza necesaria para no quebrarme ni hacer el papelón de ponerme a llorar por los pasillos. Superaría ese contratiempo. Y aprendería de él.

Ahora estoy segura de que ser despedida me hizo más fuerte y me ayudó a tener una coraza más gruesa y también a tener mayor flexibilidad. Tienes que saber esto: nadie, absolutamente nadie, es indispensable. Por eso es tan importante tener un plan B, una alternativa de trabajo junto a un buen sistema de apoyo de familia, amigos y una comunidad espiritual. Ojalá nunca te pase, pero si el desempleo llama a tu puerta, no tiene por qué ser el final de tu carrera.

Cuando llegué a aquel angosto espacio dentro de la biblioteca que compartía con Ana María, las personas de traje negro estaban hablando con ella.

———

—¡Mari, quieren que siga trabajando aquí, haciendo tu trabajo sin que me paguen! —dijo ella frente a ellos.

Dejé de respirar por un segundo. No lo podía creer. Aquello era como echar sal en mi herida abierta.

—Quedarme aquí sería una oportunidad para mí, y de todos modos no me pagan, pero no... ¡me voy contigo! —declaró con valentía.

Yo exhalé el aire que se me había quedado aprisionado en los pulmones. No estaba sola. Este fue mi momento de la película Jerry Maguire y Ana fue como mi Renée Zellweger.

—Nos vamos juntas —les dije a los cuervos, con mi mejor aire de superioridad.

Antes de irnos, llamé a un abogado a toda prisa. Me dijo que el despido definitivamente cancelaría mis documentos de visa. El nudo en mi garganta se hizo más grande. No pude ni siquiera tragar grueso.

Tenía apenas treinta días para encontrar otro empleo que patrocinara mi visa, todo ello en medio del terrible caos económico. Si no lo lograba me convertiría en indocumentada o tendría que volver a Venezuela. Regresar no era posible; el crimen y la crisis allá habían empeorado. Ninguna de las opciones era viable.

Me vi retratada de cuerpo entero en la historia de tantos inmigrantes que luchaban por conseguir documentos y mantener su estatus. Mientras recogía mis cosas y las metía en una pequeña caja me prometí que eventualmente contaría lo que significa navegar por este sistema migratorio que está roto y obsoleto. Yo hablaría por aquellos que tienen que embarcarse en ese viaje con menos recursos de los que yo tenía.

Escuchar experiencias como la mía de primera mano es la forma más efectiva para que todos, de ambos lados, republicanos y demócratas, entiendan lo mal que funciona el sistema. Existe la necesidad inmediata de una reforma migratoria integral. Si alguien como yo, que tiene un trabajo y un diploma de postgrado de una de las mejores universidades del país, podía quedar indocumentada de golpe, ¿qué quedaba para los demás?

Después de hablar con el abogado, Ana y yo recogimos nuestras cosas e hicimos el largo recorrido desde la biblioteca hasta el ascensor. Los pasillos estaban llenos de salas de conferencias de vidrio, desde las cuales los empleados nos miraban con incomodidad o lástima, como si estuviéramos caminando sobre «la tabla» en un barco pirata.

—¡Espera! —exclamó Ana de repente cuando llegamos a los ascensores—. Se me quedó algo.

—Oh, Dios mío, Ana. ¡¿Qué?!

Volvió corriendo, y cuando regresó, estaba sosteniendo la bolsa de los pudines *light*.

—Chama, si vamos a ser solteras, indocumentadas y desempleadas, al menos tenemos que estar flacas.

Las puertas del ascensor se cerraron. Vi el «¿En serio?» en su franela y me puse a llorar.

#*Go like Mariana*: La mayoría de nosotros no llegaremos a la cima en ascensor; tendremos que subir por las escaleras. Aun así, vamos a disfrutar esa escalera, el viaje. Si tienes que comenzar desde el sótano, no te desanimes. Solo piensa: la vista desde arriba será mucho mejor.

7

Con un «sí» por delante

Nueva York, 2011

¡Ahhhh, cónchale, no voy a llegar a tiempo al aeropuerto!

Las montañas de ropa a mi alrededor eran fiel reflejo de mi estado mental. Mi vuelo de Nueva York a Miami salía en hora y media, pero el desorden tomaría mucho más en desaparecer. Me estaba mudando de ciudad para comenzar un nuevo trabajo y mi vida entera tendría que caber en ese par de maletas, que abiertas ante mí suplicaban que las terminara de llenar.

Admito que había dejado la tarea de empacar para última hora, a propósito. La tristeza de abandonar Nueva York era tan grande que intentaba posponer ese paso final hasta que fuera inevitable.

Había transcurrido un año desde que perdí mi trabajo en *El Diario, La Prensa*. Cerraba un capítulo de mi historia y comenzaba a escribir otro. Eso requería volver a despedirme. Asimilar un segundo desarraigo.

Salir de Venezuela, mi país y mi hogar por veinticuatro años, dejar a mi familia y amigos, mis espacios conocidos, un modo particular de ser y estar fue la decisión más difícil de mi vida. Y aunque en Nueva York había atravesado muchos altibajos, después de tres años finalmente había conseguido cierta estabilidad laboral y emocional. Tenía un grupo de amigos con quienes compartir más que cenas y salidas; éramos una pequeña tribu de expatriados, hermanos en las buenas y en las malas.

Tras mi despido del periódico, me la pasé buscando trabajos que patrocinaran visas de inmigrantes, una tarea casi imposible en medio de la Gran Recesión de 2008 y 2009.

El abogado que llevaba mi caso me dijo que una de las formas en que podía evitar quedarme sin papeles (salvo que quisiera casarme con un gringo o comprar una costosa visa de inversionista) era registrarme en la universidad nuevamente. Total, que no me quedó de otra que volver al campus de Columbia, donde me inscribí en una clase avanzada de Estudios Latinoamericanos para obtener una maestría que me garantizara la visa de estudiante.

Menos mal que hice la primera maestría becada —pensé—. *El golpe económico de una segunda vuelta habría sido fuerte.*

De todas maneras, resultaba muy injusto que mis papás tuvieran que pagarme otro semestre en la universidad. ¡Mi sueño era trabajar para ayudar a mi gente en Venezuela, no que ellos me ayudaran a *mí*! Aquel sueldito que recibía en *El Diario* ahora parecía un lujo. Nadie sabe lo que tiene hasta que lo pierde. El tiempo que estuve desempleada conté cada centavo, consciente de que los ingresos de mi familia ya no eran los de antes y se mantenían a flote con ahorros e inversiones que habían hecho años atrás, lo que todavía les permitía vivir con cierta comodidad.

Mis papás siempre decían que cada aprendizaje es valioso, pero esta era una lección que me costaba mucho apreciar.

«Mi Mari, yo sé que es un sacrificio financiero —dijo Papi por teléfono—, pero no queremos que te preocupes por el dinero. Estamos aquí para apoyarte. Siempre les hemos dicho que estudiar es una inversión que nadie podrá quitarles».

Sabía la importancia de la educación para mis padres. Recuerdo que de chiquita veía a mi mamá con su elegantísima letra cursiva llenando las tediosas planillas para que pudiéramos ir a los campamentos de verano en Estados Unidos. Durante el año escolar, nos armaba un mapa de vida que incluía horarios para hacer tareas y actividades extracurriculares. La disciplina dio sus frutos. Fui alumna de 20 (la máxima puntuación en Venezuela), al igual que mi hermana Graciela, y fui elegida para dar el discurso de graduación del bachillerato. Cuando me paré ante ese escenario, agradecí a nuestros padres y amigos, comparándolos con el boleto ganador de una lotería. Y para reforzar la idea entregué unos boletos falsos dobladitos que había impreso y recortado uno por uno en mi casa la noche anterior. Cuando anuncié «el número ganador es…», mis compañeras abrieron los papelitos y se dieron cuenta de que todas tenían el mismo número.

Todas éramos ganadoras. Lo que hiciéramos con aquella lotería que nos había dado la vida dependería de nosotras.

Yo siempre le había sacado el jugo a mi boleto ganador. Por eso, aquel revés en Nueva York fue tan doloroso para mí. A los veintiséis años, no quería estudiar más ni adquirir una deuda de préstamo estudiantil para mi familia. Todos mis antiguos compañeros de clase de Columbia parecían estar en camino hacia el éxito y yo me veía, otra vez, con una mochila escolar al hombro. Ese bulto pesaba. Simbolizaba mi fracaso.

Comprender cómo y porqué había regresado al punto de partida, era complicado. Cada día imaginaba lo difícil que era quedarse legalmente en Estados Unidos para quienes tenían menos recursos que yo. *¿Qué se supone que debe hacer un inmigrante si él o ella es despedido del trabajo que respalda su visa? ¿Qué pasa si no puede encontrar otro empleo lo suficientemente rápido o no tiene cómo pagar una universidad o una visa de inversionista? ¿Merece ser expulsado del país, aunque sea un miembro útil de la sociedad?* Eran preguntas retóricas que me torturaban constantemente.

En ese momento ratifiqué la decisión de utilizar cualquier plataforma a mi alcance para prestar mi voz, como mejor pudiera, a favor de los más de 11 millones de indocumentados en Estados Unidos y a los millones más que, a pesar de estar aquí legalmente, luchan para sobrevivir, en un sistema lleno de prejuicios en su contra y que no les da muchas oportunidades.

Volví a las aulas en Columbia, filmaba mis videítos por todo Nueva York y traté de no desanimarme. Hacía entrevistas, grababa eventos e incluso editaba mis propias noticias para una estación de servicio público en español llamada Vme-TV.

—¿Puedo entrevistarlo? —le pregunté un día a uno de mis nuevos profesores, Patricio Navia, que enseñaba políticas latinoamericanas en la Universidad de Nueva York.

El profe accedió. Al terminar la entrevista, me dio unas sencillas pero cálidas palabras de aliento.

—Tienes mucho talento. Deberías estar en la tele. ¿Qué haces aquí?

—Gracias, es que no logro encontrar trabajo —le respondí.

Patricio, «Pato» como lo llamaba, era una fuente inagotable de conocimientos. Un politólogo chileno experto en cultura latinoamericana y un respetado columnista en varios periódicos. Me había inscrito en su clase a última hora porque, a pesar de que me llamaba mucho la atención, solo estaba disponible en la Universidad de Nueva York como parte ampliada del currículum de Columbia, y apenas alcancé a matricularme.

A nivel de logística, asistir a la clase de Pato no tenía mucho sentido, pues implicaba atravesar la ciudad. Tenía que salir corriendo de Columbia y subirme al metro en la calle 116 del lado oeste para ir hasta la calle 14 en el este, en hora pico de tráfico. Llegaba sin aliento todos los días. Pero este señor era una fuente de sabiduría y quería aprender de él.

—Te voy a ayudar —me dijo de pronto una tarde, en medio de la respuesta que estaba dando a una de mis múltiples preguntas acerca de un tema tratado en clase.

Un conocido suyo trabajaba en Univisión (el coloso de la televisión hispana) y le pidió que recomendara a uno de sus estudiantes destacados, porque probablemente había una plaza en su equipo. Pato pensó en mí. Así, este erudito a quien nunca habría conocido si no me hubieran despedido de *El Diario*, me ayudó a conseguir esa entrevista de trabajo que fue el segundo escalón en mi carrera. Todo pasa por algo, decía mi abuelita. ¡Cuánta razón tenía!

Luego de la entrevista telefónica me dieron una cita en las oficinas de Miami. A diferencia de muchos inmigrantes suramericanos, yo no conocía bien esa ciudad. No había estado allí en años, y como ni siquiera había manejado un carro antes en Estados Unidos tuve que pensar si me sentiría cómoda alquilando uno, que era mi opción para poder pagar con tarjeta de crédito, porque los taxis eran carísimos y la mayoría solo aceptaba efectivo.

En ese momento, el año 2011, Uber no existía en Miami. Así que tuve que armarme de valor y alquilar el automóvil más barato del lote para llegar a la entrevista.

«¿Estás loca, *mija*? —mi mamá me regañaba sin parar al otro lado del teléfono—. ¡Te vas a estrellar, Mariana del Carmen! Ya de por sí manejabas mal cuando vivías aquí en Venezuela. Recuerda que la policía en Estados Unidos no come cuentos ni acepta sobornos».

Me armó tal alharaca con lo del carro que le tuve que decir que un amigo me iba a buscar. Odio mentir, pero una mamá hispana sermoneando casi a gritos, por más de 10 minutos, puede acabar con la paciencia de un santo.

Pa'lante, mi gente. Cuando me monté al carrito ultra compacto, hice la señal de la cruz y arranqué.

Llegué en una pieza al canal y el director de talento de Noticias Univisión, luego de los saludos de cortesía, fue directo al grano. «Olvídate de estar en televisión. Lo que podemos ofrecerte ahora es un trabajo llenando contenido digital. El puesto sería aquí en Miami».

Tras obtener mi título de periodista en Columbia, ser despedida, volver a la universidad y tener trabajitos irregulares aquí y allá, se me presentaba la oportunidad de entrar al medio que realmente me interesaba.

Acepté sin dudar, imaginando como de costumbre un futuro promisorio en el cual llegaría a ser reportera de la estación y trabajaría incluso al lado de Jorge Ramos y María Elena Salinas. Le puse un «pare» a la segunda maestría y salté al vacío.

Pero me estoy adelantando. En Nueva York, con menos de una hora para llegar al aeropuerto, mi amiga Ana María me ayudó a subir las maletas al carro. Me abrazó y me dijo: «Bueno Mari, es el fin de una era. Ya te graduaste de adulta, chama». Sonrió, dio la vuelta, se subió a su patineta y desapareció en el horizonte de Manhattan, como Peter Pan cuando regresa al país de Nunca Jamás. Me dejó para que enfrentara sola el mundo real.

Mientras el taxi bajaba por la Quinta Avenida, vi el icónico edificio de 30 Rockefeller, sede de NBC News. Bajé la ventana y suspiré.

Todas las sedes de los canales de televisión en inglés están en Nueva York. No había logrado entrar en ninguno de ellos. Ni siquiera estuve cerca.

Un día volveré —pensé, mirando a 30 Rock—. *Y ahí voy a trabajar.*

Después de un vuelo de tres horas, aterricé en mi nuevo hogar.

Miami, 2011

En esa época, Miami era tal y como se veía en las películas y series de televisión. Una colorida escena de discotecas, palmeras, tráfico y grúas de construcción. Poco a poco estaba resucitando después de la recesión económica con la ayuda de miles de brasileños, venezolanos, colombianos, cubanos y muchos más que llegaban a sus costas.

Nunca había vivido en la llamada capital de Suramérica, pero rápidamente me enamoré de su mezcla de acentos, colores y culturas. Y como yo no cocino ni un huevo frito, me encantó lo fácil que era comprar arepas por doquier.

En un par de días saqué la licencia para manejar en la Florida (no fue tarea fácil dado que soy una amenaza al volante) y me presenté en mi nuevo trabajo llena de inseguridades.

No tenía experiencia creando ese tipo de contenido digital. Y menos para un conglomerado de noticias tan grande.

Cuando me llevaron al área donde me iba a sentar, que el departamento digital compartía con el programa de noticias *Primer Impacto*, noté que el equipo era muy pequeño. ¿Qué? ¡Tan pocas personas para llenar toda la página de Noticias Univisión! No solo el día a día, sino también la sección de inmigración, los artículos de opinión, la política de Estados Unidos y las noticias de América Latina.

Esto sí está del carrizo, pensé.

Epa, nada de quejas. ¡Al menos aquí tenía un cubículo! Y el jefe parecía agradable y dispuesto a enseñarme, así que era cuestión de echarle ganas, como dicen mis queridos mexicanos.

—¿Podemos tomarnos un café para explicarte un poco el ritmo de las cosas? —preguntó—. Quiero contarte más sobre la dinámica de este lugar.

Al llegar a la cafetería, aproveché para agradecerle su amabilidad y que se tomara el tiempo de orientarme. Sin embargo, rápidamente me percaté que este no era un café de bienvenida.

—Hay algo que tienes que saber, Mariana —declaró en tono solemne—. Habrá reducción del personal y me voy para CNN. Esta es mi última semana en Univisión.

El gigante de la televisión hispana no había sido inmune a la recesión.

Sentí que me empezó a la temblar la mano que sostenía la tacita de café cubano. Intenté lucir calmada.

—¿Y cómo queda entonces nuestro grupo?

—Pensamos que, como eres joven, en realidad podrías hacer el trabajo de varias personas.

Sin saberlo, había aceptado una propuesta similar a la que recibió Ana María en *El Diario*. Entraría a sustituir a una o dos personas, seguramente con mucha más experiencia y salarios más altos.

Mi nuevo jefe estaba escapando mientras podía. Una semana después de mi llegada, hubo varios despedidos, sin previo aviso. Me recordó lo que había vivido un año antes. Me sentí culpable, vulnerable, molesta. La estabilidad que creí haber alcanzado se evaporó al tiempo que intentaba concentrarme en organizar todo el trabajo que tenía para no entrar a la próxima lista de fusilamientos.

¿Recuerdan que hablé de tener un «plan B» en caso de que un despido o cualquier dificultad profesional que pudiera presentarse? Bueno, en aquel punto en mi vida todavía estaba aprendiendo esa lección.

Regresando a mi primer día en Univisión, cuando salimos de la cafetería le dije a mi jefe que tenía que ir un momento al banco, pero lo que necesitaba era un lugar para desahogarme. No quería que la gente de mi nueva oficina viera lo mal que estaba, así que me subí al carro y, con las manos temblorosas, manejé hasta un estacionamiento cercano.

Allí me detuve. Apagué el motor. Me quedé petrificada en el asiento. Traté de contar. Traté de rezar. Pero lo único que salió fue un chorro de lágrimas de miedo y frustración.

Con la imprudencia que me caracterizaba en aquella época, me había «armado» una vida en Miami a los pocos días de mi llegada. Alquilé un apartamento, financié un carro por un año y pedí créditos para comprar muebles. Si perdía la visa de trabajo que Univisión patrocinó, y cuya validez dependía de mi permanencia en la empresa, no tendría cómo cumplir con las responsabilidades que había adquirido tan apresuradamente.

Ana María tenía razón. Esto era un curso acelerado de «adultez» y había demasiado en juego. *¿En qué me metí? ¿Qué puedo hacer para que esta mudanza a Miami funcione?*

Sin importar lo que pasara, tenía que evitar que me despidieran; de lo contrario, me iría desempleada, endeudada e indocumentada.

***

Regresé a Univisión con los ojos hinchados y enrojecidos.

Fue en ese momento cuando la vi. A pesar de que estaba cargando dos bolsas de zapatos, una muda de ropa para cambiarse y su cartera, ¡lograba caminar con un estilo y elegancia impactantes! Ese día iba a grabar dos programas, con su vestuario a cuestas.

Era la cara más conocida de las noticias en español y se desenvolvía con la gracia de una mujer que no necesita impresionar a nadie. Era ella, en carne y hueso, María Elena Salinas.

Algo me hizo salir del carro y seguirla. Me las arreglé para alcanzarla en la puerta principal. La abrí y ella me agradeció amablemente con una de esas sonrisas genuinas que alegran todo a su alrededor.

La seguí adentro, diciéndole cuánto la admiraba y lo emocionada que estaba por conocerla. Fue tan simpática que me animó a seguir caminando a su lado. Llegamos hasta su oficina y ella colgó la ropa que llevaba en un pequeño armario. Con absoluta naturalidad, me invitó a sentarme.

Desde su escritorio, sus facciones elegantes quedaban enmarcadas por las fotos de sus hijas en la pared de atrás, otro poderoso recordatorio de los roles que debemos cumplir las mujeres a tiempo completo y vacaciones acumuladas. No importa si trabajamos desde la casa o en una oficina, siempre queremos dar lo mejor de nosotras en todo lo que hacemos. No hay días libres ni excusas válidas para nuestros propios estándares de exigencia.

«MES» (como la conocen sus colegas por las siglas de su nombre) tenía una carrera de más de treinta años y había ganado docenas de premios y reconocimientos por su trayectoria. Me perdí al fijar la vista en esa mirada directa y serena de ojos verdes y expresivos

PERFECTAMENTE TÚ

que había visto tantas veces en televisión. Comprendí entonces por qué se había ganado la confianza de millones de latinos que la veían en el *Noticiero Univisión* noche tras noche.

Frente a mí estaba la misma mujer que presentaba las noticias, con la misma voz melódica que, con un español firme y pausado, sin renunciar al acento de sus orígenes, ponía énfasis en las palabras que quería hacerte recordar. Yo detallaba sus gestos dignos y su cualidad más extraordinaria: la disposición de dedicarle su valioso tiempo a una desconocida.

Con verdadero interés, me preguntó sobre mis metas y mi experiencia. Yo no podía creer que alguien tan importante se preocupara por saber qué quería lograr una chamita que acababa de empezar en digital.

Siempre recordaré lo que sucedió después: María Elena Salinas le dio a la reporterita uno de los mejores consejos que he recibido.

«Dile sí a todo lo que se te presente. Más adelante en la vida, aprenderás el poder del no, pero por ahora, di sí a cada oportunidad —insistió—. Incluso si no es exactamente lo que quieres hacer o si sientes que no puedes hacerlo, solo ve con un *sí por delante*».

Ella tenía que leer sus guiones y prepararse. Cortésmente concluyó: «Ah, y recuerda que mi puerta siempre está abierta, Marianita».

Caminé hacia mi escritorio con otro aire, el encuentro me había transformado.

Esa noche me quedé hasta tarde llenando el contenido digital del portal de noticias y por la mañana incluso me atreví a llevar mi pequeña cámara y mi trípode. Iba a decir que sí a todo. Quería ganarme un lugar en esa prestigiosa redacción y aprovechar que

114

estaba en el lugar perfecto para cumplir la meta que me había trazado en Nueva York: ayudar a otros inmigrantes como yo.

Univisión es uno de los principales canales de televisión en Estados Unidos, independientemente del idioma, y el más visto en español. Más del ochenta por ciento de los hogares hispanos del país recibe su señal diariamente. Conoce el pulso de la comunidad latina y consolidó a las estrellas más icónicas bajo un mismo techo: Don Francisco, Cristina Saralegui, Jorge Ramos y María Elena Salinas.

Univisión y Telemundo no solo cumplen su misión de informar y entretener al público hispano. A lo largo de las décadas, le han dado forma a la identidad latina en Estados Unidos, con una relación más cercana a su audiencia de la que tienen otras cadenas. Por eso, muchos televidentes confían en ambos canales para recibir consejos de inmigración.

Al día siguiente llegué con toda mi energía, lista para decir «sí» a lo que me pidieran. Pero rapidito me di cuenta de que estaba muy mal vestida para el ambiente de un canal de televisión. Vi un desfile de celebridades con ropa, zapatos y accesorios de marca. Los jefes iban informalmente elegantes y los productores llevaban una mezcla de *looks* creativos y a la moda.

¡Esta es la tele, nena! ¿Tú qué creías? A ese escenario había llegado yo con una falda que se arrugó en cuanto me senté en el carro y una camisa que conseguí rebajada en Gap. Me sentía cual Cenicienta sin hada madrina.

«Vístete para el trabajo que quieres, no para el que tienes». Esa frase, la había escuchado mil veces y hasta ese día la entendí. Ahora la repito con la misma frecuencia cuando me piden consejos acerca de cómo lucir profesional sin perder tu estilo. Creo que hay que buscar los colores que te favorecen, conocer la proporción de tu cuerpo, decidir si te sientes cómoda mostrando los brazos, con una falda arriba de las rodillas, usando estampados o en zapatos de tacón alto, medio o planos. Igual con los accesorios, todo debe llevar una armonía, pero sin olvidar que tu imagen representa a una compañía o a tu propia marca y eso es lo que debes tener presente cuando estés frente al espejo en tu casa.

Traté de no sentirme intimidada. ¡Saca pecho y vamos adelante! Instalé mi trípode y mi camarita en medio del ruido y el gentío del cuarto de satélite, una sala de control tipo NASA con un montón de computadoras donde ingenieros y productores van recopilando videos de todo el mundo para incorporarlos a los reportajes que saldrán al aire. Respiré hondo, me paré frente a la cámara como si no hubiera nadie más allí (como lo había hecho tantas veces en la sala de redacción mucho más humilde de *El Diario*) y grabé uno de mis segmenticos de noticias para subir a Internet.

Cuando terminé, vi que María Elena estaba afuera mirando.

«Marianita, nada mal —dijo—, pero cuidado con tu postura y tu tono de voz. Tiendes a encorvarte y hablas demasiado rápido. Te vendría bien tomar clases con un *coach* de voz. Tengo un buen contacto si lo necesitas. Ah, y trata de proyectar una apariencia que refleje quién eres, sin olvidar a tu audiencia».

Aquella noche en mi apartamento recién alquilado, tomé una decisión que probablemente cambió el curso de mi carrera. Le iba a pedir a María Elena Salinas que se convirtiera en mi mentora.

María Elena respondió con el mismo consejo que me había dado: ¡con un certero y sonriente *sí*!

A pesar de que no teníamos un pacto formal, cada vez que

me acercaba a ella para consultarle cualquier cosa, me recibía con los brazos y el corazón abiertos. Hasta el día de hoy es una de las primeras personas a las que acudo, ahora como amiga y consejera.

Nadie llega lejos solo. Todas las personas exitosas tienen gente que las guía, como brújulas humanas. Es esencial identificar a alguien que te pueda orientar a lo largo del camino, de preferencia alguien con más experiencia en la profesión, que entienda por lo que estás pasando. Construye tu equipo y cuídalo, para que puedas crecer con ellos.

Con buenos aliados podrás enfrentar cualquier batalla.

Sin proponérmelo había logrado tener a la pieza más valiosa del tablero de ajedrez de mi lado, ¡una verdadera reina! Y necesitaba toda la ayuda que pudiera darme.

Pasé muchos meses haciendo el trabajo de varias personas. Generaba contenido digital y lo presentaba en cámara para la página web. Mis supervisores incluso comenzaron a pedirme que grabara eventos para la compañía. Le dije que sí a todo. Pensé que era la mejor manera de que mis colegas me conocieran y supieran que podían contar conmigo.

Me llamaban «Marianita». ¿Por mi juventud? ¿Por mi estatura? ¿Por ser la novata? Inicialmente me sentía fuera de onda con el diminutivo, que no había sido común en mi entorno profesional antes de llegar a Miami, pero aprendí a aceptarlo como término de cariño y llegó a gustarme.

Así fue como Daniel Coronell, jefe de noticias, respetado y muy afamado periodista colombiano, se percató de mi existencia.

La gente decía: «Esa es Marianita. Es venezolana y sabe escribir, grabar, editar y estar frente a la cámara. Ah, y le dice que sí a todo».

El señor Coronell quería formar una unidad de investigación, un equipo que evaluaría a profundidad temas como el tráfico de drogas, la corrupción, la inmigración y los escándalos políticos.

Gerardo Reyes, el prestigioso periodista de investigación, ganador del Premio Pulitzer, entre otros galardones, lideraría la nueva aventura y para mi sorpresa fui invitada a una reunión donde conversaría con ellos acerca de la posibilidad de integrarme al grupo. Un nuevo reto para el cual me sentía muy poco preparada.

A decir verdad, estaba terriblemente asustada. *¿Qué puede traer a la mesa Marianita junto a Coronell y Reyes?* Sabía que no estaba lista para un trabajo tan complejo como ese. Nunca había hecho ni siquiera un informe periodístico de investigación. Para ser honesta, no era la proyección de mi carrera en ese momento. Además, aclararon que no habría aumento de salario, que mi cargo, «asistente editorial digital», seguiría siendo el mismo. Yo ni pensaba en eso, solo en lo que iba a aprender y en no defraudar a mis jefes.

Las palabras de María Elena resonaban en mí: «Di que sí a todo».

Esta sería una nueva prueba. Inspiré, exhalé y dije que sí.

Pasé casi tres años en *Univisión Investiga* con colegas de primer nivel como Margarita Rabin y Tomás Ocaña que me acogieron bajo sus alas, y bajo la supervisión de las siempre profesionales Patsy Loris y Gaby Tristán. A ellos y a muchos más que sería largo mencionar les debo el haber descubierto las cualidades que definen a un buen periodista. A menudo, las tareas que me asignaban eran tediosas, como leer documentos legales o convencer personalmente a un testigo de que cooperara con nuestra investigación. Hasta me tocó vigilar a algunos durante largas horas desde un carro (créanme que no es tan emocionante como parece en las películas) pero cada minuto valió la pena.

Fue muy especial formar parte de algo que comenzaba con un sello de excelencia. Trabajar al lado de grandes profesionales fue mi mejor escuela y es lo que sigo buscando en cada etapa. Me acerco a quienes tienen mucho que enseñar y pongo atención a todo lo que hacen y cómo lo hacen.

De mis jefes aprendí que hay muchas formas de contar una historia, a valorar la perseverancia, a respetar a las víctimas, a cuestionar a los poderosos, a leer en los gestos cuando alguien miente, cuando dice la verdad o si tiene miedo. Aprendí a ver las causas y las consecuencias.

Cuando empecé en la carrera, soñaba con estar en la televisión todos los días y viajar por el mundo en busca de noticias de última hora. En cambio, mis años con el equipo de investigación me sensibilizaron en la parte más minuciosa; para sacar la materia prima había que sentarse a leer por horas y horas. Revisar cerros de papeles y videos hasta descubrir *una pista*, generalmente una muy pequeña y escondida, una que nadie más había notado, o que no había recibido la importancia debida.

Por ejemplo, mientras investigábamos a un político del régimen chavista, socialista declarado y crítico acérrimo de los lujos asociados con «el imperio» estadounidense me topé en las redes sociales con un video de la fiesta de quince años de su hija en Venezuela. El derroche de riqueza que se veía en la celebración era más revelador que cualquier declaración que él pudiera hacer. Era casi imposible que tanta opulencia hubiese salido de una cuenta de ahorros personales, la fuente más probable eran las arcas del tesoro venezolano.

La consistencia, la disciplina y una actitud positiva dieron fruto y así obtuve el primer logro de mi carrera periodística.

Fue gracias a una investigación sobre un polémico plan que permitió la venta ilegal de armas de Estados Unidos a México, que fueron usadas en decenas de asesinatos.

El nombre de la operación era «Rápido y Furioso» (igual que el título de la película de acción). Nuestro trabajo consistió en encontrar armas que la administración Obama aparentemente había perdido y que terminaron siendo usadas por narcotraficantes para herir y asesinar a cientos de personas. El gobierno estadounidense colocó dispositivos de rastreo baratos en las armas; y cuando estos fallaron, era muy difícil descubrir dónde estaban.

El equipo de *Univisión Investiga* encontró más de treinta. Nuestra pequeña unidad sacó a la luz algo que los medios en inglés más grandes, con sus equipos de decenas de investigadores, no pudieron. No teníamos sus recursos. Ah, pero conocíamos mejor lo que sucede en la frontera y podíamos conseguir información de formas distintas porque hablamos español y entendemos la cultura mexicana. Entonces, cuando otros canales dejaron de rastrear las armas, nosotros seguimos indagando. De hecho, fuimos más allá; encontramos las armas en escenas de crímenes en México y las rastreamos de vuelta hasta sus compradores en Estados Unidos.

El Congreso de Estados Unidos calificó los hallazgos de Univisión como «el Santo Grial» que los políticos habían estado buscando. Con un especial de televisión titulado *Rápido y furioso: Armando al enemigo*, ganamos el Premio Peabody y también el premio de los Editores y Reporteros de Investigación, dos de los más prestigiosos en periodismo y primeros para Univisión en el año 2012. La visión y la experiencia del jefe de la división de noticias, Daniel Coronell, quien le dio su apoyo a una unidad en la que confiaba hizo que venciéramos a la competencia.

Ganar un Premio Peabody fue un éxito increíble para todos, pero muy especialmente para mí, que apenas comenzaba en la carrera. Sentía que por fin contaba con las herramientas necesarias para dar pasos firmes en el campo del periodismo.

Me llevé todo lo que aprendí en *Investiga* a mi próximo proyecto. Dos años después, escribí y presenté un documental sobre la libertad de prensa en Suramérica llamado *PRESSionados*. Durante un año y medio, seguí a periodistas de seis países (Brasil, México, Cuba, Venezuela, Ecuador y Argentina) para documentar cómo eran perseguidos, condenados y silenciados. Ponían su vida en riesgo por hacer su trabajo.

Esa podría haber sido yo, pensaba en cada caso. Necesitaba seguir luchando para contar sus historias. Por ese proyecto en 2014 me gané el Premio Gracie de la Alianza de Mujeres en los Medios de Comunicación, una organización nacional que reconoce «la programación ejemplar creada por mujeres, para mujeres y sobre mujeres».

Las historias que impresionaron al comité fueron las de dos mujeres valientes que desafiaron a los gobiernos de sus países. Yoani Sánchez, periodista disidente de Cuba, cuyo desafío diario era relatar la vida cotidiana bajo el yugo de la dictadura cubana. Esta bloguera fue considerada entre las personas más influyentes del mundo en el año 2008. De hecho, la revista TIME afirmó que «bajo las narices de un régimen que nunca ha tolerado la disidencia, Sánchez ha practicado lo que la prensa escrita en su país no puede: la libertad de expresión».[1] Entrevisté a Yoani por un golpe de suerte durante su primer viaje a Miami en años.

También seguí a Delvalle Canelón, aguerrida reportera de Globovisión (un canal [en esa época] de oposición en Venezuela) mientras cubría a los militares fieles al chavismo, durante las elecciones presidenciales de Nicolás Maduro contra Henrique Capriles en 2013.

Delvalle fue acosada por un general frente a sus tropas por hacer su trabajo periodístico. El incidente fue grabado y se hizo viral. El presidente Chávez más tarde condecoró a ese comandante y, no contento con eso, le otorgó otro sol para su uniforme lo cual significó un ascenso a mayor rango. Así aplaudió su comportamiento. A partir de ese momento la vida de Delvalle se convirtió en un infierno. Logré llevar su historia a una audiencia internacional y paulatinamente las agresiones en su contra disminuyeron.

Ella decidió quedarse en el canal «para ofrecer una ventana a las necesidades de la comunidad y seguir trabajando para que los que disienten del lado de la oposición o del oficialismo tengan esa ventana», expresó después desde su cargo como secretaria del Colegio Nacional de Periodistas.

El trabajo de investigación me dio esperanzas de que era posible ayudar a la justicia a encontrar el camino de la verdad. Obviamente no somos los llamados a hacer justicia, pero si nuestras investigaciones logran despertar conciencia me doy por bien servida.

Los premios me indicaban que la gente estaba prestándole

atención a nuestro trabajo. Para mí, el impulso de dar vida a estas historias borró la línea entre lo profesional y lo personal: el periodismo ya no era solo una carrera, se había convertido en mi estilo de vida.

Mi próxima gran tarea sería más subjetiva: una investigación para desenmascarar la corrupción del gobierno venezolano, por la cual fui nominada a un Premio Emmy nacional.

Viajé a Venezuela para investigar al círculo íntimo de Chávez. Entré a los barrios humildes de donde salieron muchos de estos hombres ahora poderosos. Encontré sus nuevas casas. Descubrí sus fortunas y su gusto por la ostentación: aviones, autos deportivos y mansiones adquiridas con fondos de corrupción y narcotráfico. Mi reportaje salió en *Aquí y Ahora*, la revista noticiosa insigne de los domingos, de la que María Elena Salinas era copresentadora.

Luego de años de sentirme culpable por haber dejado atrás a mis seres queridos, ¡finalmente estaba haciendo algo para ayudar a mi país!

Le pedí a mi papá que me acompañara a la ceremonia de los Premios Emmy de Noticias en el edificio Time Warner en Nueva York. Aunque solo me dieron un boleto, al menos mi papi podría acompañarme hasta el ascensor.

No gané. Pero recordar todo lo que había pasado para llegar a ese ascensor con él fue la mejor recompensa. Ver a mi papá orgulloso de ver a su princesa guerrera, como me decía a veces, entrando a la ceremonia más reconocida del periodismo, fue un sueño hecho realidad para ambos.

Esa noche me repitió el consejo que me había dado años antes cuando le dije que quería ser periodista aquella noche en su biblioteca verde en Caracas: «Mi Mari, tienes las herramientas para desarrollar la pasión que llevas dentro. Trabaja duro. Y recuerda siempre ser tú misma. La autenticidad y la tenacidad prevalecen».

Necesitaba recordar esas palabras para hacer lo que me había propuesto: estar en la pantalla para informar y darle fuerza a nuestra comunidad.

Un momento estelar en mi camino se produjo en la campaña presidencial de 2012, gracias a Luz María Doria, productora ejecutiva del programa matutino de Univisión, *Despierta América*, «la casita más alegre de la televisión hispana».

Luzma es más que la jefa en *Despierta*. Ella realmente cree en fomentar el talento de su equipo y de todos a quienes les ve potencial. Es una persona que inspira con sus acciones y palabras. Le mete el cuerpo y el alma en esas cuatro horas de televisión en vivo todos los días e innumerables horas antes y después, cuando las cámaras se apagan.

Ese año, el programa necesitaba una reportera que pudiera ir a las dos convenciones políticas para hacer cobertura «en vivo» presentando lo que sucedería.

Sé que yo no estaba entre las candidatas en las que pensó, pues ni siquiera debía estar en su radar. No había hecho televisión en vivo, mucho menos para un programa matutino. Pero esa semana la directora de política de Univisión, Lourdes Torres, me preguntó si podía presentar a Jorge Ramos en un foro con candidatos republicanos. Por supuesto, dije que sí.

A menudo la suerte te toca la puerta sin previo aviso. Si uno no está listo, con el sí por delante, la disciplina para hacer la tarea y el deseo de aprender, es posible que pierdas la oportunidad.

Nunca había cubierto política estadounidense. A decir verdad, ni siquiera sabía exactamente qué era una convención o cómo funcionaba. Estudié mucho para la primera prueba: la Convención Nacional Republicana. Fue una experiencia crucial para entender mejor cómo funciona la democracia estadounidense.

Conocí a delegados de todo el país y vi mujeres que admiraba, como Condoleezza Rice, la ex secretaria de estado. Esa primera convención pasó para mí como un abrir y cerrar de ojos. Pero en la segunda, los nervios me afectaron porque estaba mucho más consciente de la importancia de lo que estaba haciendo.

La mañana de la Convención Nacional Demócrata, me levanté a las 3:00 a. m. para pasar los exhaustivos controles de seguridad que rodeaban a los candidatos. Como *Despierta América* sale al aire a las 7:00 a. m., no había tiempo que perder.

Mi trabajo consistía en estar en vivo frente al podio mientras se preparaba el escenario y anunciarle al público con antelación quiénes serían los oradores ese día, los puntos que iban a tratar y la trascendencia general de la convención.

En términos periodísticos, cubrir este punto de la campaña política es como la serie mundial de las noticias. Los canales en inglés invierten millones de dólares en la preparación de estas coberturas, que duran semanas, mientras que los canales hispanos, con menos recursos igualmente hacen un esfuerzo titánico para enviar a varios equipos.

Había optado por usar una chaqueta multicolor. Quería

destacarme con mi sabor latino en ese océano de grises, azules y negros, los tonos de rigor para quienes cubren política.

El primer día de la Convención Nacional Demócrata vi caras nuevas, temas de conversación y una agenda diferentes a lo que estaba programado. Debía salir en vivo sin libreto y sin *prompter* (la pantalla que nos muestra los textos que vamos a leer). Una hora antes de ir al aire entré en pánico. Había sobrevivido a la primera convención, pero ¿y si cometía algún error grave antes de terminar la segunda?

Comencé a contar mientras intentaba controlar el ritmo de mi respiración. Todo lo que había logrado en los últimos años se esfumó en ese piso frío a las 6:00 a. m. Era como si se me hubiese caído la careta de periodista para revelar a la jovencita asustada que había sido despedida del periódico y que era una «nadie» de digital. Es decir, Marianita.

Uno, dos, tres...

«Salimos al aire en media hora», me dijo el camarógrafo mientras me colocaba el micrófono inalámbrico.

Ay, Dios mío. Sentí que me sudaban las manos, que me temblaban las rodillas, que un nudo me apretaba el estómago.

Necesito algo o alguien interesante en quien apoyar esta transmisión, pensé mientras miraba desesperada a mi alrededor.

En ese momento, vi mi chaleco salvavidas. Eva Longoria, la célebre actriz de *Desperate Housewives*, estaba ensayando para hacer su debut en la convención política esa noche en el escenario principal donde hablaría sobre la importancia del voto hispano.

Ella era la única latina de alto perfil disponible a esa hora de la mañana. Aquello no podía ser una simple coincidencia. La admiraba por su carrera como actriz de cine y televisión y ahora la veía usando su fama para motivar a nuestra gente a usar su poder. Su ejemplo me dio el valor que necesitaba para acercarme.

Me tomó casi diez minutos llegar a ella. Estaba al otro lado del salón de la convención, que era del tamaño de un estadio de conciertos. Corrí con mi camarógrafo hacia allá para no perder esa oportunidad. Le pedí una entrevista en vivo y, en lo que la luz de la cámara se encendió, los nervios me atacaron.

Mis preguntas fueron secas. Estaba tensa. Sabía que Luzma, la productora ejecutiva, la jefa, me observaba desde la sala de control en Miami, pero no había escuchado de su parte ni «pío» ni «buen trabajo» ni «qué buena entrevista». Nada. *¡A seguir!*

Mientras Eva respondía mis preguntas, mi mente seguía maquinando, pensando en hacer algo original. Si bien era un segmento político, recordé que estaba entrevistando a una actriz para un programa matutino, debía ser una conversación amena, relajada.

Miré al suelo y vi que Eva, que es bajita como yo, estaba usando los tacones de plataforma más altos que había visto en mi vida y la hacían lucir considerablemente más alta.

«Y, por último, Eva, ¿puedes contarles a nuestras televidentes sobre tus zapatos? —le pregunté sonriendo—. Estoy segura que muchas mujeres que están mirando en casa quieren saber tu secreto para aumentar un par de pulgadas».

Ella, una mujer con mucha cancha y espontaneidad, se echó a reír. El camarógrafo hizo un paneo hacia abajo y se concentró en los zapatos. La audiencia enloqueció con aquello.

Luzma finalmente me habló a través del IFB (el audífono que llevamos en la oreja, con el cual el director de un programa se comunica contigo mientras estás en vivo). En su voz de locutora de radio, dijo: «Vas a ser grande, Marianita». Me volvió el alma al cuerpo.

No solo cubrí ambas convenciones ese año, sino que, meses después, terminé presentando parte de los resultados de las elecciones en *Despierta América*.

Me enamoré de la televisión en vivo, en la calle y en el estudio. Lo que se hace sin ensayo tiene una frescura enriquecedora. La investigación había sido muy gratificante y siempre será una parte esencial de mi labor como reportera. Pero estar en el lugar de los hechos, sintiendo la emoción de saber que no hay nada preparado, me hizo vibrar de una forma distinta.

Lamentablemente, cuando terminó el ciclo de la campaña de 2012, empecé a sentirme insegura otra vez. ¿Qué iba a hacer ahora? ¿Volvería a digital? ¿Investigaciones? No tenía nada sólido. Mi puesto oficial todavía era «asistente editorial digital».

En esa etapa de mi vida aprendí que tenía que seguir diciendo que sí, pero también necesitaba empezar a definir cuál sería mi próximo paso. Muchas veces hay que buscar las oportunidades y no conformarse con las que tocan tu puerta.

Más adelante en mi carrera, entendí que además hay que saber decir «no» a lo que puede abrumarte o lo que llega a destiempo. Se trata de respetar las prioridades. Y esto es particularmente importante cuando ya has construido algo de carrera. Solemos querer hacerlo todo, pero ese afán puede diluir nuestros esfuerzos. El que mucho abarca, poco aprieta, como dice mi mamá.

Sin embargo, en aquel momento (y todavía hoy en día) quería hacer lo que pudiera, aunque no tuviera días de 36 horas. La paciencia no es una de mis virtudes. Y el mundo conspira para que no cambie.

Un par de semanas después, mientras caminaba en el mismo estacionamiento donde una vez lloré, un ejecutivo del canal se me acercó con una pregunta que no esperaba: «He visto tu trabajo. Eres buena. Por casualidad, *do you speak English?* ¿Hablas inglés como para estar ante la cámara?».

Resulta que Univisión se había asociado con nada más y nada menos que con la cadena ABC, para lanzar un canal por cable llamado *Fusion* dirigido a la generación *millennial*. Debido a mi edad y mi historia, ese proyecto estaba «pintado» para mí.

El ejecutivo me dijo que había audiciones *al día siguiente* para escoger a la presentadora principal del nuevo programa matutino y que debía presentarme.

Estaba temerosa, pero no podía dejar pasar esta oportunidad, que sentí como caída del cielo. Así que, ¡al día siguiente, fui a la audición!

Me puse una camisa de botones color fucsia con una falda de flores. La prueba de talento se realizó en el set de *Sábado Gigante*, el famoso programa de Don Francisco. Era inmenso, y nada conservador como los sets de noticias a los que ya estaba más acostumbrada.

Las personas que se presentaron a la audición incluían al caricaturista Lalo Alcaraz, a la portavoz de la Casa Blanca Gaby Domenzain, a los políticos Matt Haggman y Fernan Amandi, y algunos otros personajes conocidos.

Me dijeron que entre los jueces que evaluarían la grabación

estaban el entonces presidente de Disney-ABC, Ben Sherwood, la directora de talento de ABC, Bárbara Fedida, y el director de noticias, James Golston.

Aquello era como llegar a la final del Miss Universo. *¡Mariana ponte las pilas, camarón que se duerme, se lo lleva la corriente!*

Me dijeron que me sentara en un sofá con los otros talentos y que discutiera diferentes temas, mientras las cámaras rodaban. No había libreto. Respiré profundo y puse mi mayor empeño. No me quedó otra que ser yo misma, al natural. La suerte estaba echada.

Unos meses más tarde, el 17 de octubre de 2013, me presenté en *Good Morning America* como la nueva cara femenina de la televisión para *millennials*. El resto es historia.

Como todas las cosas asombrosas que me habían pasado desde que recibí ese correo electrónico sobre mi beca en Columbia, sabía que esto también tenía la palabra de Dios escrita por todas partes. Aunque a veces me sentía agobiada, estaba aprendiendo poco a poco que la actitud del sí significaba hacer lo que se necesitara, cometiendo todos los errores, siendo imperfecta, pero siempre auténtica.

El público estaba respondiendo a mi estilo. Ya me iba ganando un espacio. La ilusión de ser un puente en los medios se iba haciendo realidad. Todas esas desventajas que una vez encontré frustrantes empezaron a transformarse en fortalezas que me mantendrían a flote en el océano de desafíos que me tocaría navegar.

#Go like Mariana: Nadie llega lejos solo. Construye tu equipo y cuídalo a lo largo de los años. Con ellos a tu lado, podrás enfrentar todas las batallas.

#Go like Mariana: Si se usa bien, la actitud del «sí» por delante puede llevarte a lugares insospechados de éxito profesional y crecimiento personal.

En la cresta de la ola, ¡te caes!

Miami, 10 de abril de 2014

Me encontraba en la cima del mundo, flotando en una nube. Sentía esas mariposÍtas en el estómago, que tantas veces han descrito los poetas y cantantes. Es algo que suena súper cursi hasta que te pasa; estaba saboreando la felicidad del amor y el éxito profesional. Cada poro de mi piel reflejaba plenitud.

Aquella mañana iba conduciendo hacia el estudio de *Fusion*,

Ina Mazzei

Este es el mapa de mi mundo mágico. ¡Empecemos nuestro viaje!

La Guaira, Venezuela. En mi mundo mágico a los cinco años, junto a mi hermana Graciela, mi hermano Álvaro Elías, y mi mamá.

Papi nos llevó al Campamento de verano en Minnesota, muy lejos de Caracas.

Mis hermanos y yo paseando en Nueva York; las Torres Gemelas detrás de nosotros. Años más tarde presenciamos los ataques del 11 de septiembre.

Encontré la valentía para ser «perfectamente yo» en el concurso del club de playa.

Archivos de la familia Atencio

El día de mi graduación en la Universidad de Columbia; con incertidumbre sobre lo que me deparaba el futuro.

Giselle Behrens

Una amiga me tomó esta foto durante mi primer videoreportaje.

AP Photo/Charles Dharapak

Entrevista a Eva Longoria durante la Convención Nacional Demócrata de 2012.

Mariana Atencio

Junto a mi mentora, la pionera María Elena Salinas; para quien yo soy siempre «Marianita».

En el set de *Good Morning America* con el elenco (Lara Spencer, George Stephanopoulos, Elizabeth Vargas); por primera vez en la televisión en inglés junto a mis copresentadores.

Pedí al rey de España que se tomara su primer *selfie* público conmigo. La foto se hizo viral.

La vida de mi familia alcanzó un punto crítico tras el accidente de Graciela.

En el set del Noticiero Univisión, que llega a millones de hogares latinos en Estados Unidos.

Mi amor me propuso matrimonio en medio del océano.

Jose Torbay

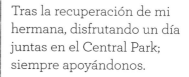

Tras la recuperación de mi hermana, disfrutando un día juntas en el Central Park; siempre apoyándonos.

Jose Torbay

En lugar de caminar hacia el altar, Papi y yo bailamos al son de Stevie Wonder.

Vera Franceschi

Brett Simmons

En mi primera charla TEDx, «¿Qué te hace especial?». Al momento la han visto más de ocho millones de personas en todo el mundo.

Ali Spiesman

En la Cena de Corresponsales de la Casa Blanca. Me sentía indignada después de que me dijeron que «no luciera demasiado latina».

Ali Spiesman

Regresé el próximo año a todo color. Y esa vez, sí me sentí perfectamente yo.

En el epicentro de uno de los terremotos más mortales ocurridos en México.

Junto a la caravana migrante camino a Estados Unidos.

En el set del emblemático show *Morning Joe* de MSNBC, hablando de lo que significa ser inmigrante.

En vivo mostrando las consecuencias de uno de los huracanes más devastadores en la Florida.

Nuestras últimas vacaciones con mi papá en Tulum, México, un mes antes de que lo hospitalizaran.

Jose Torbay

Jose Torbay

Esparcimos las cenizas de Papi en Caracas y en Nueva York, las ciudades que tanto amaba.

Once años después de que alguien me apuntara con un arma en el cerro El Ávila, regresé a conquistar mis miedos.

Jose Torbay

en Miami, para presentar nuestro programa matutino. Me miré las uñas recién pintadas de blanco, mientras me disponía a tomar la autopista.

Estaba casi segura de que *Jose*, mi novio, con quien tenía ya dos años de relación, me iba a proponer matrimonio en cualquier momento. Él era todo lo que siempre había anhelado: dulce, inteligente, comprensivo y también venezolano. Por si fuera poco, era muy guapo, ¡con una pinta de latino rompecorazones y un toque libanés que me volvía loca!

Nos habíamos conocido en Miami, donde él trabajaba arduamente para sacar adelante un negocio propio. Estaba distraída en mis pensamientos, imaginando la boda de ensueño que todas mis amigas comentarían, cuando se rompió el encanto con una llamada de mis padres.

Estaban en Nueva York, porque la situación de Venezuela había empeorado notablemente. Luego de la entrega y el encarcelamiento del líder opositor Leopoldo López, surgió una ola de protestas y represión. Les pedí que se vinieran con mi hermana a Estados Unidos. Aceptaron pasar las vacaciones de Semana Santa en la Gran Manzana. *Jose* y yo nos encontraríamos con ellos ese fin de semana para disfrutar un tiempito en familia. Luego, él me confesó que había considerado pedirme matrimonio en ese viaje, pero lo que sucedió, cambió drásticamente sus planes.

—*Hija*, ¿estás al aire? —preguntaron mis papás con un tono seco y angustiado que nunca antes había escuchado.

Supe de inmediato que algo andaba mal.

—¿*Qué pasó?* —pregunté alarmada.

—Es tu hermana, Graciela. Sufrió un accidente.

El corazón se me paralizó de golpe.

Las palabras que escuchaba no tenían sentido.

—Está grave. Puede ser que no vuelva a caminar y tiene lesiones que ponen en peligro su vida.

Un auto la había atropellado en Manhattan y el conductor de manera irresponsable se dio a la fuga, dejándola tirada en plena calle.

Todo a mi alrededor se puso borroso.

—Vamos camino al hospital —dijo mi mami con la voz quebrada por el llanto—. Tu papá hablará con la policía.

No pude escuchar nada más.

—¡Nooooooo! —grité dentro del auto.

Mi corazón parecía haberse detenido, y cuando lo sentí palpitar de nuevo, era el de una extraña. No conocía ese ritmo brusco, como si se me fuese a salir del pecho, era un reloj que marchaba a contratiempo. Perdí la noción de dónde estaba y qué estaba haciendo.

Las manos me temblaban, y no sé cómo ni cuándo, agarré el volante y logré detenerme. Lo único que podía escuchar eran mis latidos desordenados compitiendo con el ruido de los carros que pasaban a mi lado a toda velocidad.

En esa fracción de segundo no sabía si cuestionar o aceptar la realidad.

La única certeza que tenía era que mi hermana necesitaba verme tan pronto abriera los ojos en ese hospital. Debía estar allí para cuidar a mi otra mitad. Solo yo podía compartir su dolor como si fuese mío. Quería que Graciela supiera que una parte de mí había estado con ella en ese accidente. Tenía que llegar a Nueva York lo antes posible, a como diera lugar.

Nueva York

Las tres horas de vuelo se hicieron eternas. El viaje fue toda una plegaria con el corazón en la mano y el rostro presionado contra el asiento de enfrente.

Por favor, Dios, sálvala —rogaba—. *Si la salvas, te prometo que superaremos cualquier otra cosa que tengamos que enfrentar. Lo superaremos como familia, pero, por favor, no me la quites.*

La llegada al Hospital Presbiteriano de Nueva York, se convirtió en un carrusel de emociones rodeadas de pánico e impotencia que me helaron el alma, sobre todo, al ver el rostro de mis papás que se hallaban abrumados en la soledad de aquel *lobby* inmaculado. Estreché mis brazos hasta rodearlos con un abrazo que pudiera hacer frente a ese dolor. Con la voz entrecortada por la angustia, mi mamá alcanzó a decir que no habían podido verla. Confieso que sentí un alivio. Yo quería estar allí, ser la primera frente a Graciela cuando ella abriera sus ojos.

La imagen que enfrentamos al entrar a la Unidad de Cuidados Intensivos quedó grabada como un hierro candente en mi memoria. Graciela estaba acostada con los ojos entreabiertos, llevaba un collarín quirúrgico e innumerables cables salían de su cuerpo inmóvil. El pelo negro, sedoso que tantas veces acaricié, tenía pegostes de sangre seca. La anestesia y los medicamentos que goteaban hacia sus venas parecían conexiones con una computadora siniestra como la de *The Matrix* mientras el sonido intermitente del monitor de signos vitales marcaba un conteo lúgubre que, con lágrimas, rogué que no se detuviera jamás. Cuando por fin despertó, apenas podía hablar. Pero solo bastó que nuestras miradas se cruzaran para ser espejo una de la otra. Nos enfrentábamos al peor trance de nuestras vidas, que pondría en jaque nuestra fe. Pero ya estábamos juntas, y unidas enfrentaríamos este reto del destino.

A pesar de no tener conciencia de lo sucedido, su mirada mostraba determinación.

Voy a superar esto, me dijeron sus ojos.

Lo sé, le respondieron los míos.

La certeza de contar incondicionalmente con alguien en los buenos o en los más desastrosos momentos de la vida, un alma gemela que te amará sin importar los obstáculos que te imponga el universo, te hace sentir invencible incluso si estás confinado a una cama de hospital.

Debido a la presión y los nervios, sentía que la atención médica que le daban era superficial y poco efectiva. El doctor la examinó para determinar si podría volver a caminar. Fue como estar en una prueba para la que no te preparaste, pero necesitabas dar la mejor respuesta, o perderías todo.

«¿Sientes esto?».

Ella asintió con los ojos.

«¿Y esto?».

Parpadeó de nuevo.

¡Le habían salvado las dos piernas! Exhalé como quien saca de su cuerpo un pensamiento nocivo y junté mis manos en señal de gratitud.

Gracias, Dios mío. Gracias infinitas.

Tuve una cierta sensación de pena porque, a pesar de ser bastante creyente, muchas veces nos acordamos de Dios solo en los momentos de dificultad. Pero Él estuvo allí, había escuchado mis plegarias. Ahora yo tenía que cumplir mi promesa y lo que nos esperaba era un largo camino cuesta arriba.

Cuando ocurren estas situaciones se necesita todo el apoyo posible, y en nuestro caso era especialmente difícil porque la familia, a causa de la crisis en Venezuela se había dispersado y vivíamos en diferentes ciudades. Mi hermano menor, Álvaro Elías, tuvo que viajar desde Bogotá, Colombia, yo de Miami.

Me rompía el corazón ver a Graciela en cuidados intensivos. Ella no recuerda bien esos primeros días ya que permanecía medicada y dormía todo el tiempo. Tenía yeso en ambas piernas; los huesos de los pies le quedaron prácticamente pulverizados por el accidente. Otro yeso cubría su brazo izquierdo. Un gran rasguño en la frente aún evidenciaba rastros de sangre. Debido a las múltiples fracturas en la pelvis, tenía el cuerpo rodeado por barras de metal. Además, rondaba la posibilidad de una hemorragia interna, muy común en este tipo de accidentes, lo cual mantenía en riesgo su vida. Luego de unos días, había mejorado un poco, pero no lo suficiente como para ser traslada a una habitación regular. La Unidad de Cuidados Intermedios seguiría siendo su hogar durante las próximas semanas.

La realidad empezó a hacer mella en Graciela. En medio de su confusión producto del golpe y la medicación, comenzó a comprender que había sufrido un accidente muy grave. Fue recordando vagamente el atropello. El carro la había golpeado en la parte izquierda de la cadera, y el impacto la lanzó al aire desde donde se desplomó, al parecer de pie. Al caer, se fracturó la cadera, la pelvis y el brazo izquierdo. Pero el peor daño lo habían sufrido sus pies, con múltiples fracturas.

Me impresionó descubrir que el pie y el tobillo contienen una cuarta parte de los huesos del cuerpo humano. Son los que sostienen todo nuestro peso, y por un tiempo no podrían sostenerla a ella.

Mis hermanitos y yo nunca hicimos travesuras que nos llevaran a una sala de hospital donde tuvieran que tomarnos puntos o ponernos yesos. ¡Ni siquiera tuvimos caries! Mi mamá heredó de la abuela Clarita ese ángel sobreprotector que hervía la leche y hasta llevaba sus propios hielos a las fiestas, para evitar enfermedades. Con ese cuidado fuimos criados los Atencio Cervoni.

Solo recuerdo una anécdota que ocurrió cuando Graciela tenía cinco años y yo seis. Casi todas las tardes salíamos a jugar en un parquecito, atravesado por un pequeño arroyo. Un día decidí saltar de un lado para el otro el «gran río», y naturalmente mi hermana pequeña, quiso seguir mis andanzas. A esa edad la diferencia entre las habilidades físicas de un año más puede ser muy notable, o al menos lo era entre ella y yo.

Nos dirigimos a la carrera hacia el agua. En el fondo, intuía que sus piernas más cortas no lograrían el salto, pero por algún motivo que no puedo explicar, no la detuve y salté primero. Alcancé a llegar a la otra orilla, pero Graciela no pudo. Se golpeó la frente contra una roca en el muro del río y con horror presencié cómo le empezó a brotar sangre, manchándole toda la cara.

Sorprendentemente, como amortiguó el golpe con las manos, la lesión no fue tan grave y no ameritaba puntos, así que los doctores decidieron usar una especie de «pega loca» que sanó dejando una ligera marca.

Ese día, mi mamá se enojó mucho.

«¡No cuidaste a tu hermana! ¡Mira el hueco que le quedó a la niña en la cabeza!».

Efectivamente, desde entonces, Graciela tiene una mínima hendidura en la frente. Es tan chiquita que solo yo me doy cuenta, pero recuerdo bien cómo sucedió.

Estaba pensando en esa pequeña herida, cuando el traumatólogo principal entró en la habitación. El joven cirujano fue tajante. Afirmó que iban a tener que hacerle muchas cirugías en las próximas semanas. Empezarían con una operación interna de la pelvis, que era lo más grave. Solo habían logrado hacerle una fijación externa cuando fue admitida de emergencia. Luego, le operarían el brazo izquierdo, que ya tenía un yeso, pero que necesitarían fijar con tornillos. Y finalmente, cuando sus pies estuvieran menos inflamados, tenían que operarlos por separado.

Mientras el médico hablaba, retumbaban en mi cabeza las palabras que utilizó mi mamá cuando Graciela se cayó de chiquita al riachuelo. Parecían una premonición que de alguna manera nos había llevado a ese hospital de la ciudad de Nueva York.

No cuidaste a tu hermana. No lograste cuidar a tu hermana. Repetían una y otra vez las voces en mi cabeza.

Para colmo, no entendimos ni la mitad de lo que dijeron los doctores ni las implicaciones de sus palabras. Aunque todos hablábamos inglés, la terminología que usaban era demasiado fría y ajena a nosotros.

Veníamos de un mundo donde el médico es conocido de la familia o recomendado por alguien cercano. Donde las enfermeras se volvían tus amigas y el ambiente era relativamente cálido e informal. Navegar por el sistema de salud estadounidense en una ciudad como Nueva York fue un choque cultural muy fuerte.

El Hospital Presbiteriano de New York es un hospital universitario, y el caso de mi hermana era discutido abiertamente cada día por los médicos y sus estudiantes, que entraban y salían de la habitación y todos parecían irse con un diagnóstico diferente (un episodio de *Grey's Anatomy* se queda corto con lo que vivimos). Le hacían preguntas acerca de su historia clínica, conversaban entre ellos con ese aire de saberlo todo, pero sin divulgar nada, y luego se iban. El proceso era tan impersonal y distante que me provocaba una indignación enorme. Era como si los sentimientos de Graciela no importaran. Como si estuviera pintada en la pared. Durante mi carrera me ha tocado cubrir a muchas familias estadounidenses que me dicen que también se sienten asustadas y confundidas cuando transitan por el complicado y a veces injusto sistema de salud en Estados Unidos.

Por otra parte, para nosotros como extranjeros, lidiar con el seguro médico internacional fue una pesadilla. Todo el proceso fue estresante y, honestamente, hubo un momento en que sentimos que el hospital solo estaba interesado en el dinero del seguro.

Sin embargo, lo que realmente me quitaba el sueño, era pensar cómo cambiaría la vida de Graciela, física y emocionalmente. ¿Cómo iba a quedar? ¿Se recuperaría por completo? ¿Volvería a ser la misma de antes?

Ella pasaba la mayor parte del tiempo con mucho dolor e incomodidad. Siempre le ha tenido pánico a las agujas y a la sangre. Cuando se movía temía halar alguno de los muchos catéteres clavados en su cuerpecito.

«No puedo sentir las piernas», decía una y otra vez. La anestesia que le aplicaban para el dolor de la pelvis se las adormecía, pero no era suficiente para que le dejara de doler. Cualquier movimiento, por leve que fuera, le resultaba insoportable.

Estar en cama por un periodo tan largo, le dio mucho tiempo para pensar. Pero cuanto más entendía sus cirugías y sus consecuencias, más difícil le era imaginar una recuperación integral. Su ánimo menguaba, pero luchábamos para avivarle la esperanza.

En cierta ocasión un médico entró y le dijo: «Vas a tener que aprender a caminar de nuevo luego de que te fusione las articulaciones de los pies. Con el tiempo podrás caminar con un bastón o una andadera, pero no podrás volver a usar tacones».

Esa última frase fue como una sentencia lapidaria.

«Después de todo lo que he pasado, sé que no debería darle importancia a eso —me confesó—, pero obviamente me afecta».

Y cómo no le iba a afectar. Graciela era una abogada exitosa, con su propio bufete. Tenía reuniones frecuentes y asistía a almuerzos elegantes donde firmaba contratos millonarios. La ropa que lucía para trabajar era un reflejo de su personalidad. Siempre estaba regia, con sus vestidos, faldas y pantalones de lino o seda, y sus tacones altos.

Las latinas ponemos gran énfasis en nuestra apariencia. Nos hacemos manicure, mantenemos el pelo arreglado, evitamos salir de la casa sin maquillaje, todo ello forma una parte de nuestra identidad.

Mi hermana y yo, además de ser excelentes estudiantes y muy trabajadoras gracias a la disciplina de mamá, aprendimos desde pequeñas que era igualmente importante cuidarnos, comer sano y hacer ejercicios.

En ese momento, comprendimos una vez más que mami siempre tiene razón (como nos ocurre a la mayoría de los hijos). A la larga, la óptima condición física de Graciela fue vital para ayudarla a acelerar su recuperación después del accidente.

En un principio, mi hermana casi no podía moverse. No tenía fuerzas ni para sentarse en la cama sin ayuda. No podía siquiera firmar su nombre con la mano que no tenía yeso. No lograba mover las piernas y dependía de las enfermeras, que la cambiaban de posición cada dos horas para que no le salieran las temidas escaras. Ver a alguien que tuvo tanta vitalidad, postrada en una cama de hospital, me partía el alma.

Después del accidente, la vida de Graciela dio un giro de 180 grados. Antes, vivía obsesionada con su trabajo, no descansaba ni en Navidad. Después no quería ni acercarse a su computadora personal. Su proceso de adaptación fue durísimo. Durante mucho tiempo sintió frustración por lo que le había sucedido. Yo la comprendía, era demasiado cruel e injusto.

Mi hermana pasó por ese lapso infernal en que parece perderse hasta la fe. Es horrible pensar así, pero hay que tocar fondo para volver a subir.

A pesar de todo, Graciela hizo un esfuerzo gigantesco para mejorar. Si la meta de la semana era algo sencillo como doblar un poco las piernas o moverse apenas unos centímetros en la cama ella trataba de superarla. Se mantenía esforzándose con determinación y cada uno de esos pequeños pasos, por agotadores y dolorosos que fueran, los cumplía e iba por más. Para ser honesta, no creo que yo hubiera tenido la mitad de su fortaleza.

«En mi mente —me dijo—, solo seré feliz el día en que comience a sentirme como la Graciela de antes».

Quería saber la fecha exacta en que podría irse a casa y retomar su antigua vida. Desafortunadamente, no había una respuesta definitiva a esa pregunta. Crecimos tan acostumbradas a tener todo planificado que no sabíamos lidiar con ese margen variable. Nos consumía la incertidumbre.

El accidente obligó a Graciela a cambiar sus prioridades. Se deshizo de muchas cosas materiales. Se volvió más flexible y aprendió a enfocarse en lo que era fundamental: su recuperación física.

Su rehabilitación se convirtió en prioridad para nuestra familia. Lo que yo había logrado profesionalmente hasta ese momento, de repente se esfumó, fue como si le hubiera ocurrido a otra persona.

El auto que atropelló a mi hermana a toda velocidad, se llevó todo lo que encontró a su paso, incluso algunos de nuestros sueños. Graciela y yo habíamos caminado en paralelo, pero ahora, el destino marcaba diferencias físicas entre nosotras que afectarían la manera en que nos relacionábamos. Ya no sabíamos si podría volver a bailar, esquiar o a hacer otros deportes y actividades que tanto le gustaban.

Sería inmensamente doloroso. Tenía que asegurarme de hacerla sentir amada. Darle la seguridad de que podría recuperarse, hacer planes a futuro y crear una vida que la llenara plenamente con la confianza de que yo estaría a su lado para apoyarla siempre.

De repente, la vida se nos dividió en dos: antes y después del accidente. El mundo anterior se sentía ajeno, y este de ahora había entrado en una dimensión desconocida.

Nos dijeron que la recuperación inicial de Graciela tomaría al menos un año y que, luego de salir del hospital, tendría que permanecer en cama otros tres meses antes de poder ponerse de pie.

Dividí mi tiempo entre Nueva York y Miami lo mejor que pude. De vuelta al canal, llegaba al trabajo a las 4:00 a. m. Buscaba información. Sonreía. Leía el *prompter*. Cada vez que veía a *Jose* después del trabajo, rompía a llorar sin consuelo, negándome a creer lo que había pasado.

También encontré un desahogo no solo entre mis colegas más cercanos de Univisión sino también en personas como Bárbara Fedida y Ben Sherwood, los jefes de la ABC, quienes me llamaron al escuchar la noticia. Pasaron los meses, y Bárbara muy gentilmente continuó en contacto. Hoy por hoy, donde sea que me la encuentro, todavía me pregunta por mi hermana. Son detalles que te llenan el espíritu.

Pero la mente es muy poderosa y, a pesar del apoyo que recibía, en pocos minutos podía caer en un túnel oscuro de dudas y preguntas hipotéticas. *¿Y si yo hubiera estado allí ese día? ¿Y si la hubiera llamado cinco minutos antes? ¿Y si hubiera sido yo y no ella?* No había manera de escapar por completo, era una maraña de sensaciones que me atormentaban. Hoy puedo compararlo con «el mundo al revés» de la serie *Stranger Things* de Netflix. Pero en el mundo fuera de la pesadilla, la vida continuaba. Mi programa *The Morning Show* seguía viento en popa. Me sentía como el payaso que debe sonreír, aunque bajo el maquillaje hubiera un ser hecho trizas.

Todos los días hacía dos horas de televisión en vivo en *Fusion*.

Pude entrevistar a personas como el actor y comediante Tyler Perry, quien nunca olvida sus raíces; Cameron Díaz, que es más divertida que muchos de sus personajes; y el señor *James Bond*, Pierce Brosnan, un auténtico caballero con Photoshop incluido.

Un show matutino de dos horas estilo *Despierta América* (pero en inglés y para un público joven) requería combinar humor y noticias, así como mostrar también mucha personalidad. Eso me encantaba. Tener la libertad de hablarles a mis colegas en *Spanglish*; reírme a carcajadas con un chiste de Yannis o mostrar mi empatía con Pedro cuando cubríamos temas más serios. El formato en vivo, casi improvisado, nos estimulaba a ser nosotros mismos al aire.

Los *millennials* y la generación Z no queremos «presentadores» acartonados con acentos neutros en la pantalla. Como decía mi Papi, la autenticidad es lo que atrae a la gente, lo que hace que se conecten contigo.

La verdad es que en *Fusion* podíamos ser tan espontáneos como quisiéramos. Justo unos días antes del accidente de Graciela, había celebrado mi cumpleaños número 30 al aire, y el equipo me sorprendió con unas bailarinas del Carnaval de Brasil. ¡Sus vestidos eran tan chiquitos que los productores tuvieron que quitarles varias de las plumas que traían en la cabeza para ponérselas en la parte de atrás del atuendo!

Tan pronto como vi a las bailarinas en el set, salté de mi silla y comencé a bailar con ellas en vivo. Me remonté en ese momento a mis fines de semana de Carnaval en Venezuela.

Pero luego del accidente de Graciela perdí la alegría y cada día se sentía como una semana; cada semana parecía un mes. Una eternidad tortuosa.

Mi hermana tuvo cinco cirugías en sus primeras cinco semanas en el hospital. Las intervenciones duraban horas y lastimaban mucho su cuerpo. Apenas salía de la convalecencia de un procedimiento quirúrgico, debía someterse a otro. Perdía peso muy rápido, sufría de náuseas constantes y se sentía muy débil postrada en la cama. Sin embargo, eso solo fue el comienzo de su larga recuperación.

Paradójicamente, poco después del accidente recibí la noticia de que había ganado el Premio Gracie de la Alianza de Mujeres en los Medios de Comunicación por el documental sobre la libertad de prensa en América Latina. ¡Qué ironía! Uno de los sobrenombres de mi hermana es Gracie o Grace (como abreviación de su hermoso nombre), que se adapta perfectamente a ella ya que es la persona más llena de gracia que te puedas imaginar.

Gra, Gracie o Gacho es alguien con la que siempre puedes contar. La que llamas cuando necesitas ayuda; la que siempre recuerda comprarle a mami una tarjeta de cumpleaños o traerme comida del supermercado porque sabe que he estado viajando sin parar. Ella es la que se quedó en Venezuela para cuidar de nuestros papás y ayudar a llevar los negocios de la familia. Todo lo hace con una gracia que te hace sentir que eres la persona más importante del mundo.

Con el tiempo, Gra se convirtió en la fuerza gravitacional que mantiene firme a nuestra familia porque siempre podemos contar con ella.

Para mí, asistir a los Premios Gracie era la oportunidad de vivir una experiencia de película. Significaba asistir a un evento de gala en Hollywood, subir al escenario para recibir la estatuilla y dar un discurso de agradecimiento. Se suponía que debía estar saltando de la emoción. En cambio, no dejaba de pensar en lo injusta que era la vida.

¿Recuerdas cuando te dije que debías formar tu equipo, porque nadie llega solo a ninguna parte? En ese momento de desosiego, llamé a mi gente. Le pedí consejo a mi mentora, María Elena Salinas, sobre el discurso. Una buena amiga me hizo el vestido y otra los zarcillos. Mi compañero, el muy querido y respetado periodista español, Tomás Ocaña, quien hizo el documental conmigo, me acompañó a la ceremonia.

Traté de disfrutar el momento. Quería sentir alegría y orgullo por mi premio. Pero fue imposible. Mi otra mitad estaba sufriendo, estaba literalmente quebrada en mil pedazos. Estaba en la cresta de la ola más grande de mi carrera y al mismo tiempo sentía que caía por un precipicio.

Esa noche le envié a mi familia algunas fotos, tratando de animarlos y, desde luego, de animarme a mí misma. De inmediato me arrepentí.

Aquí estás tú, toda emperifollada con estrellas de Hollywood, y ellos solos en una sala de hospital. ¡Qué desconsiderada; qué burra, Mariana! Me dije a mí misma.

Sentí la necesidad inmediata de salir de aquel sitio e ir corriendo a ver a mi hermana. Ella era lo único que me importaba. Reservé un vuelo de última hora en mi teléfono, salí de la fiesta, recogí mi maletín de mano y me fui al aeropuerto. Cuando llegué, me cambié rápidamente en un baño público. Quería quitarme esa ropa elegante que me había dado tanto remordimiento. Metí el vestido de gala color lila arrugándolo en mi equipaje y salí con un pantalón deportivo negro y una franela. Al sentarme en el avión, me agarré el pelo en una cola de caballo. El reflejo en la ventanilla reveló que ni siquiera me había podido quitar el maquillaje.

Todo eso me daba igual. Cada minuto, cada milla que me acercaba a ella, me llenaba de tranquilidad. Solo quería llegar para poder luchar a su lado. Casi sentí que, si llegaba a verla esa madrugada, de alguna forma mágica ella mejoraría.

Siete horas más tarde, entré al hospital con mis tenis y todo el maquillaje corrido. Estaba agotada, pero necesitaba ver a Graciela.

Mientras me acercaba a su habitación, comencé a sentir que se detenían los latidos de mi corazón tras escuchar unos gritos escalofriantes que retumbaban por el pasillo.

Corrí a dejar mi equipaje de mano en la sala de enfermeras y abrí la puerta de su habitación.

Al igual que otras veces, pude presenciar los gritos desgarradores de mi hermana.

Afortunadamente no estaba sola. Mi tía Lucía, hermana de mi mamá, había llegado de Caracas para ayudarnos esa semana.

«¡Tía, menos mal, gracias a Dios que estás aquí! Gra, ¿qué pasa?».

Durante días, Graciela se había quejado de un dolor en la muñeca. Resultó que la tenía fracturada, pero nadie se había percatado de esto. El personal del hospital estaba enfocado casi por completo en lo más grave: la pelvis y los pies.

Supuse que la anestesia había disminuido. Pedimos ayuda. Las enfermeras le dieron algunos medicamentos y le pusieron un yeso.

Luego de un par de horas, me di cuenta de que se sentía mejor porque me miró y soltó una medio sonrisa. Su carita me mostró una luz de ánimo para luchar.

—Mariana, pareces una loca, jaja. ¿Estás tratando de imitar a Kate Moss con la tendencia del maquillaje regado? —dijo.

—O sea, la gente pensaba que venía de tremenda rumba—le contesté contándole de las miradas en el aeropuerto—. Y mira esto… — saqué de un estuche las extensiones de pelo, que a veces uso en la alfombra roja.

La tía Lucia, que es rubia y cómica por naturaleza, se las puso encima de su propio pelo, como una peluca, tomó el Premio Gracie de mi cartera y comenzó a pretender que era yo, agradeciendo a la academia por el Oscar.

Las tres nos echamos a reír.

En el fondo era una risa nerviosa, yo estaba aterrada.

Mi visita de medianoche atravesando el país le dio una chispa de alegría a Graciela pero, francamente, no sabía qué más hacer.

Mi hermana finalmente salió del hospital, pero no pudo regresar a nuestra casa en Venezuela. Tomó la difícil decisión de renunciar a su trabajo en el bufete de abogados y quedarse en Nueva York porque aún necesitaba más cirugías y tratamientos. Con el deterioro del sistema médico en Venezuela, sería imposible recibir la atención que necesitaba en nuestro país.

La próxima pregunta era la más crítica: ¿Cómo íbamos a financiar esto? Aun con el seguro médico, había muchos gastos adicionales. Mi hermano tomó las riendas del asunto. Como economista, ayudó a Papi a reorganizarnos económicamente para pagar las terapias físicas y la estancia prolongada en Estados Unidos. Éramos una mano con los dedos moviéndose juntos, en las buenas y en las malas. Lo supe entonces: los hermanos son el mejor vínculo con tu pasado y las personas que probablemente se queden a tu lado más tiempo en el futuro.

Como es típico de los apartamentos en Nueva York, el de nuestra familia tiene cuartos y baños pequeños. La silla de ruedas de Graciela no cabía en el baño y apenas atravesaba el pasillo de la habitación. Así que la pobre pasó la mayor parte de los próximos tres meses en cama y solo salía si tenía un chequeo médico. Las enfermeras la visitaban con frecuencia para ayudarla.

«Esto es tan difícil, Mari», me decía con lágrimas en los ojos.

A pesar de todo, siempre mostró una voluntad de hierro para superar las circunstancias. Con el tiempo, comenzó a recibir terapias en el hospital todas las mañanas y luego hacía más terapia en nuestro apartamento en la tarde. Perdió tanta masa muscular que apenas podía ponerse de pie con una andadera. Pero ella seguía luchando. Y yo la admiraba más cada minuto.

Muchas veces me dijo que no podría haberlo logrado sin mis papás, que le pusieron una pausa a sus vidas y se mudaron a Nueva York para cuidarla.

Fue un sacrificio grande, dos años completos.

El tema de la visa fue otra complicación. Pero gracias a Dios, con la ayuda del hospital y después de mucho papeleo, mis papás y Graciela lograron obtener visas por temas médicos, mientras ella terminaba todos sus tratamientos. Sin embargo, no podían salir del país o perderían su estatus migratorio.

Al principio, a mami le costó manejar la situación. Intentó

esconderlo, pero un día me di cuenta de su angustia cuando la vi paralizada en la cocina del apartamento. Ese era el sitio donde ella había sido dueña y señora toda la vida. Ahora, no sabía qué servirnos de cena.

Cada quien maneja el trauma de manera distinta. Era como si mami estuviera viviendo en carne propia todo lo que le pasaba a Graciela. Las mamás suelen ser así.

Por otro lado, Papi era como el pajarito volando por encima de todo. Pasaba horas en el cuarto con ella, ayudándola con sus terapias. Le ponía pesitas para los tobillos y la hacía levantar las piernas para obligarla a exigirse más cada día. La animaba y le aplaudía cualquier progreso.

Pero los médicos en Nueva York no eran optimistas. Los pies de Graciela estaban empeorando en lugar de mejorar. Después de un tiempo, nos dieron la terrible noticia de que los procedimientos médicos no habían tenido éxito; iba a necesitar más cirugías reconstructivas. Al parecer, sus huesos no habían sanado como se esperaba y tenía lo que los médicos llamaban una «malunión».

Graciela tenía tanto dolor que en el punto más bajo empezó a considerar la amputación. Habló con un amigo que había pasado por eso e incluso visitó a ciertos pacientes con piernas o pies amputados para conocer cómo era el proceso.

Era una labor descomunal.

Mis padres se negaron a rendirse. Iban a salvarle los pies a Graciela a toda costa. Fueron a cualquier cantidad de citas y buscaron evaluaciones con diferentes médicos para obtener una segunda, una tercera, y hasta una cuarta opinión. Salieron devastados de todas las consultas.

La llevaban en su silla de ruedas al Parque Central para que pudiera tomar un poco de aire fresco y también insistían en que fuera a misa con ellos, aunque Gra se negaba. En este punto, mi hermana realmente no quería hablar mucho sobre sus sentimientos y necesitaba tiempo para reconciliarse con Dios.

Y el día que menos lo esperábamos, de repente, dijo que sí. Recuerdo que mi papá intentó no darle tanta importancia al tema para que no cambiara de opinión. Se la llevó calladito ese domingo en su silla de ruedas, disfrutando el paseo hasta llegar a la Iglesia de San Vicente Ferrer en la calle 65, que estaba más cerca que la de San Patricio.

Luego nos contó que Graciela quiso sentarse atrás. Cuando llegó el momento de la comunión le dijo a mi papá que no quería tomar la hostia, que se sentía culpable por haberle dado la espalda a Dios después del accidente.

El cura se dio cuenta que Graciela estaba en el fondo de la iglesia en su silla de ruedas. Lentamente caminó todo el pasillo, se arrodilló ante ella y dijo: «¿El cuerpo de Cristo?».

«Amén», respondió ella, y abrió las manos para recibir la hostia consagrada.

Lo que sucedió después fue como un milagro.

Algunas semanas más tarde, Graciela se enteró de un médico en West Palm Beach que dirigía el Instituto de Ortopedia y Columna Vertebral de Paley, una clínica para salvar extremidades. Este médico era un líder en cirugía ortopédica reconstructiva y estaba especializado en pacientes como mi hermana, y en niños con malformaciones en las piernas y los pies. Nos dijeron que el médico estaba súper ocupado e iba a tomar meses que nos atendiera. Graciela no se iba a dar por vencida, inmediatamente le escribió un correo electrónico contándole su historia y él en pocos días respondió.

Mi hermana se convenció de que el doctor Paley era el único que podía ayudarla. Irse con este doctor no fue una decisión fácil. Implicaba empacar y mudarse a la Florida, alquilar un lugar para quedarse, ya que mi apartamento en Miami era demasiado lejos y pequeño y, además, alquilar carros. Pero ella estaba decidida y mis padres también.

En el transcurso del siguiente año y medio, mi hermana pasó por un total de siete cirugías en el Instituto Paley.

Fue completamente diferente a la experiencia de mi familia en los grandes hospitales de Nueva York. Los doctores eran muy amables y llamaban a Graciela por su nombre. Nos dieron opciones de tratamiento, y una perspectiva más optimista sobre su situación. Los pasillos estaban llenos de niños con diversas condiciones. La fisioterapia para adultos se realizaba en la misma habitación que la de los chamitos, decorada con dibujos y globos de muchos colores.

El cambio fue impresionante. Graciela comenzó a ser mucho más activa en su recuperación. Le hacía mil preguntas a sus médicos y terapistas cada vez que entraban al cuarto. Comenzó a ver a sus amigas en Miami más a menudo y juntas nos unimos a un grupo que, como terapia, hacía rosarios y los enviaba a centros de apoyo para mujeres en Centroamérica. Incluso se inscribió en un gimnasio para trabajar los brazos y la espalda mientras estaba en su silla de ruedas.

—Por primera vez en mi vida, solo estoy enfocada en el presente —me dijo—, en hacer que cada día sea lo mejor posible.

La verdad es que verla en una silla de ruedas a los veintinueve años la hacía diferente. Se convirtió en la joven que los demás veían con lástima.

Los típicos murmullos de ¡ay, pobrecita! no faltaban cuando entrábamos a alguna tienda o restaurante. Era duro lidiar con la forma en que la gente nos miraba.

Durante esta experiencia tan traumática, aprendí que a veces no le encuentras el lado positivo a una situación. Mi hermana no está mejor por lo que pasó; aunque lo haya superado, sé que hubiese preferido no vivir lo que le tocó. Si pudiera hacer algo, retrocedería el tiempo y evitaría el accidente. Pero Graciela me enseñó que no puedes dejar que una noción limitada de los demás te defina. Que no puedes vivir en el pasado y que aceptar la realidad es la manera correcta de enfrentarla y salir adelante.

Ser capaz de transformarte, más allá de lo que otros ven, es probablemente la tarea más difícil. Pero es también la más hermosa. Te permite crear una mejor versión de ti.

Graciela nunca regresó a su antiguo trabajo como abogada. Ya no la llena un trabajo corporativo ni ciertas cosas materiales que antes disfrutaba. Hoy por hoy, tiene una vida con propósito. Comenzó su Maestría en Administración de Negocios y quiere trabajar en una organización sin fines de lucro para ayudar a los demás. Al final, pasó de ser la que más nos necesitaba a ser la que más necesitamos, la que siempre nos empuja a ser mejores.

Como familia, nos hemos vuelto más cercanos, hacemos lo imposible por vernos así sea por un día y nos apoyamos mutuamente en todo. Aprendimos a ser más sensibles con los que sufren. A apreciar las cosas sencillas de la vida.

Estoy orgullosa de cómo mi hermana se ve grande y fuerte,

a pesar de que es *petite* como yo. La vida la golpeó muy fuerte, pero ella se levantó más alto que todos nosotros. Estoy orgullosa de cómo comparte su historia y enfrenta al mundo con vulnerabilidad y valentía. Orgullosa de cómo va al gimnasio y entrena más duro que cualquier otra persona ahí.

Después de más de una larga lucha, Graciela ya hace de todo, y si la ves caminando ni te imaginas que tuvo un accidente tan terrible. Recientemente tuve el placer de verla esquiar y me dije, ya no es la misma que fue, ahora es mucho mejor. Pero su recuperación no ha terminado. Sigue recibiendo terapia y progresando todos los días. Recuerdo lo que Papi nos enseñó acerca de la resiliencia, la capacidad humana para adaptarse a la adversidad y sobreponerse con humildad. Graciela es eso para mí. La resiliencia y la fortaleza hechas mujer.

#Go like Mariana: Ser capaz de transformarte, más allá de lo que otros ven, es probablemente la tarea más difícil. Pero es también la más hermosa. Te permite crear una mejor versión de ti.

#Go like Mariana: No importa las diferencias que los demás vean, tú decides lo que vas a permitir que te defina.

9

Remar hacia la felicidad

He compartido mucho sobre mi historia: los lugares donde crecí, las experiencias que moldearon mis valores, mis mayores triunfos y mis fracasos. Pero como soy mujer y, más específicamente una personalidad de los medios de comunicación, muchos me preguntan si he logrado ese delicado y casi imposible equilibrio entre la vida laboral y la familiar. Es obvio que no tengo una fórmula mágica. Solo puedo contarles lo que me ha funcionado, y lo que no, hasta ahora.

Las mujeres de hoy queremos tenerlo todo: una carrera que nos brinde satisfacción, una cuenta de banco que nos permita darnos nuestros gustitos de vez en cuando, una relación chévere, probablemente tener hijos en el momento que consideremos adecuado, contar con un círculo de amigas incondicionales y, por supuesto, que nuestras cuentas en redes sociales sean muy *cool*, especialmente en Instagram. ¡Uff, es que la lista puede ser interminable! Es el «síndrome de la mujer maravilla». Una meta increíblemente alta y muy agotadora.

Siempre fui demasiado perfeccionista en la parte académica y profesional, pero en cuanto a novios, la historia es diferente. Nunca sabía qué esperar de mí al momento de enamorarme. No tenía un «tipo» definido, pero sí quería algo estable para no dar la impresión de ser frívola o insegura. Quizás es porque vengo de una familia conservadora, en materia de relaciones, y estudié en un colegio de niñas, dirigido por monjas. Lo cierto es que el amor parecía tener demasiadas reglas y expectativas impuestas para poder abordarlo con tranquilidad.

Debo confesar que el matrimonio me causaba miedo y ansiedad.

Desde que tengo memoria me la pasaba sentada frente a la parabólica los domingos en la tarde, fantaseando con las películas de Hollywood. Con el tiempo empecé a verme como una Julia Roberts de la vida real. A veces era la protagonista de *Mujer bonita*, pensando: *Está bien que te rescaten. Quiero que Richard Gere venga a buscarme en su convertible rojo, con un ramo de flores en la mano, gritando «¡Te amo!»*, o era Julia en *Novia fugitiva*, dejando al novio plantado en el altar, mientras me alejaba a todo galope en aquel hermoso vestido blanco.

Ojo, no es que tuviera fobia a las relaciones; yo siempre tenía novio. Al igual que Maggie Carpenter, el personaje de Julia en *Novia fugitiva*, me entregaba por completo a cada uno y me amoldaba a sus gustos, olvidando los míos.

¿Rockero? Me interesaba por Nirvana y Pink Floyd, veíamos cine francés independiente en el Ateneo de Caracas y me vestía de negro.

¿Deportista? Compraba entradas para la temporada de béisbol en el estadio universitario y luego me pegaba a la de básquet y fútbol español.

¿Director de cine? Me convertía en guionista, productora, escritora para ayudar con sus cortometrajes, administradora de presupuesto para los proyectos, y hasta recogía los cables del piso.

Pero, inevitablemente algo rompía el hechizo, y al despertar del encanto, me ponía los tenis y corría o galopaba a lo Julia en cualquier dirección que me alejara del galán de turno.

¿Por qué? Estaba huyendo de mi propio engaño. Mariana, la rockera, la fanática deportiva o incluso la productora de cine, eran creaciones para agradar a alguien más. A pesar de que valoraba ser real, auténtica, en mi trabajo, me costó mucho darme cuenta de que no lo era con mis parejas.

En retrospectiva, veo que los mismos temores y complejos de no ser lo suficientemente buena como profesional salían a flote para sabotear mis relaciones personales. Así, alejé a gente que quería, a falta de la valentía para ser yo misma.

Suena a frase de cajón, pero es necesario aprender a amarte y aceptarte antes de poder abrirte de verdad con otra persona y permitir que te vea sin máscaras.

Cuando conocí a mi esposo, estaba saliendo de una de esas fases de pretender ser la novia que no era. En ese momento simplemente no necesitaba, ni quería una pareja. A lo mejor por eso pasó justo lo que no esperaba.

Miami, 2011

En el verano de 2011 acababa de mudarme al sur de la Florida para trabajar en Univisión. Era nueva en la ciudad y me sentía como una inmigrante en todos los sentidos de la palabra. Vivía con miedo a perder mi trabajo y por ende mi visa. Hacía poco había terminado con mi novio y no quería ni pensar en posibles candidatos para reemplazarlo. Estaba en calma y disfrutando mi soltería.

Un día me senté junto a la piscina con mis nuevas vecinas, unas caraqueñas que conocía de antes y las encontré en su actividad favorita.

—¿Chama, sabes que *Jose* Torbay se está divorciando? —escuché a una de ellas decirle a su amiga.

—Nooooo, ¿qué, qué? Te dije que el matrimonio con esa mexicana no iba a funcionar —respondió la otra mientras se tomaba una limonada.

—Pa' colmo, acaba de renunciar a su trabajo para abrir su propia empresa. ¡Se metió en rolo 'e rollo! Ahora está solo, sin trabajo y se tuvo que mudar de vuelta a casa de sus papás —dijo la primera.

Aunque me duela reconocerlo, a muchos venezolanos y latinoamericanos expatriados en Estados Unidos les resulta difícil dejar de comentar la vida ajena y no estar pendientes de lo que pasa con los miembros de su círculo social dentro y fuera de sus países. Es una mentalidad tan arraigada que nos afecta a todos.

Sus cuerpos estaban en una piscina espectacular con el horizonte de Miami a sus espaldas, sus mentes y sus corazones seguían en Caracas.

Yo no sabía quién era el tal *Jose* Torbay y en realidad no me importaba. Pero me acordé que su familia vivía cerca de la mía en Venezuela, y decidí ofrecerle mi amistad, al menos para ayudarlo a distraerse.

—El tipo probablemente necesita amigos en este momento —les comenté.

—Tienes razón —reconoció una de las chamas—. Podríamos invitarlo a jugar tenis.

—Deberías venir, Mariana —dijo la otra mientras se echaba más bronceador en las piernas.

No juego como una profesional, pero sí me gusta mucho el tenis. Lo practiqué en los campamentos de verano en Minnesota y cuando me mudé a Miami, pensé que sería una forma fácil de socializar. Así que me anoté en lo que terminó siendo mi primera cita con el famoso *Jose*.

Bueno, al menos un prospecto de cita.

Llegó el día del partido y estaba a punto de salir de Univisión, literalmente con los zapatos de goma en la mano, cuando alguien gritó: «Mariana, necesitamos que transcribas una entrevista».

No, no, no… Qué mala suerte, me dije.

Ser la reportera digital con el «sí» por delante significaba que tenía que volver a sentarme y escribir palabra por palabra una entrevista de treinta y dos minutos. Eso tomaría su buen tiempo.

Uff. Ni siquiera tenía el número de *Jose* Torbay para cancelar nuestro partido de dobles.

No aparecí. Me sentí fatal. Ser incumplida y con malos modales me parece pésimo.

Luego el pobre *Jose* me confesó que, después de su difícil divorcio, tenía cierta ilusión con el partido de tenis, para el que además se había preparado. Él no juega con regularidad, por lo que aprecié mucho más ese esfuerzo.

Al llegar a mi casa en la noche, lo busqué en Facebook para disculparme, y porque me empezó a picar la curiosidad. Cuando vi su foto de perfil, mis ojos se abrieron de par en par.

Quéééé, ¡es súper lindo!, pensé. «Y ahora seguro me odia», dije en voz alta.

Pasé más tiempo pensando qué mensaje mandarle por Facebook que transcribiendo toda la entrevista de media hora en el trabajo.

Al final esto fue lo que empecé a escribir: «Querido *Jose*, es un placer conocerte... *(Nada que ver; borra eso)*. Es un placer conocerte por correo electrónico».

Mariana, qué mensaje tan patético. Ni que fuera un email de trabajo.

«*Jose*, siento mucho no haber podido ir al partido. Soy periodista y hubo noticias de última hora...» *(borra eso)*.

¿La transcripción de una entrevista califica como un escenario de noticias de última hora?

Umm, bueno, era necesario «para» las noticias. ¿Quién puede decir lo que constituye realmente «noticias de última hora»?

«*Jose*, siento mucho no haber aparecido hoy en el partido de tenis. Soy periodista y hubo noticias de última hora».

En mi misión de hacer conexiones con gente en Miami, agregué: «Voy a salir a cenar con unos amigos este viernes, por si quieres venir».

«Unos amigos» significaba mi colega Tomás (mi único «pana» en el trabajo) y María Valentina, de mi grupo de Nueva York. Pero después de todo el estrés de la semana en Univisión, tenía ganas de pasear, aunque fuese un rato por mi nueva ciudad.

¿A quién le importa? De todos modos, este tipo no va a aparecer.

No me respondió y pensé que probablemente nunca lo conocería.

Aquel viernes el local peruano Ceviche 105 estaba repleto. Conversaba animadamente con mis amigos cuando lo vi.

Jose estaba en la puerta, solo. A pesar de que nuestras familias vivían a un par de cuadras de distancia en Venezuela, era la primera vez que lo veía en persona.

Tenía cuerpo de clavadista o nadador olímpico. Me fascinó su piel canela, una mezcla de bronceado caribeño y el color beduino del Medio Oriente. Su pelo medio canoso le daba un toque de madurez al estilo George Clooney, y sus grandes ojos color caramelo, bajo unas cejas gruesas y oscuras, me dejaron sin aliento.

Usualmente no me llaman la atención los hombres muy guapos, porque pienso: *Novio de revista ¿pa' que? ¿Para que se jure la gran cosa? Nada que ver.* Pero *Jose* se veía tan tímido que parecía no percatarse de su atractivo. Lucía como avergonzado, y se notaba que hacía un gran esfuerzo por estar allí.

Él me miró y me saludó con una leve sonrisa. Caminó por el pasillo repleto de mesas hasta que llegó a la nuestra.

Desde que nos saludamos por primera vez con un beso en la mejilla, sentí un corrientazo por todo el cuerpo, y ¡decenas de mariposas me revolotearon en la barriga! Lo mejor es que todavía las siento cuando lo veo por sorpresa o si llevamos días separados por mi agenda de trabajo.

—Gracias, por esperarme —le dije.

—Siempre —respondió.

Allí se marcó el tono de nuestra relación.

Jose se ha acostumbrado a esperarme. Literalmente, como en el fiasco del tenis, y figurativamente por mi carrera. Me da el espacio que necesito para hacer el trabajo que amo y, al mismo tiempo, me muestra un apoyo incondicional.

Esa primera noche terminamos de cenar y me preguntó si sabía bailar.

Me reí y le dije: —¿Yo? ¡Claro que sí, hasta bailé en las gaitas de mi colegio! Déjame mostrarte.

Nos despedimos de mis amigos y fuimos a Mango's, el típico lugar turístico de South Beach que pone salsa y merengue. Fue el momento perfecto para nuestra primera comunicación no verbal. *Jose* baila espectacular. Su cuerpo fluye con la música como si le viniera de adentro.

Él tomó la iniciativa sin vacilar. Me agarró por la cintura con una mano como si lleváramos años bailando juntos, con la otra me guiaba con esa tensión sutil que saben dar los buenos bailarines. Yo lo seguía en cada vuelta entregada a su movimiento. Ambos nos sorprendimos por la precisión del otro y seguimos retándonos con giros y cambios de ritmo para desafiar nuestra capacidad de adaptación. Sentía un delicioso hormigueo por todo el cuerpo. Su mano sosteniendo y soltando mi cintura mientras coordinaba el siguiente paso me derretía. Esa noche nos hicimos los dueños de la pista.

———

¡Fue amor a primer baile!

Cuando por fin nos sentamos para conversar, me quedé impresionada con su inteligencia, lo mucho que teníamos en común, y esa mirada que mostraba un alma noble.

Empezamos a salir con la misma naturalidad que encontramos en la música.

La chama de la pista de baile era mi verdadero yo. Cuando dejé de aparentar, encontré a mi compañero de vida. Simplemente sucedió porque estaba relajada.

A pesar de que *Jose* no llevaba ni un año divorciado, estaba convencido de que yo era la mujer para él. Me llevó a la boda de su hermana seis meses después.

—¿Estás seguro de que quieres una relación formal tan rápido? —le pregunté.

—Por supuesto. Sé lo que quiero. Y te quiero a ti —respondía siempre.

Un hombre divorciado no era precisamente lo que mi familia quería para mí. Les preocupaba que no hubiese podido superar el trauma en tan poco tiempo. Para él fue un fracaso personal que había «echado por tierra», el dicho con el que lo criaron sus padres, aquel de «el matrimonio dura hasta que la muerte nos separe». Yo, que ya lo conocía mejor confiaba en su palabra. Me demostraba su amor de mil maneras, y luego de dos años, se sintió listo para pedir mi mano.

Escondió el anillo en una gaveta durante varios meses, pero el accidente de Graciela lo obligó a cambiar sus planes.

Tras hablar con mis padres y mis hermanos, que ya lo consideraban un miembro más de la familia, *Jose* decidió dar el paso. Me iba a pedir matrimonio el fin de semana del 4 de julio de 2014. Se suponía que pasaríamos esos días de asueto con mi familia en Nueva York.

Pero, como suele suceder, mi trabajo encontró la forma de interponerse. Unos días antes del viaje, me pidieron que fuera la presentadora suplente del noticiero nacional de la cadena, ¡*Noticiero Univisión!*

María Elena y Jorge estaban de vacaciones o dirigiéndose a la frontera para cubrir la crisis de los niños migrantes, que había estallado durante el verano. Dado que *Fusion* era parte de Univisión y que el estudio donde yo presentaba mi programa estaba junto al del Noticiero, era natural que me eligieran para sustituirlos. Solo tuve el fin de semana anterior para practicar. Uno de los técnicos prendió las luces para que pudiera hacerlo. Quería ensayar y familiarizarme con ese espacio. Estaba un poquito nerviosa.

Soy una fiel creyente en la importancia de una buena preparación. De leer y analizar el contenido. De estudiar a la audiencia y al escenario. Planear lo que te vas a poner con antelación. Controlar los factores predecibles para que puedas reaccionar rápido ante lo inesperado.

Sentarme en la silla de mi mentora, María Elena Salinas, era un gran reto y una responsabilidad enorme. Conducir las noticias durante una semana significaba informar a millones en todo el país y avanzar hacia uno de los objetivos que me había propuesto cuando estuve cerca de quedar indocumentada: apoyar a mis hermanos inmigrantes. Era un logro en mi carrera mientras seguía lidiando con las secuelas del accidente de mi hermana.

Yo estaba súper afectada. Cuando le dije a mi familia que estaba pensando rechazar esa oferta porque necesitaba estar con ellos y apoyarlos, me prohibieron desperdiciar semejante oportunidad. «Absolutamente no. Tú necesitas hacer esto. Tienes que sentarte en esa silla de presentadora». Fue la mejor decisión. Ellos pudieron verme desde el apartamento de Nueva York. Me enviaron fotos y mensajes de orgullo. Los extrañaba, muchísimo, y estaba llena de sentimientos encontrados, pero cumplí con mi trabajo.

Jose fue comprensivo, generoso, consistente y muy racional. Él es la contraparte perfecta para mi impulsividad, mi deseo de esforzarme más de la cuenta o emprender demasiadas cosas al mismo tiempo.

Compaginábamos nuestros intereses y pasiones, construyendo una relación sólida.

En el tiempo que habíamos estado juntos, mi vida entera, mi familia, mi hogar, mi trabajo, se habían puesto patas pa' arriba. Una cosa era enamorarse en la pista de baile; y otra distinta hacer crecer una relación cuando la música se apaga y las responsabilidades requieren de tu tiempo y concentración.

En su hombro, poco a poco iba encontrando un nuevo hogar y aprendiendo de lo que realmente se trata el amor.

Luego del accidente de mi hermana, casi todos los días que veía a *Jose*, me acurrucaba en su pecho y lloraba desconsoladamente. Esperaba el momento en que nuestra respiración se sincronizaba. Cuando su corazón latía al compás del mío, el dolor menguaba.

Me sentía segura con él.

Dos semanas después del feriado del 4 de julio, *Jose* me convenció de viajar a Cayo Hueso, en la Florida, donde había reservado una hermosa suite de hotel. Necesitábamos tiempo para estar solos y desconectarnos un poco. Me pareció una buena idea y no le di muchas vueltas.

Cuando llegamos al hotel Casa Marina en los Cayos, la recepcionista estaba confundida.

—Señor Torbay, debe haber un error. No tengo su reservación para hoy. Aquí veo que estaba reservado para ayer —dijo con nerviosismo.

La cara de *Jose* se puso pálida.

—¿Qué, qué? —respondió él, mirando su teléfono sin creer que había reservado la fecha incorrecta.

No entendí por qué estaba tan desconcertado.

Buscamos en internet otras opciones. Los hoteles cercanos no tenían cupo.

—Mi amor, no te enrolles. ¿Por qué no caminamos por la playa mientras esperamos a ver si algo aparece? —sugerí.

Nos habíamos puesto nuestros trajes de baño desde que salimos de Miami, con la idea de meternos al agua en cuanto llegáramos al hotel, luego de la larga manejada.

Mientras caminábamos por la playa, que estaba bastante llena, podía percibir la inquietud de *Jose*. Luego me contó que no quería proponerme matrimonio rodeado de extraños que escuchaban rap, tomando cerveza.

De repente, vio un par de tablas de remo o *paddle boards* y con ellas una solución creativa para su dilema.

—¡Dale, vamos a alquilarlas! —dijo con entusiasmo. —¡Vamos, mi amor!

Acepté. Parecía que se le había quitado el nerviosismo.

Nos adentramos tanto al mar que ni siquiera podíamos ver la playa. Estábamos solos, en medio del inmenso océano.

Y entonces *Jose* comenzó a tambalearse en la tabla.

—Hoy estás como loco, ¿qué estás haciendo? —pregunté sin darme cuenta de lo que estaba pasando.

Apoyó una rodilla en la parte superior de la tabla y sacó un anillo de su traje de baño.

—Mari, eres amorosa, valiente, apasionada y divertida. Eres la mujer con la que quiero pasar el resto de mi vida. Sacas la mejor versión de mí. Quiero guardar esa versión para ti, por siempre.

Cuando me miró, sus ojos acaramelados resplandecían con los tonos rojizos de la puesta del sol. Su piel bronceada brillaba con el reflejo del agua salada. En medio del océano, lo único que podíamos escuchar era nuestra respiración.

Así fue mi cuento de hadas hecho realidad.

—¿Te quieres casar conmigo? —preguntó con timidez.

No había ganas de correr, ni de nadar lejos, ni de saltar de la tabla. Mis sentimientos eran de alegría, paz y certeza. No necesitaba cambiar nada para ser feliz.

—¡Mi amor, sí, mil veces, sí! —grité a todo pulmón.

Más tambaleo en la tabla.

—Pero, por favor —dije—, ponme ese anillo ya, porque si nos caemos de esta tabla y el anillo se hunde, te juro que me va a dar un infarto.

Nos reímos. Flotando en medio del océano, supe que había encontrado a mi alma gemela. Los pájaros y los peces fueron los únicos testigos de nuestro compromiso.

Esa noche agradecí a Dios el haber podido encontrar a mi

compañero de vida, y en secreto le pedí un milagro: «Quiero que mi hermana sea mi madrina, en la boda».

También le conté a *Jose* y él dijo que estaba dispuesto a ayudar como pudiera.

El equipo *hashtag* #TorbayAtencio nació entonces de manera formal.

Un par de semanas después, el contrato de alquiler de mi apartamento llegaba a su fin. No sabía qué hacer. Me iban a subir la renta, y no tenía cómo pagar ese aumento. Y por supuesto, con la corredera de mi vida, tampoco tenía tiempo para buscar otro sitio.

Jose me sorprendió preguntándome si consideraría mudarme con él. Al principio pensé: *esto va a ser un tema álgido para mi familia.* En Venezuela, como en la mayoría de los países latinoamericanos, mudarse con el novio antes de casarse todavía se ve medio mal. Algunos dicen que «vivir en concubinato es pecado». Me podía imaginar a todo el mundo cayéndome encima si tomaba esa decisión.

Desde que éramos chiquitas, algunas de mis amigas en el colegio en Venezuela contaban los típicos cuentos sobre una fulanita que se había mudado con su novio y terminó embarazada y sola después de vivir juntos por un año. Esas leyendas urbanas no me importaban, pero me daba un fastidio horrible tener que escuchar los regaños de mi familia cercana.

—O sea, Mariana, ¿quién compra la vaca cuando tiene la leche gratis? —me dijo mi tía.

Ay no. Cualquier cosa para evitar más de esa cantaleta.

Por otro lado, si los latinos y los venezolanos son conservadores, los libaneses, como la familia paterna de *Jose*, lo son todavía más. Hay muchas comunidades árabes y judías en América Latina que comparten nuestros valores y tradiciones familiares.

Los hermanos de *Jose*, a quienes amo y respeto como si fueran mis hermanos, nunca vivieron con sus parejas antes de casarse, pero como *Jose* ya había pasado por un divorcio, tenía la madurez para decidir que esta vez quería conocer muy bien a su novia antes de ponerle un anillo de matrimonio en el dedo.

Al igual que su familia, nuestros padres y amigos en Venezuela son mucho más tradicionales que quienes emigramos, o los que crecieron en Estados Unidos y otros países de mentalidad liberal.

Hay un punto donde, si adoptas demasiado rápido lo que consideran «valores americanos», te empiezan a decir que ya no eres tan venezolana (mete aquí cualquier otra nacionalidad: «Es que ya no eres tan... mexicana, colombiana, cubana»). Aunque todavía hay comunidades en Estados Unidos en las que vivir juntos antes del matrimonio sigue siendo un escándalo, en la mayoría se acepta como una decisión inteligente y práctica.

—Mari, te has vuelto demasiado gringa —me dijo una amiga.

—Ayyyy, Dios, ¿y si tu abuela se entera? —soltó otra de mis tías—. ¡Le va a dar un infarto!

Yo era una mujer trabajadora, adulta, pero no quería decepcionar a mis papás ni darle a la familia de *Jose* una impresión negativa. Me sentí atrapada entre dos culturas, sin pertenecer a ninguno de los dos mundos.

Le pedí a *Jose* que me diera algo de tiempo. Como de costumbre, entendió y me permitió hacer lo que considerara mejor.

Mi mami, que es la más conservadora de mi círculo familiar, pero también la más pragmática, me dio el mejor consejo.

—Mari, sé que estás atravesando por muchas cosas. Este no ha sido un año fácil para nuestra familia. Pero algo que he aprendido es que el amor lo cura todo. El amor verdadero cierra todas las brechas y es la única base para un buen matrimonio como el que tenemos tu papá y yo —dijo—. ¿Amas a *Jose*?

—Sí, mucho —respondí con firmeza.

—Entonces sigue tu corazón y olvídate de tratar de complacer a los demás. Haz lo que te haga feliz; eso es lo único que importa.

Nos mudamos juntos al mes siguiente. Mi madre me recordó que no se trata de cómo otras personas nos veían en una versión idealizada de su realidad. Se trata de nuestra vida en el mundo real, del hogar y el futuro que estábamos construyendo de verdad.

Le pedí a *Jose* que esperáramos para casarnos hasta que mi hermana estuviera lo suficientemente fuerte como para ir a la boda y que pudiera pasarla bien en la fiesta. Eso suponía más tiempo.

Meses después llegó el día en que Graciela me dijo que estaba lista.

—Voy a caminar como tu madrina, por ti, por mí y por nuestra familia y amigos que me han mostrado tanto amor y apoyo.

El día de mi matrimonio, el 24 de octubre de 2015, luego de haber sobrepasado quince cirugías en dos años, Graciela caminó en la ceremonia como mi dama de honor.

Fue un sacrificio monumental. Una de las operaciones no había funcionado, y la habían tenido que operar apenas dos semanas antes. Todavía tenía que usar botas para caminar y necesitaba una silla de ruedas para moverse.

Dormimos en la misma cama la noche anterior a mi gran día, con las luces apagadas, como cuando éramos pequeñas y compartíamos el mismo cuarto.

—Mañana voy a lograrlo—susurró.

—Y quiero verte hacerlo —le contesté.

Ella sonrió como cuando éramos chiquitas.

La tarde siguiente, cientos de nuestros invitados esperaban con anticipación en el Jardín Botánico Tropical Fairchild en Miami. La música se detuvo cuando Graciela, con un hermoso vestido de color crema que escondía sus botas, se levantó de la silla al final del pasillo decorado con flores y puso un pie delante del otro.

Caminaba adolorida pero nadie pudo notarlo. Su sonrisa brillaba, haciendo resplandecer su belleza y su elegancia. Verla de pie fue tan maravilloso que cada uno de nuestros invitados sintió la emoción del momento.

Mi papá y yo la observamos desde un pequeño balcón escaleras arriba con lágrimas de alegría. ¡Estábamos tan felices que decidimos bailar hasta el altar! ¿Por qué no? ¡Dios nos había dado nuestro milagro!

Papi y yo bailamos con la canción de Stevie Wonder, *Signed, Sealed & Delivered* y, mientras lo hacíamos, todos nuestros amigos y familiares comenzaron a aplaudir.

El cura no pudo evitar decir desde el micrófono «¡Qué entrada!», mientras todos tomaban sus asientos.

Fue allí, ante nuestra familia y amigos, con la certeza de que todo estaba en su lugar, que me comprometí con el hombre que me había acompañado en las buenas y en las malas.

La letra de la canción de nuestro primer baile, el merengue de

Juan Luis Guerra «Ay, mujer», lo expresó de la mejor manera: «Tu amor es el principio y el final».

Jose prometió enfocarse en nuestro hogar, en nuestros peluditos (así llamamos a nuestros futuros hijos), en ser felices y en hacer de ese compartir y ese construir juntos nuestro proyecto de vida. Habíamos comprobado que la autenticidad era la mejor forma de sanar heridas y saber que lo que tienes es real.

Seis años después, equilibrar lo impredecible del mundo de las noticias, nuestras ambiciones profesionales y personales, además de nuestra relación ha sido un desafío constante, pero también ha sido muy hermoso.

Cuando *Jose* y yo nos conocimos, yo era una reporterita que temía ser despedida en cualquier momento y él estaba apenas comenzando la compañía de sus sueños. Ambos somos protagonistas y testigos de nuestro sueño americano. Es un lazo que compartimos. Pero también nos hemos abierto, nos hemos mostrado cada parte de quienes somos, nuestras fortalezas y debilidades. Y seguimos escogiéndonos diariamente. Al fin de cuentas, eso es lo que significa ser y crecer en el amor.

#GoLikeMariana: El amor lo cura todo, cierra todas las brechas y es la única conexión lo suficientemente fuerte como para hacer que cada relación funcione. Sé implacablemente real en todas las áreas de tu vida, personal o profesional. Y recuerda, la primera persona que debes amar y aceptar es a ti mismo.

10

Un mundo dividido

Homestead, Florida, noviembre de 2016

—¿Voy a poder ver a mi mamá? —me preguntó Angelina, una niña de ocho años con la mirada angustiada de quienes maduran antes de tiempo, mientras me halaba el vestido.

Yo no tenía la respuesta.

Donald Trump acababa de convertirse en presidente electo de Estados Unidos. Era la noche de las elecciones de 2016 y estaba al aire en el canal de noticias NBC News. Casi un año después de mi boda y con apenas dos meses de haber comenzado en mi nuevo trabajo, esa era la cobertura más importante que me asignaban desde que había hecho el famoso *crossover* del español al inglés.

Los canales se preparan para la noche electoral con años de antelación.

Yo había entrado tarde a esa cobertura, en la recta final de las elecciones presidenciales que cambiaron muchas nociones arraigadas en la política estadounidense. No me iban a sacar al aire a menos que pudiera ofrecer algo diferente a los análisis y perfiles que mis compañeros ya tenían asignados. Necesitaba pensar de forma original y me arriesgué a sugerir lo que conocía bien, por ser un tema habitual en los medios en español. Propuse estar en vivo esperando los resultados electorales con familias indocumentadas.

—Lester, aquí se puede sentir la ansiedad en el ambiente —le dije al presentador titular de NBC News, Lester Holt, durante la transmisión—. Algunos se están tomando de las manos. Otros incluso están rezando —añadí.

Aunque varios periodistas de las cadenas en inglés entrevistaron a personas indocumentadas, no sabían cómo ir más allá y darles una voz a estas familias, no solo por falta de conocimiento del idioma, sino porque es muy difícil plasmar en un reportaje o un «en vivo» esas sutilezas culturales que conocen mejor quienes han vivido la misma situación. Como inmigrante, yo entendía lo que podían perder aquella noche. Casi todos los niños en la casa donde estaba son ciudadanos estadounidenses, pero sus padres no tienen papeles, por lo que enfrentaban una posible separación bajo la nueva Administración.

—Y ahora, ¿Trump va a deportar a mi mamá? —la pequeña Angelina preguntaba llorosa durante nuestra transmisión.

—Todo va a estar bien —le dije para tranquilizarla, mientras la abrazaba con fuerza y conseguía que sonriera. Pero, honestamente, yo no sabía qué iba a pasar.

Estuvimos en vivo casi veinticuatro horas continuas. Cuando terminamos tenía un sentimiento de derrota, al punto que mi equipo dijo que necesitaba levantar la energía para la ronda que me aguardaba a la mañana siguiente.

Yo no podía dejar de pensar en Angelina. Su futuro y el de miles de pequeños como ella estaba en juego.

Angelina tenía más o menos la misma edad que yo cuando fui al campamento en Brainerd, Minnesota. Pero ella ya sabía que era «diferente». Entendía que su familia era vista como «los otros». Caminaba a casa desde la escuela con miedo, porque estaba consciente de que su mamá podía ser deportada en cualquier momento.

Donald Trump basó gran parte de su candidatura en caracterizarnos como «los otros». Y había dicho no pocas veces que debíamos ser temidos y deportados.

«Cuando México envía a su gente, no nos envían lo mejor que tienen… —dijo, al anunciar su candidatura a la nominación republicana en el edificio Trump Tower de Manhattan—. Están trayendo drogas. Están trayendo crimen. Son violadores…».[1] En su campaña destiló tanta xenofobia que, no cabe en estas páginas.

Ese 8 de noviembre de 2016, cuando Donald Trump se convirtió en el presidente número 45 de Estados Unidos consiguiendo los 270 votos del Colegio Electoral,[2] aunque había perdido por 2,9 millones el Voto Popular, quedó claro que a una gran parte del electorado no le interesaba quiénes eran «los otros».

Muchos empezaron a ver a los inmigrantes con temor. Pensaban que venían a ocupar sus puestos de trabajo o que algunos podrían ser terroristas o criminales, como se les había caracterizado. En la otra esquina, los grupos minoritarios sufrieron intolerancia, odio y racismo.

Lo cierto es que la presidencia de Donald Trump cambió muchas cosas para nosotros los inmigrantes. En la primera semana de asumir el cargo, intentó poner en práctica una prohibición de viaje a ciertos países musulmanes, orden que eventualmente sería anulada por un juez federal. El Servicio de Inmigración y Control de Aduanas (ICE, por sus siglas en inglés) allanó decenas de empresas por ser sospechosas de dar empleo a inmigrantes indocumentados. Como si eso fuera poco, también obligó a los policías en varias comunidades a empezar a actuar como oficiales de inmigración.[3]

Su administración cambió además la misión de los Servicios de Ciudadanía e Inmigración de Estados Unidos (USCIS, por sus siglas en inglés), ahora en lugar de «asegurar la promesa de Estados Unidos como una nación de inmigrantes» deben «decidir de manera justa las solicitudes de beneficios de inmigración y proteger a los estadounidenses, asegurar la patria y honrar nuestros valores».[4]

USCIS también alteró sus períodos de trámite para aquellos que desean emigrar de forma legal, un acto ampliamente criticado por quienes defienden los derechos de los inmigrantes.

La pequeña Angelina sabía lo que le esperaba a su familia «mixta», como se conoce a los casos en que algunos miembros son ciudadanos estadounidenses y otros son indocumentados. Ella vio crecer el temor en su mamá y otras personas a su alrededor en los meses previos a la noche electoral.

Al igual que en mi Venezuela natal, donde la polarización

aumentó hasta un punto insostenible, en Estados Unidos, a partir de 2016 cada día más personas se van a un extremo, alejándose de la posición neutral en la que tal vez podrían hallar soluciones y entendimiento. Hemos dejado de escucharnos los unos a los otros. Esta profunda división de ideas tiene efectos devastadores en las comunidades y en el núcleo familiar, que es la base de toda sociedad.

No podía imaginar, al mirar a esos niños asustados, que muy pronto mi propia familia recibiría el impacto de una dolorosa separación.

Caracas, abril de 2017

—Mari, por favor, ¡necesito que vengas ya!

Mi mamá me llamó llorando, en pánico. Su voz temblaba cuando me dijo que podía oler el gas lacrimógeno por la ventana de nuestro apartamento en Caracas. Durante meses, cientos de miles de personas de todas las esferas sociales habían tomado las calles para protestar contra el gobierno de Nicolás Maduro. La violencia y la represión política en Venezuela habían alcanzado niveles alarmantes, llegando a un punto crítico en mayo de 2017.

Quizás el mayor indicador del descontento popular era que la gente llegaba desde los barrios pobres, que históricamente habían sido una fortaleza de Chávez, para protestar contra el gobierno. El pueblo no solo estaba harto sino hambriento.

Luego de casi veinte años de la revolución liderada por el difunto Hugo Chávez y sostenida por su sucesor, Nicolás Maduro, la economía del país comenzaba a pasar de la crisis al colapso. La inflación desmedida provocó escasez de alimentos y medicinas.

Los precios de los medicamentos se dispararon. Alimentarse (hablamos de lo básico) se convirtió en una proeza, para la gran mayoría. Era increíble que la nación con las mayores reservas petroleras del planeta no pudiera siquiera alimentar a su población y, para agravar todo, fue nombrado, por segundo año consecutivo, como «El país más peligroso del mundo».[5]

Las fuerzas de seguridad del gobierno de Maduro respondieron violentamente a las protestas. Despojaron de sus poderes al parlamento, que en las elecciones parlamentarias de diciembre de 2015 había quedado por mayoría calificada en manos de la oposición. Más de cien personas, principalmente estudiantes, murieron durante los disturbios. A algunos los masacraron a tiros en medio de la calle y sus asesinatos fueron presenciados por miles de personas en las redes sociales. Para entonces, los canales de noticias independientes habían desaparecido.

Mi mamá seguía muy nerviosa al otro lado del teléfono. Temía por mi papi, que iba a casi todas las protestas codo a codo con los estudiantes. Podía verlo con su gorra de los Yankees de Nueva York y sus tenis gastados diciendo: «Si no marchamos y luchamos por este país, ¿quién lo va a hacer?».

Yo ya no estaba. Mi hermano menor, quien habría marchado junto a mi papá, también se había ido del país. Álvaro Elías trabajaba en Colombia en el sector petrolero, era parte de los profesionales de esa industria que habían tenido que emigrar. Por eso mi mamá temía por mi papá y especialmente por mi hermana que era la única de sus hijos que estaba en Venezuela. Luego de completar su recuperación, había regresado a estar con mis papás. Sentía que después de todo lo que habían hecho por ella, cuidándola hasta que pudo volver a caminar, ahora era su turno de cuidarlo. Pero ¿qué futuro podía tener Graciela allá?

—Ella no se va a ir a menos que tú vengas a buscarla —me dijo mi mamá—. Las cosas están empeorando día a día. Los jóvenes ya no tienen más oportunidad en este país —continuó—. ¡Por favor, sácala de aquí!

Mientras me dirigía al aeropuerto, mi jefa me llamó. Temía por mi seguridad como periodista internacional viajando a Venezuela. Me hizo prometer no acercarme a las marchas ni publicar ninguna foto o información sobre mi viaje en redes sociales. Fue una tortura, pero tenía que cumplir. Por primera vez en mi carrera no pude informar lo que vi con mis propios ojos. Me sentí como una turista, no como una periodista.

Mi amado país parecía una zona de guerra y no el paraíso tropical que siempre vimos en fotos y películas. Bombas de gas lacrimógeno lanzadas desde helicópteros, vehículos armados sobre los manifestantes, represión brutal. Estaban matando estudiantes casi todos los días. Y yo no podía decir ni una palabra.

Recordé una conocida frase de Maya Angelou: «No hay mayor agonía que llevar dentro de ti una historia sin contar».[6]

Traté de concentrarme en convencer a mi hermana y luego en ayudarla a empacar para no volver.

«¿Qué hago con la copita de plata de mi abuela que tiene mis iniciales? —me preguntó Gra—. ¿O con mi título universitario? Eso sí lo puedo necesitar».

Una vez más, me enfrentaría a la lista de preguntas tristes: ¿Cómo metes toda tu vida en una maleta? Cuando te vas sin un boleto de regreso, ¿qué llevas contigo? ¿Qué dejas atrás?

Ambas éramos privilegiadas, lo sabíamos muy bien. Pero también entendíamos lo que dejábamos: nuestros amigos, nuestros papás, nuestro hogar y el sentido de pertenencia.

Mientras doblaba las camisas de Graciela, pensé en los cientos de familias desesperadas que llegan a la frontera sur de Estados Unidos cada año buscando un futuro mejor. Salen de sus países para salvar sus vidas y las de sus hijos, llenos de esperanza y miedo, a sabiendas de que no son bienvenidos en el país al que quieren llegar.

Nadie pasa por esto a menos que sea absolutamente necesario, pensé. Las personas no dejan todo lo que aman a menos que sus vidas o las de sus familias dependan de ello.

La noche antes de que Graciela y yo nos fuéramos a vivir a Estados Unidos, mis papás vinieron al cuarto y nos encontraron sentadas en el suelo, revisando nuestros viejos álbumes familiares, para decidir cuáles fotos llevarnos. Difícil tarea. Mami había hecho álbumes de fotos para cada año desde 1984. Los habíamos esparcido en el mismo piso donde jugábamos con nuestras muñecas Magic Nursery y leíamos las revisticas de *Tiger Beat* y *Archie Comics* que nos traían del exterior.

Ahora Miami, Florida, iba a ser nuestro destino. Ya era mi base temporal, pero llevar a Graciela me hizo pensar en echar raíces en la capital del sol. Teníamos que hacerlo juntas, como todo en la vida, para que el cambio fuera definitivo.

—Niñitas, recuerden los valores que les hemos enseñado. Traten a los demás como les gustaría ser tratadas —dijo mi mami.

—Recuerden cuidarse mutuamente —agregó mi papi.

Todos nos abrazamos.

Entonces mi mamá metió una postal con una cita escrita en letras grandes que siempre tenía pegada en el corcho de su escritorio. Decía: «Las miro y veo a dos hermanas unidas por algo más que sangre y existencia compartida. Dos hermanas que se darán fuerza y ánimo entre sí a lo largo de la vida. Las miro y veo a dos hermanas, dos hijas encantadoras y me pregunto... ¿qué he entregado al mundo?».

Miami, 2017

Al llegar a Florida, Graciela y yo pusimos todo nuestro empeño en formular un plan para que pudiera quedarse legalmente. Estábamos muy agradecidas con la vida y con nuestros papás, porque no tuvimos que nadar en mar abierto o atravesar la frontera a pie, por el desierto, como tantos otros inmigrantes.

Mi hermana se mudó a vivir con nosotros en Miami. Su pasaporte tenía visa de turista (que solo te permite visitar legalmente Estados Unidos 120 días al año) y debíamos intentar cambiarla por una que le permitiera quedarse más tiempo. Primero preguntamos si era posible que calificara para un asilo por causas de crisis humanitaria en Venezuela.

Busqué todos los contactos en mi teléfono. Organizamos sus documentos y fuimos a la oficina de nuestra congresista en el sur de Florida, en el momento, la republicana Ileana Ros-Lehtinen, quien ya se retiró del cargo.

Tras una breve espera, una ayudante de la congresista nos sacó la carpeta con los números de casos de los venezolanos pidiendo asilo. Nos dijo que los Servicios de Inmigración y Control de Aduanas de Estados Unidos todavía estaban revisando los casos de 2013.

¡Dos mil trece! El retraso era enorme.

¿Qué podría hacer Graciela durante los próximos cinco años?

Seguimos la misma sugerencia que me había funcionado a mí: asegurar una visa como estudiante internacional. Fuimos a la oficina de admisiones de la Universidad de Miami y le rogamos al encargado de las admisiones que considerara su aplicación. Tenía buenas notas, bastante experiencia laboral y buen inglés, pero (siempre hay un pero) quedaban apenas dos días para la fecha límite. Frenéticamente, llenamos las planillas de solicitud. El decano se compadeció de nuestro caso. Fue un alivio cuando nos informaron que Graciela había sido aceptada en el programa de Maestría en Administración de Empresas.

Un título de posgrado en una especialidad distinta al Derecho le brindó la oportunidad de volver a empezar en Estados Unidos, luego de su accidente. Tendría una plataforma académica con herramientas para reinventarse y desarrollar su nueva pasión: el trabajo sin fines de lucro. Y era, además, una manera legal de quedarse en Estados Unidos.

Como mis papás nos lo habían recordado tantas veces antes: «La educación es algo que queda para siempre, nadie puede quitarte lo que tienes en la cabeza».

Una vez más, tuvimos suerte. Por fortuna, teníamos los recursos para pagar una educación y así asegurarnos un futuro.

Mientras cubría las historias de las madres que traían a sus hijos a través de la frontera, percibí en sus voces la misma agonía que escuché en la primera llamada telefónica de mi mamá.

En cada una de esas voces habita la desesperación de quien quiere que sus hijos puedan aspirar a una vida mejor.

La principal diferencia es que esas madres llegan a pie, con toda la carga que esto implica. Es como si ser pobres y haber nacido en un país que enfrenta violencia o miseria extrema los colocara en un círculo del que no pueden escapar.

Para mí, sus historias resultaban familiares. Millones de venezolanos empacan lo que pueden y huyen hacia Colombia, Ecuador, Chile, Panamá o cualquier otro país donde piensen que pueden hallar oportunidades. Lamentablemente, en el camino lo que muchos encuentran es más violencia, corrupción, narcotráfico, abusos y prostitución.

Hay videos en las redes sociales de niñas venezolanas vendiendo sus cuerpos en Cúcuta, en la frontera con Colombia, para poder comer. Muchos activistas y personas comunes que se quedaron y se rebelaron contra el gobierno fueron encarcelados.

Todos mis conocidos tenían un familiar, un hijo o un cónyuge que se estaba yendo. Médicos, abogados y odontólogos comenzando de nuevo en otras tierras como repartidores de mercancía, conductores de Uber y valet parking en los estacionamientos. Pasaban de una «profesión» a un «oficio» sin que eso tenga ningún matiz denigrante, pero sí doloroso.

Semanas después de que Graciela y yo llegáramos a Miami, la violencia en Venezuela me tocó la puerta aún más de cerca.

En esos meses de 2017, las pesadillas de los estudiantes asesinados en las calles y la despiadada represión policial no me dejaban dormir ni pensar en otra cosa. Mi celular y las redes sociales se llenaban con fotos y publicaciones aterradoras todo el día. Me sentía muy mal, pero tenía que trabajar y seguir adelante de alguna manera.

Un día tenía una sesión de fotos para una revista, y para intentar tranquilizarme y hacer lo que necesitaba, decidí poner el teléfono en silencio por un par de horas. El fotógrafo disparaba su cámara. La sesión se me hizo eterna.

Cuando finalmente agarré el celular, la pantalla estaba inundada de llamadas perdidas y mensajes de texto.

Solo recuerdo que un nombre saltaba una y otra vez en la pantalla de mi teléfono: Reinaldo Herrera, mi primer novio, el que me regaló mi primer beso aquella noche de luna y estrellas junto al faro del club de playa.

No lo había visto en al menos diez años, pero sabía por Instagram y por nuestros amigos en común que estaba felizmente casado y que tenía dos niñas hermosas.

Leí las palabras, pero mi cerebro se negó a registrarlas y menos a procesarlas: ¿Qué le pasó a Reinaldo? Los titulares leían: «El sobrino de la diseñadora, Reinaldo... asesinado brutalmente en Venezuela».

Mi primer amor, víctima de la violencia que no había cubierto durante mi visita. Apenas tenía treinta y cuatro años.

Sus asesinos lo habían torturado tanto que los reportes de la policía decían que su rostro era irreconocible. Las autoridades tuvieron que usar pruebas forenses para identificarlo. Sentí náuseas. Encima de todo, los reportes relacionaban a este hombre que yo conocía como noble y amable con negocios turbios y ajustes de cuentas.

Estaba devastada. La gente me estaba enviando mensajes de texto, queriendo saber detalles. Sentí ganas de gritar a todo pulmón para que todos se callaran. Solo necesitaba volver a conectarme con él de alguna manera, para llorarlo. Recordar lo que me había enseñado.

Durante un día entero me senté en el piso de mi casa buscando fotos antiguas de nosotros a los quince, dieciséis y diecisiete. La inocencia y la esperanza en nuestras sonrisas me partieron el corazón. Teníamos la vida por delante y a él se la truncaron.

Luego de terminar nuestra relación cuando éramos adolescentes, nos habíamos distanciado. Me arrepentí de no haber cultivado una amistad con alguien con quien había compartido tanto. No conocerlo más. No conocer a su esposa ni a sus hijas. Me arrepentí de todas las cosas que me perdí y de tantas cosas que no le dije.

Me sobrecogió la sensación de que mi generación, en mi país, estaba en peligro.

Traté de llamar a su madre, que estaba tan afectada que no podía hablar. La hermana mayor de Rey, Corina, me respondió.

—Tú, más que nadie, sabes que era un hombre de valores, amado por tantos, respetuoso, caballeroso y bueno... —me dijo

Corina—. Con esta tragedia, nuestra familia se ha convertido en una estadística más de este régimen, en el que uno de mis hermanos ha abandonado el país y el otro cae víctima de la violencia.

¿Qué podría hacer yo para honrar su memoria?

No encontré otra manera de procesar ese dolor sino volcándome en mi trabajo. Ayudé a NBC News a escribir el artículo sobre su asesinato. Incluí las palabras de la familia.

Meses después, conté la historia de Reinaldo en mi segundo discurso TEDx.

Ante una audiencia abarrotada en Reno, Nevada, hablé sobre su sonrisa, su corazón noble y la injusticia tras su último aliento.

Luego de enviarle el *link* de mi discurso, recibí una respuesta de la mamá de Rey.

—Gracias por honrar su memoria —me dijo. Me preguntó si había encontrado algún recuerdo de su hijo.

Le envié el álbum de fotos que tenía como recuerdo de los años que pasamos juntos. Lo había hecho con tanto esmero a los 16 años. Tenía talonarios de películas, cartas de amor escritas a mano y hasta fotos de cuando él era pequeño. Ese día recordé con profundo sentimiento al maravilloso ser humano que selló con sus labios, mi primer beso.

—Gracias desde el fondo de mi corazón —respondió ella—. Es así como quiero recordarlo.

Era otra madre que debía enfrentarse a la separación de un hijo, pero esta vez con un adiós definitivo.

Comparaba su dolor con la indiferencia de muchos acerca de lo que se vive en mi país, y el contraste es tan fuerte que resulta desgarrador.

Pase lo que pase, prometí ante la memoria de Rey, que iba a hacer todo lo que estuviese en mis manos para que a la gente le importara cualquier situación que tuviera que cubrir. Voy a contar cada historia con la fuerza y la pasión con la que quiero que mis colegas cubran las noticias de mi país. Voy a reportar cada historia como si fuera mía, como si fuera la de Reinaldo, utilizando todas las herramientas a mi disposición para iluminar los lugares donde reina la oscuridad.

Frontera entre Estados Unidos y México, 2018

—Mamiiiii…

El rostro de la niña que gritaba no era conocido, pero su voz se había vuelto inolvidable.

Las súplicas de Alison Valencia Madrid, una niñita salvadoreña de seis años, que fue separada de su madre cuando cruzaba la frontera, habían resonado en toda la unión americana.

—¿Puedo al menos ir con mi tía? Quiero que venga— rogaba la niña.

Su pedido se prolongaba hasta convertirse en agonía. Era una de diez niños custodiados por agentes de inmigración estadounidenses, en uno de sus centros de detención.

El caso fue noticia mundial porque fue grabada mientras recitaba de memoria el número de teléfono de su tía.

—Mamiiii… Papá… —sus conmovedores gemidos partían todo corazón.

El medio de una investigación acerca de lo que sucede en esos centros, con los menores, la organización sin fines de lucro ProPublica, sacó a la luz la grabación del llanto de estos niños que habían sido separados de sus padres el 18 de junio de 2018.[7]

Los miembros del consulado salvadoreño pudieron localizar a la tía de Alison, quien confirmó la identidad de la niña. Las fotos de Alison y su madre circularon de inmediato, haciendo realidad para muchos estadounidenses la política de separación de familias a manos del gobierno del presidente Trump.

El llanto de auxilio de Alison le puso rostro a la crisis. Hizo que la gente saliera de su zona de confort y se interesara.

Un mes y medio antes, la llamada «política de cero tolerancia» había sido anunciada por el entonces fiscal general, Jeff Sessions. En mayo de 2018 dijo que los padres que cruzaran la frontera sin autorización serían encarcelados y separados de sus hijos. El objetivo era disuadir a los inmigrantes de atravesar la frontera sur en busca de refugio.

«Si no les gusta eso, no traigan ilegalmente a sus hijos por la frontera», dijo Sessions de manera tajante durante una conferencia de prensa.[8]

Más de 2.700 niños fueron separados de sus padres en ese mes y medio; 101 de ellos tenían menos de cinco años, según documentos oficiales obtenidos por NBC News.

En junio de 2018 estuve junto a nuestro equipo de NBC en un tribunal federal en McAllen, Texas, donde vi a cientos de padres inmigrantes con cadenas, luego de que les habían quitado a sus hijos. Provenían en su mayoría de Centroamérica y las autoridades registraban su entrada sin documentos como el primer delito que cometían en Estados Unidos.

Le dijeron al juez que estaban huyendo para poder salvar sus vidas. El juez tardaba alrededor de un minuto y medio con cada caso. Noventa segundos, era lo que se tomaba para decidir sus destinos.

«Es como si el gobierno de Estados Unidos secuestrara a tu hijo», me dijo un padre llamado Ramón.

No pudimos grabar adentro, porque no se permitía llevar cámaras a la corte. Me quedé en la parte de atrás de aquel cuarto, mirando sus ojos y sus gestos. El miedo, la confusión y la desesperación eran evidentes. Muchos aún llevaban la misma ropa con la que habían cruzado la frontera. Se notaba que ni siquiera se habían podido bañar, pues lucían sucios, con los zapatos sin cordones y las suelas gastadas de tanto caminar. Cada vez que uno de ellos cerraba los ojos o se encorvaba, el guardia de seguridad de la corte los empujaba por detrás.

Pero lo peor era ver la tristeza que reflejaban sus ojos. A la mayoría les habían arrebatado de los brazos a sus hijos.

Como inmigrante, entendí cómo esto nos deshumanizaba a todos.

El efecto en los niños era aún más traumático.

Al otro lado de la calle, en McAllen, en un refugio local de Caridades Católicas administrado por la hermana Norma Pimentel (un auténtico ángel que había tomado como misión de vida ayudar a estas familias) se encontraban cientos de niños con sus padres. Habían sido detenidos por cruzar la frontera y separados por períodos cortos. Liberados y reunificados, acudían desesperados a la hermana Norma para que les diera un plato de comida caliente, y artículos de primera necesidad. Ella también los ayudaba a conseguir los pasajes en autobuses para que se trasladaran a los diversos lugares donde se podían reunir con sus parientes en Estados Unidos. Otros preferían conseguir algún trabajo temporal, antes de tener que presentarse en la corte de inmigración.

Me senté con Cristina, una madre de El Salvador y sus dos hijos, Robert, de diez años, y Aracely, de dieciséis. Los grabé para MSNBC, traduciendo en vivo su trauma del español al inglés.[9]

—Piensas que todo terminará cuando llegues allí —dijo Cristina, refiriéndose al horror del que huían en su país—, pero una vez que te detienen aquí, comienza la parte más dolorosa del viaje. Se llevaron a mi hijo pequeño. Lo pusieron en una celda —añadió.

Robert, el niño de diez años, continuó: —Le pregunté al guardia por qué. ¿Cuándo volveré a ver a mi mamá? No hubo respuesta.

Él contó sobre cómo las pandillas en su país natal habían tratado de reclutarlo en la escuela, amenazando con matar a su madre y a su hermana si no obedecía.

A los diez años e incluso más pequeños, estos niños se encuentran en situaciones muy difíciles.

¿Quién no está dispuesto a hacer lo que sea necesario para salvar a su familia?

Tani, un niño de seis años, describió las condiciones dentro de las instalaciones del gobierno. «Había mucho frío. Había alambres. Dormía en el suelo sobre una manta de papel de aluminio. Lloramos todo el tiempo allí».

Las habitaciones son tan frías que los migrantes las llamaban la hielera o «el congelador».

Jaulas metálicas bautizadas como «la perrera».

Lo que empeoraba el aislamiento es que algunos de estos niños ni siquiera hablaban español; se comunicaban en lenguas indígenas.

Historia tras historia revelaron las secuelas que a largo plazo provocan estas separaciones. Algunos niños enfrentaron el abuso, la intimidación y el temor de no saber nada sobre el paradero de sus padres. Cuando se les pedía que describieran lo sucedido, muchos empezaban a temblar hasta el punto que mi camarógrafo, Joe Vásquez, me pidió que detuviera temporalmente algunas entrevistas.

Mientras los padres eran procesados en la corte, los niños eran despachados a instalaciones en ciudades tan lejanas como Los Ángeles, Nueva York y Florida.

Y los menores seguían llegando.

Una semana después, cruzamos la frontera a Reynosa, México, para ver si la política de separación de niños lograba detener a las familias migrantes.

Descubrimos que no logra su propósito.

En un refugio, al menos media docena de niños y sus padres esperaban para cruzar a Estados Unidos. Habían viajado por más de un mes para llegar allí y muchos habían sido golpeados, extorsionados e incluso violados por contrabandistas en el camino. Pero explicaban que la violencia en Centroamérica era tan prevalente y de tal magnitud, que no tenían otra opción.

«Las pandillas nos dijeron que teníamos dieciocho horas para salir del país —me dijo Jairo, de seis años de edad, mientras esperaba para cruzar la frontera desde México—. Si no fuera por ellos, no estaríamos aquí —añadió, y luego confesó que las pandillas (las «maras») habían incendiado su mochila y mataron a su tío frente a él.

Su relato me recordó a los que escuché en la frontera entre Siria y el Líbano, donde conocí a decenas de niños que huyen de la guerra en el Medio Oriente. Esto era lo mismo.

Me propuse mostrar todos los lados de esta historia. Grabamos a la patrulla fronteriza en Laredo, Texas, para ver con qué lidiaban, casi un mes después de que se anunciara la política de separación de niños. Muchos de los agentes estaban angustiados.

—También somos padres, hermanos y seres humanos —me dijo el agente Gabriel Acosta. Me explicó que consideraban como los verdaderos enemigos a los contrabandistas y los cárteles, esos que les cobran a los migrantes de América Central un promedio de diez mil dólares para llevarlos a la frontera—. Estos niños son vistos como productos, los dejan morir en el desierto —agregó Acosta en el noticiero estelar NBC Nightly News—. Y a diferencia de las drogas o las armas ilegales, la gente es el único «producto» que enviamos de vuelta a través de la frontera para ser traficado una y otra vez.[10]

Lo peor es que, cuando los traficantes son atrapados, las sanciones son prácticamente nulas en comparación con el castigo que recibirían por el tráfico ilegal de drogas. Como resultado, muchos prefieren contrabandear personas. Es una industria en auge.

Algo tenía que pasar para que se termine ese círculo vicioso.

«¡¿Dónde están los niños?! ¡¿Dónde están los más pequeños?!», protestaban los manifestantes frente a un viejo almacén convertido en centro de procesamiento en McAllen, casi un mes después de nuestra llegada a la frontera, a pocos días de que saliera a luz pública el devastador audio de ProPublica.

Se desataron en todo el país manifestaciones que condenaban la política. Nos propusimos cubrirlas a lo largo de la costa oeste.

Esta crisis fue más allá de la comunidad latina.

Nunca había recibido tanto apoyo de personas de todas las edades y grupos sociales por cubrir una historia. Afroamericanos, personas de raza blanca, asiático-americanos se acercaban para agradecer nuestros informes; muchos gritaban: «¿Dónde están los niños?» y «¡No criminalicen a los inmigrantes!».

Incluso escuché: «¡Es Mariana, la de la televisión, con sus zarcillos grandes!». Una docena de mujeres me pidieron un *selfie* cuando comenzaban a reunirse para la marcha de «Mantengan a las familias juntas» en Los Ángeles, el 30 de junio.

Varias de ellas también habían caminado en la Marcha de las Mujeres a principios de año, pero en realidad nunca habían salido a protestar por un tema como la inmigración. Hasta ese día. «Meter a los niños en jaulas es una crueldad. No podemos apoyar eso», me dijo una, refiriéndose al presidente Trump.

También vi a muchas familias, como Chris Martínez y su esposo, que son hispanos de primera generación, y marchaban con su hija de dos años, Olivia.

Chris, tratando de aguantar el llanto, me dijo: «Estoy aquí porque soy madre y me parte el corazón que a algunas mamás les quiten sus hijos sin ninguna razón».

Ver niños, incluyendo bebés de apenas dos o tres meses de edad, separados de sus padres, simplemente porque se atrevieron a venir y buscar asilo como refugiados, era una realidad para la que nadie en este país, estaba preparado, ni siquiera muchos que habían apoyado al presidente Trump y tenían puntos de vista totalmente en contra de los indocumentados.

La presión de la opinión pública fue demasiada para la administración. El 20 de junio de 2018, Trump revirtió el curso de las cosas y firmó una orden ejecutiva que revocaba de manera oficial la política de separación familiar. Lamentablemente aún quedan padres e hijos afectados que no se han podido reunificar, como hemos seguido denunciando.

Los medios de comunicación se habían podido concentrar sobre una historia que de otra manera no habría recibido mucha atención. Fue uno de esos casos en los que ves de forma inmediata los frutos de tu trabajo como periodista. El poder de darles una voz a los desprotegidos.

Sin embargo, nuestra información era vital y no podíamos bajar la guardia. Separar a las familias era fácil. Juntarlas de nuevo resultó mucho más complicado.

El equipo de NBC, con reporteros aguerridos y persistentes como Jacob Soboroff, se mantuvo en la frontera por meses. Presentamos informes de niños que fueron devueltos en condiciones lamentables, sucios y llenos de piojos. Algunos decían haber sufrido abusos físicos y sexuales, algo que se sigue investigando a fondo. Sus padres declararon que sus personalidades habían cambiado por completo.

En todo el país, de un aeropuerto a otro, de Chicago a Los Ángeles, y de la Florida a Houston, fui testigo de reunificaciones donde los niños evitaban a sus padres. Desorientados. Vacilantes.

Se notaba que sentirse abandonados les había quebrantado el espíritu.

Una madre, Raquel, fue separada de sus dos hijos. Christopher, de trece años, y Yeremi, de nueve. Yeremi tiene un grado de autismo y fue retenido en un lugar diferente al de su hermano mayor. Ella me contó los reclamos que le hacían los niños, que no podían entender porqué seguían prácticamente presos. «Cada semana me preguntaban: «¿Cuándo vendrás a buscarnos? ¿Por qué no te esfuerzas más, mamá? Ya no nos quieres»».

Después de tres meses de separación, Raquel se reunió con sus dos hijos y vive con sus padres en Los Ángeles. Su primera cita en la corte estaba pautada para principios de 2019.

En el último mes de cobertura, julio de 2018, me fui al centro de detención de Puerto Isabel, en Texas, donde hay padres que permanecen encarcelados. Santos Sacul Chocó, una madre de treinta y dos años, oriunda de Guatemala, separada de su hijo de catorce años, Carlos Enrique, me miraba desesperada a través de una ventana de vidrio grueso.

Allí tampoco se permiten cámaras ni celulares. Cuando le pregunté qué quería decirle a los que vieran mi reportaje, se aferró a un teléfono negro parecido al de las prisiones y me dijo llorando: «Que no nos olviden».

Santos representa a cientos de padres separados. Incluyo su historia aquí para que no los olvidemos.

Al final de nuestra cobertura, pude hablar con Alison, la niña salvadoreña de seis años cuyo audio filtrado ayudó a cambiar la marea en la crisis fronteriza, y con su madre, Cindi Madrid, unas pocas horas después de su reunificación.

Le pregunté a Alison cuál era su mensaje para aquellos niños que todavía estaban separados de sus padres. «Sigan luchando, sean fuertes; pronto estarán con sus padres —dijo, sosteniendo una muñeca—. Tengan fe».

Luego de todo lo que le sucedió, esta niña tenía la capacidad para animar a los demás. Fue la misma fe que la hizo hablar y recitar el número de teléfono de su tía, cambiando el curso de esta historia.

No pude evitar pensar que millones de personas en mi propio país, incluidas mi hermana y yo, habían comenzado a huir de la violencia y de la crisis en avión, en barco e incluso a pie.

En todos estos casos, la única opción había sido actuar: hacer algo, cualquier cosa, para salvarse.

El expresidente republicano Ronald Reagan (quien legalizó la situación de millones de centroamericanos durante su mandato) solía llamar a Estados Unidos «una ciudad de luces sobre una montaña». Esa es una declaración de liderazgo, porque para los inmigrantes, que nacimos al otro lado de la montaña, todavía es una ciudad iluminada de esperanza.

Las luces brillantes de esta ciudad nos dan la certeza de que la democracia, un mejor hoy y un mañana promisorio, son posibles. No importa cuán terribles se vuelvan las circunstancias, todavía se puede ver la luz a través de los ojos de los niños. A medida que enfrentamos esta crisis, siento que lo único que podemos hacer es lo que dijo Alison: «Sigan luchando y sean fuertes. Tengan fe».

#Go like Mariana: A veces podemos olvidar que los titulares en las noticias son sobre personas como tú y como yo. Recordemos que cualquier cosa nos puede suceder. Cuando algo repentino toque a tu puerta, ¿cómo quisieras que te traten?

Un millón de *likes* para ti

Washington D. C., marzo de 2018

Mi pasión y mi compromiso por el periodismo me han llevado a buscar nuevas formas de contar historias en inglés y en español, siempre intentando ayudar a la gente. Y no solo a través de los medios tradicionales. Con la revolución de la tecnología digital, también he recurrido a las plataformas de redes sociales y a cada nueva herramienta de comunicación que me permite llegar a más personas. Cumpliendo la misión de convertirme en puente humano para conectar e informar uso Facebook, Instagram, Twitter, YouTube, para nombrar algunas. Por eso, muchos de mis compañeros me consideran una *Influencer*. Pero yo no me creo tal. Simplemente he aprovechado esta apertura de los medios para poner el corazón en la mano y que el mensaje que llevo esté profundamente enraizado en mi propia historia. Estoy convencida de que esa es la mejor manera de compartir ideas y sentimientos positivos.

«¡Hola, mi gente!» es mi frase de saludo a casi medio millón de personas en mis redes sociales. Cuando estoy en una cobertura con Peter Shaw, mi productor, me mira con cara de hermano regañón o hace señas para que acorte mis intervenciones. Yo me hago la loca y sigo publicando. «Estamos en la protesta de la Marcha por Nuestras Vidas contra la violencia provocada por armas. Cuéntame si marchas hoy y por qué lo haces».

Ese sábado de marzo hacía un frío que calaba los huesos, mientras miles de estudiantes de secundaria y sus familias protestaban en Washington, D. C. exigiendo una reforma a la ley de tenencia de armas de fuego, luego del tiroteo ocurrido en una escuela de Parkland, Florida, el 14 de febrero de 2018, donde, de manera absurda, fallecieron diecisiete estudiantes, niños que apenas empezaban a conocer del mundo.

No habían pasado 30 minutos después de publicar mis videos, cuando empecé a recibir miles de *likes*, cientos de comentarios y mensajes directos de personas de todo el país y del mundo. Esta inmediatez e interacción me conmueve y me anima a seguir ampliando esta red de amigos que, cuando se usa para el bien, crea contactos que pueden hasta salvar vidas.

Quiero estar lo más cerca posible de quienes deciden participar de mis aventuras, no los considero «seguidores»; son parte de mi comunidad y trato de relacionarme directamente con ellos cuando tengo unos minutos de tranquilidad. Debo decir que, en muchas ocasiones, mi comunidad de Internet me avisa de esas historias locales que llevamos al aire o me ofrece ángulos que no había considerado acerca de un debate nacional. Es una enciclopedia viva, repleta de experiencias, sabiduría y en general, buena voluntad.

Todo buen reportero de calle de la vieja escuela sabe que, cuando te lanzas a cubrir una historia, lo mejor es hablar con la gente común, los taxistas, los valet parking o los empleados de los restaurantes, porque ellos ven cosas que a veces la persona afectada en el caso que estás investigando no percibe y lo que probablemente no te dirá un vocero oficial ni el funcionario que representa a una institución. Para mí, interactuar en las redes, con «mi gente» es lo mismo, solo que en modo digital. Me esfuerzo en usar un lenguaje amable y respetuoso, para generar confianza.

Las redes sociales permiten un acceso sin filtro y tras bastidores a las noticias. Allí, si sabes buscar con cuidado y evalúas la veracidad de los datos aparece información valiosa. Eso me ha llevado a agregar un valor diferente a lo que reporto y a no repetir como autómata lo que ya se publicó. Es como levantar una cortina y descubrir la realidad de manera informal, sin la rigidez que por años han cultivado los medios tradicionales. Para mí el proceso de «traducir» el lenguaje cotidiano de redes sociales para llevarlo a la estructura que dicta la televisión, o hacer lo opuesto, presentar el contenido con un estilo más personalizado en las redes es un aprendizaje constante.

Siguiendo esa intuición que me lleva a encontrar algo único y original para mis reportajes, el día de la marcha, en lugar de ubicarnos frente al edificio del Capitolio para grabar las protestas, como es habitual, Peter y yo decidimos transmitir en vivo uniéndonos a un grupo de estudiantes de secundaria que venía desde Kentucky para participar en la marcha en Washington. Nos dieron espacio dentro de su camioneta y lo que logramos descubrir junto a estas mentes jóvenes y curiosas, es lo conscientes que están de los temas que impactan al mundo en que les está tocando crecer y que no tienen miedo de tomar acción para corregir el curso para escribir la historia en sus propias palabras.

Cuando me subí con los chamos, el olor a Doritos de queso me llevó de regreso a Venezuela; recordé nuestras protestas, nuestra juventud y energía y, también, la adicción a la comida chatarra. Es admirable lo energéticos y comprometidos que pueden ser los jóvenes cuando se unen por una causa y se alimentan de frituras, bolsitas de bajo contenido nutricional y gaseosas.

Contacté a estos adolescentes y sus acompañantes a través de mis redes sociales luego de leer un artículo local de Kentucky. Sin ellos, encontrar una caravana de cuarenta niños que cruzaban el país habría sido como pretender hallar la mítica aguja en un pajar.

Las redes no son solo una de las mejores herramientas para recopilar noticias. También nos ayudan a desarrollar ideas, encontrar inspiración y personajes para las historias, y le permiten ver a tu audiencia lo que estás haciendo, lo que los motiva a enviarte información relacionada a ese u otros temas que pueden ser de tu interés. Es un laboratorio colaborativo de creatividad, lo que en inglés llaman *think tank* gratuito. No hay nadie demasiado grande o demasiado pequeño para esta nueva ola de comunicación. A medida que los individuos organizan y personalizan sus plataformas, se hace evidente que este es un fenómeno que nos abarca a todos en el planeta y hay que ir de la mano de él, cuidando su buen uso.

Mientras transmitíamos por cable y salía en vivo, los estudiantes también lo hacían en sus propias plataformas, creando un efecto dominó de cobertura directa que no se puede obtener a través de los medios convencionales. Fue ganancia por punta y punta, pues en redes les decían a sus amigos que vieran la cobertura en televisión.

La generación actual tiene un acceso al resto del mundo sin precedentes. Es como si cada uno tuviese su propia estación de radio y televisión, su propio medio impreso y su propia página de promoción personal, más completa que cualquier hoja de vida o currículum vitae del siglo pasado.

Los jóvenes de Parkland lograron captar atención nacional y se organizaron gracias a las redes sociales en cuestión de días. Luego del tiroteo, Emma González, una de las principales voceras de la escuela secundaria Marjory Stoneman Douglas en Florida, acumuló casi un millón de seguidores en Twitter en apenas una semana.

Una vez que llegamos al Capitolio, los estudiantes marcharon y se unieron a muchos otros activistas pidiendo más control de armas en Estados Unidos.

Hablé con Nicole Hockley, una madre que perdió a su hijo de seis años, Dylan, en el trágico suceso en 2012 en la escuela primaria Sandy Hook en Newtown, Connecticut, donde Adam Lanza, un joven de tan solo 20 años, mató a veinte niños y seis maestros. Me comentó que, desde entonces, los padres formaron la asociación Sandy Hook Promise, actualmente dirigida por ella. A través de su organización, han proporcionado programas, capacitación y defensa para más de 5,5 millones de padres, estudiantes y líderes de la comunidad.

«Si hubiéramos tenido las redes sociales en ese momento, tal vez hubiésemos tenido una mejor oportunidad de lograr que el Congreso actuara», dijo bastante conmovida, pero animada.

Parkland fue el tiroteo escolar más letal desde Sandy Hook, que ocurrió seis años antes, pero la manera de informar y movilizar a la gente ha cambiado muchísimo. Los grandes canales de televisión ya no son los dueños absolutos de los medios de comunicación. Facebook, Twitter, Instagram, Snapchat y muchas otras plataformas se han convertido en factores de cambio, utilizados por millones de personas que han perdido interés en los medios convencionales.

En ese mar de voces, ideas y planteamientos de las redes sociales ¿cómo encuentras los tuyos? ¿Cómo te destacas? ¿Cómo ayudas a la gente? Mi consejo: usando tolerancia, respeto, constancia y autenticidad.

A pesar de transmitir y publicar en los dos idiomas, mi saludo es y será siempre en español: «Hola, mi gente», salpicado a partir de ahí de un *Spanglish*, porque es fiel a quien soy, tanto a mis raíces, como al país que me ha permitido crecer. Y aunque esporádicamente alguien me critica, la gran mayoría de las respuestas que recibo me llenan de cariño y motivación para seguir explorando esta identidad de puente intercultural, intergeneracional y todas las mezclas que la vida siga añadiendo.

«Muchas gracias por esto. Ahora sé que puedo hacerlo y no tener pena», me escribió un joven latinoamericano que no se atrevía a publicar cosas en inglés porque sentía que su acento era muy marcado.

Si bien a menudo me he sentido frustrada con los medios tradicionales por no permitir mayor variedad en la información, las redes me dan un respiro, porque me permiten mostrar todos los aspectos de mi personalidad. Mis temores, mis sueños y mis imperfecciones. Todos tenemos nuestras fallas, y quisiéramos esconderlas. Pero no tienes que ser perfecto, sino perfectamente tú.

Al ser auténticos, al ser nosotros mismos, estamos ampliando los límites de lo que es aceptable, sobre todo para los jóvenes.

«Hola, mi gente», que tal vez fue un poco chocante para mis colegas anglos al principio, ahora se volvió tan popular, que muchos de ellos han empezado a decir «mi gente» y hasta me pidieron que cerrara la campaña de NBC para el Mes de la Herencia Hispana con esa frase.

Luego añadí «Pa'lante. ¡Vamos!».

Las redes sociales requieren una dedicación especial porque puedes comunicarte a través de ellas las 24 horas del día y se convierten en una forma de autoexpresión que te expone a las opiniones favorables o nocivas de quien quiera entrar a tus páginas. Hay que ser cuidadosos y, repito por milésima vez, ser auténticos. ¿Qué ganaría pretendiendo dar consejos de cocina si apenas sé cocinar? Poner una versión falsa de nosotros, basada en lo que es popular, sería contraproducente, pues tus redes sociales quedarán archivadas por siempre, aún si intentas borrarlas, un experto puede rescatar lo que quieras desaparecer. Ten eso en cuenta al momento de hacer una publicación. Te gustaría que tus hijos o nietos vieran lo que hacías o decías cuando tenías 15 o 20 años. Piénsalo bien.

Caso en cuestión: hace unos años hice un tutorial de maquillaje porque es lo que hacen muchas blogueras y generan miles de *likes*.

Pero en realidad no soy tan fanática del maquillaje. Me hago algo muy básico y estoy lista para mis reportajes en cinco minutos.

Aun así, grabé un tutorial de maquillaje para «ojos esfumados». Se veía tan forzado que ni siquiera lo coloqué en un *post*. No era yo. ¿Y qué tal si se hubiera vuelto viral? Probablemente habría sentido la presión de seguir haciendo algo que no me resultaba natural. Como obligarte a llevar a cuestas un personaje que no quieres interpretar.

Es mucho más leal con el público mostrarte tal y como eres.

Pero ojo a esta advertencia. Esa lección que todos aprendimos en la escuela es cierta: exponer tu verdadero yo también te hace vulnerable y un blanco fácil para las críticas.

Houston, 2017

Estaba de pie bajo la lluvia en las afueras del Hospital Metodista de Houston, cubriendo una de las muchas hospitalizaciones del fallecido presidente George H. W. Bush, cuando recibí un mensaje de una amiga.

—¿Estás sentada? —preguntó ella.

Nada bueno suele venir después de esa pregunta, pensé. Esperé a salir del aire para responder.

Era mi amiga Verónica Ruiz del Vizo, una de las personas más creativas y queridas que conozco. Aparte de ser mi amiga, Vero también es mi gurú de las redes sociales (una parte integral de mi *team* de apoyo).

—Alguien acaba de publicar un artículo nefasto sobre ti —dijo.

«Mariana Atencio de MSNBC: Rica, bella, famosa y una víctima», leía el titular.

Sentí una puñalada en la espalda. Inhala. Exhala fuerte. Cuenta hasta cien. Sí señora, necesitaba sentarme para esto.

Seguido a tan desagradable titular, un extenso artículo en un blog de extrema derecha recitaba una ácida crítica a todo lo que hago, desde mis publicaciones en redes sociales sobre la comunidad hispana, el hecho de llevar mi bandera de latina con la intensidad que muestro, hasta reproches por la línea editorial «izquierdista» de MSNBC y Univisión. Incluso denigraba a mi esposo y a mis abuelos. No pude evitar tomármelo a pecho. Estaban destrozando mi trabajo y la honra de mi familia. Debían darme siquiera derecho a réplica porque no me contactaron para escribir el artículo.

Uno de los principales ataques del autor se concentraba en mi apariencia. Me llamó «latina de piel clara» como si fuese un insulto y cuestionaba por qué no me parezco a muchos de los «inmigrantes ilegales que inundan la frontera sur de Estados Unidos». ¿Otra vez la misma tontería? ¿En serio? Se cansa una de explicar que hay latinos de todas las etnias. No nos pueden poner una gran etiqueta para clasificarnos como si fuéramos un producto de supermercado.

Sin embargo, mi primera reacción fue preguntarme: «¿Qué hice mal? ¿En qué ofendí a esta persona?».

—Esa es exactamente la forma en que reacciona por regla general una mujer —me dijo Verónica—. En lugar de ignorarlo, te preocupa cómo el color de *tu* piel y *tus* orígenes, cosas sobre las que no tienes ningún control, pudieron ofender a un hombre que ni te conoce.

Las mujeres nos preocupamos mucho cuando somos criticadas. *¿Qué hice yo para merecer esto?*, pensamos de inmediato.

—Seguramente este señor no habría escrito lo mismo sobre un periodista hombre, porque quedaría en ridículo hablando tan detalladamente de su físico —Verónica dio en el clavo—. Debes mantenerte fiel a ti misma en las redes sociales y en la televisión, no solo por ti, sino también por las mujeres jóvenes que son atacadas así todo el tiempo —concluyó.

Aunque intenté ignorar el escrito y no había comentado al respecto hasta ahora, ella tenía razón. Hay que aprender a tomar los comentarios de parte de quien vienen y a crear defensas intelectuales y emocionales que te permitan ponerlos a un lado y no dejar que te afecten. Como quien desarrolla inmunidad contra una enfermedad. Y eso es el odio, un cáncer maligno que consume todo lo que toca.

Así como un amigo te convence de escuchar una nueva canción o de que viajes a su ciudad favorita, Vero me presentó el poder positivo de las redes sociales.

Vero fue mamá muy joven, y además tuvo que luchar por salir adelante en Venezuela, tras la trágica muerte de su madre, cuando ella tenía apenas diecisiete años. No era una persona a la que pudieras imaginar creando un imperio de redes sociales.

Pero lo hizo.

Tenía una pequeña revista de música y comenzó a promocionar su contenido en Facebook en 2004, el primer año de la compañía.

Para que imaginen lo bien que lo hizo solo deben saber que Pepsi le compró un espacio publicitario en Internet porque su revista era de las preferidas entre los músicos más *cool* de Suramérica.

Ella vio una oportunidad y convirtió esa revista en una nueva empresa, Mashup Interactive Agency. Once años después, representa a 45 marcas multinacionales en las redes sociales, cuenta con 115 empleados y tiene oficinas en Nueva York, Miami, Colombia y Panamá. Todo esto mientras es una madre increíble para su hija de diez años, Charlotte.

Cada vez que estoy a punto de lanzar algo en las redes sociales, Verónica me recuerda estos puntos importantes:

- ¿Cuál es tu objetivo?
- ¿Quién es tu audiencia?
- ¿Qué falta? Mira lo que están haciendo tus competidores; no los copies, cubre lo que falta.
- El contenido es lo más importante. Las fotos vacías y sin sustancia no te llevarán muy lejos.
- Interactúa con tu comunidad.
- Pero también adapta y adáptate. Ni siquiera Lele Pons lo hizo todo bien la primera vez. Todo es ensayo y error, una conversación o (como descubro una y otra vez) un experimento sociológico.

Vero no ha tenido mucho acceso a los medios de comunicación tradicionales, pero ha sido fundamental en enseñarme a desarrollar todo lo que hago en las redes sociales y en particular cuando hay oportunidades para ayudar y capacitar a otros.

Cuando los estudiantes de la Universidad de Reno en Nevada me eligieron para dar mi primera charla TEDx, lo hicieron porque querían escuchar oradores más diversos. Pero los boletos costaban alrededor de cien dólares. Llamé a Verónica.

—No me parece justo —le dije—. Estos jóvenes quieren escucharme y será muy difícil para ellos asistir con esos precios.

—¿Por qué no le pides a la gente de TEDx que regale algunas entradas a tu nombre cuando las personas interactúen con el evento y el contenido en las redes sociales? —sugirió—. Todos saldrán ganando.

El título de mi charla fue «¿Qué te hace especial?». Como el mensaje se centró en aceptar nuestras diferencias, lanzamos una campaña viral para instar a las personas a celebrar lo que las hace únicas. Tenían que publicar una foto de ellos haciendo el signo de la paz y usando los *hashtags* #Humanista, #GoLikeMariana y #TedxUNR.

La respuesta fue abrumadora. Los encargados de TEDx seleccionaron a cinco ganadores para que fueran mis invitados personales. Conocerlos hizo que la experiencia fuera mucho más interesante y enriquecedora.

De hecho, los organizadores convirtieron «¿Qué te hace especial?» en el lema de toda la conferencia de 2017. Cada invitado recibía en la puerta de entrada una etiqueta para colocar su nombre con espacios en blanco que decían:

Mi nombre es _____.

Lo que me hace especial es _____.

Leer los comentarios y las reacciones de las personas, celebrando lo que los hace diferentes, abriendo su corazón y atreviéndose a hablar sobre cómo se habían sentido juzgados por su apariencia, sobre cómo superaron los estereotipos y cómo se aferraron a ser ellos mismos, fue la mejor manera de recuperarme de aquel artículo que un perfecto desconocido había escrito sobre mí.

Al momento de escribir esto, mi Charla TEDx, «¿Qué te hace especial?», tiene más de ocho millones de visitas y ha sido traducida a ocho idiomas.[1]

Son montones de mensajes de texto, correos electrónicos y mensajes directos de personas del mundo entero, los que me llegan semanalmente. Recuerdo entre muchos a Patrick Mugabo de Rwanda Kigali, Dana Marie de San Diego, Ma Soudou de Marruecos, Eddie Sandoval de Wichita y Sophia Yun, de once años de edad, de Corea, contándome cómo también ellos se han sentido diferentes en algún momento. Mi historia de vida y mi mensaje les ayudaron a aceptarse.

Aquí les comparto el correo electrónico de Sophia, que guardo entre mis archivos más preciados.

Estimada modelo a seguir:

¡Hola! Realmente espero que leas este correo, pero sé que hay pocas probabilidades de que lo hagas. Soy una niña de once años que te escribe desde Corea.

¡Tú eres mi modelo a seguir!

Mis amigos tienen modelos que son celebridades y famosos, pero los míos son tú, y también otras personas.

Hace algunos meses vi tu charla TED «¿Qué te hace especial?».

¡Simplemente me encantó! Así que la compartí con mi familia y a ellos también les gustó.

Estuve de acuerdo en las cosas que dices, por mi propia experiencia. Me trasladé a una escuela internacional en Tailandia a pesar de nunca haber conocido a un extranjero.

Ahora he aprendido mucho de mi experiencia y de mí misma. Soy una estudiante internacional en Corea.

Me encanta ver las charlas TED. Allí encuentro mucho que aprender y es la forma en que disfruto mi tiempo libre. Para mí, lo más conmovedor que dijiste en el video es: «Cuando eres diferente tienes que hacer un esfuerzo para encajar en tu entorno».

Me encanta tu lección de vida y estoy segura de que cambió la perspectiva de muchas personas en el mundo.

Bueno, solo quería que supieras que eres un modelo a seguir para una niña de once años que vive al otro lado del océano.

Vi tu video cuatro veces y lo volveré a ver.

Muchas gracias por dar tan hermoso discurso y por cambiar el mundo de manera pacífica.

Tú eres increíble. Estaré agradecida si lees esto y me sentiré muy feliz.

Sinceramente,

Sophia K.

Clase de 2024

No hay duda, la campaña de las redes sociales permitió que este mensaje extendiera sus alas y cruzara el mar. No porque lo forzáramos sino porque el contenido era genuino. Todo vino de forma natural. Al ser nosotros mismos, podemos conectarnos con personas que verdaderamente encuentran valor en nuestra identidad. Es mucho mejor que perseguir el estatus del personaje de moda.

Esto me lleva a mi último punto y, probablemente, el más importante: ¿Cómo ir más allá de los codiciados millones de *likes* y realmente ayudar a las personas a usar las redes sociales?

El potencial es infinito. Hacerlo es distinto a establecer una presencia en internet, pero las preguntas principales son las mismas: ¿Cuál es tu meta? ¿Cuál es tu objetivo? ¿Cómo quieres ayudar a tu audiencia? ¿Qué falta?

Me preparaba para presentar la Gala del Museo de Artes del Bronx, en Nueva York, cuando Verónica me llamó bastante preocupada.

—Veo que hay efectos fuertes alrededor del movimiento #MeToo [Yo también] y que las mujeres necesitan empoderamiento en muchas partes del mundo —expresó—. Vamos a hacer algo al respecto.

—¡De una! Me apunto —respondí sin dudar un instante.

Verónica y nuestro amigo Maickel Melamed, mentor de negocios, orador motivacional y atleta que superó las barreras de una condición física debilitante, son fuente de inspiración para mí y para millones. Ambos reunieron a un grupo de *influencers* y expertos en diferentes temas (un psicólogo, una mamá bloguera, una profesional en marketing, una actriz, esta servidora, entre otros) para ayudar. La idea era lanzar un sitio educativo en el que todos compartiéramos conocimientos y experiencias a través de cursos electrónicos, muchos de los cuales se podían descargar de forma gratuita. Discutimos sobre cómo lidiar con el acoso sexual (la misma Vero confesó haber sido una víctima) y cómo empoderar a las mujeres en todos los rincones del mundo. Difundiríamos y proporcionaríamos el contenido a través de las redes sociales.

Ese mismo mes, en el Día Internacional de la Mujer, nació «Dar Learning».

Jugando con el significado de «Dar» en inglés, nos llamamos *givers* en la plataforma. Ya somos más de veinte conferencistas de México, Venezuela y Colombia que ofrecemos cursos como «¿Cuánto vale tu talento?», «Cinco principios básicos para ser empresario», «Técnicas para hablar en público» y, mi clase electrónica, «Cómo ser una Mujer Maravilla en los medios de comunicación».

En menos de un año, hemos otorgado mil quinientas becas (acceso gratuito al sitio y cursos durante un año) a mujeres de todo el mundo. Nuestro objetivo es llegar a seis mil becas anuales. Cada mes, alrededor de siete mil personas se inscriben y hemos recibido solicitudes de lugares como Ecuador, Italia, Alemania y Canadá.

El Foro Económico Mundial y la Embajada de Estados Unidos en Venezuela le han dicho a Verónica que están interesados en financiar la plataforma, por lo que los costos operativos disminuirán. Es una forma directa de ayudar a las personas donde estén, sin necesidad de una gran inversión, todo gracias a las redes sociales.

Estaba pensando en ese gran poder viendo a cientos de miles de jóvenes transmitiendo con sus teléfonos en aquel día en Washington durante la protesta de la Marcha por Nuestras Vidas en la primavera de 2018.[2]

Sentí que su activismo marcaría una generación; enérgica, conectada, con autoridad moral para pedir respeto.

Al menos medio millón de chamos y sus familias llevaban pancartas y teléfonos. La mayoría de los carteles tenían algún tipo de mensaje sobre el cambio y fueron vistos en tiempo real por millones de personas en el mundo.

La revolución está aquí y no tiene nada que ver con la polarización o las ideologías. Se trata del futuro.

Esa marcha nacional de estudiantes, una de las más grandes desde la guerra de Vietnam, mostró diversidad en el escenario y también en la multitud. Escuchamos a jóvenes blancos, latinos, afroamericanos, asiático-americanos, estudiantes que no permitirán que el género o la edad los defina, rompiendo así con los estereotipos para crear esa América que la mayoría de nosotros quiere ver.

Con las redes sociales, tenemos una fuerza que no existía antes. Para unirnos, empujar al mundo hacia adelante y ver los más sorprendentes resultados.

No se trata de un millón de *likes* por tu apariencia o lo que haces. Se trata de que te sigan por quién eres y lo que representas.

#*Go like Mariana*: En la vida y en Internet, la verdad es que ninguno de nosotros es perfecto. Recuerda que lo auténtico es lo que trasciende en redes. No trates de parecer perfecto, sino de ser perfectamente tú.

Así perdí a mi papá y a mi país

Caracas, febrero de 2018

Ya me sentía bastante cómoda utilizando las redes sociales para promover mi trabajo y mantenerme en contacto con mi comunidad de amigos personales y virtuales, cuando me tocó usarlas para algo que hubiese preferido no necesitar jamás.

Mi papi luchaba contra la muerte en un hospital de Caracas y a través de chats de WhatsApp y demás plataformas disponibles yo pedía desesperadamente la ayuda de todos los que pudieran leer o compartir mis mensajes, para conseguir las medicinas que podrían salvarlo.

Muy pronto, cientos de personas comenzaron una cadena de sugerencias acerca de dónde, cómo y con quién podía obtener los medicamentos. Esto me mostró el poder de las redes y su efecto positivo a una escala completamente nueva.

Aunque habían pasado pocos días desde mi llegada a la ciudad, sentía que había transcurrido un siglo.

Mi primera impresión al recorrer esas calles fue un esfuerzo inservible por encontrar la magia de aquellos recuerdos que guardaba en mi memoria de infancia y juventud. Era inútil. Ese encanto único e impalpable, se había esfumado.

Las calles de Caracas, con su clima eternamente primaveral en las que aprendí a montar bicicleta, las que me llevaban a la arepera de mi papá, en las que protesté contra el gobierno durante mis años de universidad, ahora estaban abandonadas, deshechas en todos los sentidos, con corrupción, violencia y edificios en deterioro.

En el muy largo período de protestas, apenas siete meses antes, decenas de estudiantes habían sido asesinados y yo me vi forzada a llevarme a mi hermana a Estados Unidos. Ahora, las calles estaban prácticamente vacías. Los jóvenes manifestantes también dejaron de exponer sus vidas cuando las protestas comenzaron a debilitarse en 2017.

Yo estaba de regreso en Venezuela porque mi papá se había enfermado con el virus de la influenza que causó estragos en Estados Unidos ese año. Por más que lo veía como mi héroe eterno, ya Papi tenía setenta y dos años. Ese año la cepa de la gripe demostró ser mortal para muchas personas de su edad y para niños menores de cinco años.

Todo pasó demasiado rápido. Mi papá empezó a sentirse mal cuando estaba de regreso en Venezuela, luego de pasar unos días con nosotras en Miami después de las Navidades. Como Papi no vivía en Estados Unidos, no vio la necesidad de vacunarse contra la gripe. Hay muchas enfermedades graves en Venezuela, pero quizás por el clima tropical la cepa de la gripe no era algo de que preocuparse allá.

Me sonó el teléfono un martes por la mañana mientras estaba grabando un reportaje. Era mi hermanito desde Colombia, cosa poco usual a las 7:00 a. m. un día de semana.

—Mari, ingresaron a mi papá en la clínica con una neumonía causada por la gripe —comenzó a explicar—. Los médicos dicen que está muy delicado y que se puede morir —añadió secamente.

Aunque mi hermano es el más estoico de la casa, podía percibir un miedo terrible en su voz.

Esta vez no me paralicé como cuando ocurrió el accidente de Graciela. No perdí el sentido de dónde estaba. Estaba consciente de la urgencia de hacer un plan con mi familia.

—Los médicos lo ingresaron en la unidad de cuidados intensivos, pero no tienen con qué tratarlo —continuó Álvaro Elías—, y está muy frágil para trasladarlo a Estados Unidos. Por favor, vete a Venezuela lo antes posible con los medicamentos que sean necesarios.

Cuando tranqué el teléfono, Peter, mi productor, me preguntó: —*What happened?* ¿Qué pasó? —yo probablemente tenía una cara como si hubiera visto un fantasma—. *Hurry* que necesitamos ponerte el micrófono para comenzar.

Estábamos en una cafetería en Pittsburgh, Pensilvania, a punto de comenzar un panel sobre políticos *millennials*. Tenía a cuatro alcaldes jóvenes de la zona, un equipo de NBC de ocho personas, cuatro cámaras y docenas de luces, todos mirándome y esperando por mí para comenzar.

—Necesito un minuto —logré decir, mientras caminaba hacia el pasillo del baño y empezaba a contar—. Uno, dos, tres, cuatro, cinco... diez... quince —cuando llegué a veinte, ya había conseguido calmarme un poco.

Claramente, estaba muy al tanto de la crisis del sistema de salud de mi país natal. Había leído mucho al respecto y era tema diario de conversación con mis familiares y amigos. Pero vivirlo en carne propia iba a ser muy distinto. Estaba por enfrentar una batalla por la vida de mi papá que no se comparaba con nada de lo que hubiese vivido antes.

Iba a dar el todo por el todo por salvar a mi Papi, por darle el apoyo que él me hubiera brindado.

Miré el reloj. 8:45 a. m. Justo antes de la llamada editorial diaria del canal. Tenía el tiempo suficiente para llamar a mi jefa y explicarle la situación.

Me temblaba la voz, pero no lloré.

—Vete, lo antes posible, en el primer vuelo —dijo sin titubear—. La familia siempre es lo primero.

Los canales en Estados Unidos son muy exigentes en cuanto a tu tiempo, pero el apoyo incondicional que me brindaron mis jefes y colegas me sorprendió. Me permitieron irme a Venezuela cuanto tiempo fuese necesario. Esa tranquilidad laboral significó mucho para mí en ese momento.

La familia tuvo que tomar decisiones cruciales en las próximas horas. Mi hermano y yo iríamos a Venezuela a ayudar a mi mamá, mientras que mi esposo y Graciela (que ya había comenzado sus estudios y podía perder su visa si salía de Estados Unidos por mucho tiempo) se quedarían en Miami para comprar y mandarnos lo que mi papá necesitara. Ya existían serias restricciones para el envío de medicamentos a través de *couriers*. Así que nuestro plan era enviar los insumos médicos con todo el que viajara a Venezuela cada día, pidiéndoles el favor bien fueran amigos cercanos o completos desconocidos.

De vuelta en Pittsburgh, Peter, quien para entonces se había convertido en otro hermano para mí, me ayudó a buscar vuelos disponibles. Necesitaba regresar a Miami con tiempo suficiente para comprar las medicinas. No iba a poder llegar a Caracas sino hasta el día siguiente.

Mientras Álvaro Elías me mandaba el largo mensaje de texto con la lista inicial de pastillas, ampolletas y los antibióticos necesarios, no podía hacer nada sino esperar. Entonces saqué el valor para grabar al panel de invitados que habíamos citado. Con todo el aplomo que pude me organicé para trabajar. Guardé la compostura, me tragué las lágrimas, y los jóvenes entrevistados no se dieron cuenta de que algo andaba mal. Demostré mi profesionalismo pensando en cómo le contaría a mi papi que mantuve la calma. Se pondría muy orgulloso y feliz.

Meses más tarde, en coordinación con Peter, todos me enviaron una postal firmada con una oración para mi papá.

Cuando terminó la grabación me fui al aeropuerto y, una vez en Miami, emprendí una búsqueda frenética en casi todas las farmacias y tiendas médicas, luchando contra el tiempo para llegar a Caracas al día siguiente.

Aterricé en el Aeropuerto Internacional Simón Bolívar con unos $ 5.000 en medicamentos, para combatir las infecciones de la influenza que amenazaban la vida de mi papá. En mi equipaje llevaba: Trimetoprima de 800 mg: 96 dosis en forma inyectable; Voriconazol de 200 mg: 20 dosis en forma inyectable y quince pastillas de Prednisona de 50 mg. A pesar de que había llenado mi planilla de aduana, esto inmediatamente disparó las sospechas en el aeropuerto. Me llevaron al cuarto de «control socialista».

A diferencia de Estados Unidos, en Venezuela te revisan las maletas cuando ingresas al país. No todos son «marcados» en la aduana, pero probablemente vieron mi equipaje de mano lleno de medicamentos a través del equipo de censores de la Administración de Seguridad en el Transporte. Dado que hay una gran escasez de todo y los militares socialistas controlan el aeropuerto, estás prácticamente a merced de quien esté a cargo de la seguridad ese día.

«¿Cómo vamos a resolver esto, señorita Atencio?», preguntó la agente de aduanas mientras registraba el contenido de mi maletín en aquella oficina con ventanas de vidrios ahumados, para que nadie vea lo que allí sucede.

De pronto, me di cuenta que los ojos de la oficial se postraron sobre una barra de mantequilla que tenía en mi cartera. ¡Sí, tan extraño como se lee, mantequilla! Era lo único que mi tía me pidió encarecidamente que le trajera de «Gringolandia», si tenía unos minutos libres mientras preparaban las medicinas en la farmacia. Como otros productos básicos, ya no se podía conseguir mantequilla en Venezuela; era el equivalente a oro líquido.

Le entregué la mantequilla y algunos cientos de dólares en impuestos que realmente no me correspondía pagar, pero necesitaba pasar los controles aduaneros. *No salí tan mal parada*, pensé. *Esto no es muy ético. Pero es cuestión de vida o muerte.*

El chofer que me recogió en el aeropuerto era un profesor de gimnasia. Me explicó que la educación no pagaba casi nada en el país, que ganaba cuatro veces más manejando.

Mi papá estaba hospitalizado en el Centro Médico de Caracas, una de las mejores clínicas privadas del país. Allí, los médicos también están desesperados por no tener los insumos básicos para poder hacer su trabajo. La Federación Farmacéutica Venezolana aseguró que la escasez de medicamentos en el país alcanza el ochenta y cinco por ciento.[1]

—Su padre no ha empeorado —me dijo la neumóloga cuando llegué—, pero hay un problema… —mi estómago se encogió—. La claritromicina, uno de los antibióticos a los que estaba respondiendo, se agotó. Tienen que encontrar más.

—¿Pero por qué no me lo dijeron antes? —respondí, visiblemente irritada—. Acabo de llegar de Estados Unidos y conseguí todo lo de la lista.

—No soy farmacéutica —me respondió sin titubear—. Pensamos que el hospital tenía suficiente, pero nuestras reservas se agotaron y nos acabamos de enterar.

No había farmacia ni recetario acreditado donde conseguirla. Era una misión imposible.

Después de varios meses de escasez, todos en Venezuela entienden muy bien lo que es la necesidad. Se sienten aislados del resto del mundo. Se unen en una ola de solidaridad. Saben que cualquier día, en el momento menos esperado, la persona en necesidad puedes ser tú o un ser querido.

Usando las redes sociales me puse en contacto con personas que operan en el mercado negro de medicinas. Se les llama «bachaqueros». Ellos venden todo tipo de insumos, incluso sangre (los bancos de sangre allá están vacíos) y también pueden conseguir medicamentos en el extranjero de forma rápida, todo por los «caminos verdes». Como si se tratara de una película de suspenso en un mundo utópico perverso, los bachaqueros tienen sobrenombres, cobran precios elevados y sus respuestas en WhatsApp incluyen instrucciones para transferencias de banco y entregas puerta a puerta en moto.

Después de estar en cuidados intensivos por casi tres semanas, a Papi le comenzaron a fallar los riñones. Nos dijeron que necesitaría un tratamiento de diálisis y nos presentaron el mayor desafío hasta el momento.

—Tenemos la máquina de diálisis, pero no las bolsas con el líquido —dijo el doctor Jerry Gómez, médico especialista a cargo de la Unidad de Cuidados Intensivos (UCI)—. Necesitan encontrar cuarenta bolsas de cinco litros cada una para completar su tratamiento.

¡Cuarenta bolsas de cinco litros! ¿Cómo íbamos a hacer llegar eso a Venezuela?

Compartimos el mensaje con todos nuestros contactos y descubrimos que la única forma de obtener y movilizar una cantidad tan grande de bolsas de líquido para diálisis, de forma rápida, era comprarlas en Colombia y pasarlas como contrabando a través de la frontera.

Averiguamos el nombre de la compañía farmacéutica que las fabricaba y la novia de mi hermano, que es colombiana, se puso en contacto con ellos.

Le dijeron que la compañía en Colombia no les vendía insumos a pacientes en Venezuela debido a las sanciones de Estados Unidos contra el gobierno de Maduro. Pero no nos íbamos a dar por vencidos. Otro amigo encontró a un médico dispuesto a falsificar el caso de un paciente en Colombia para que nos vendieran las bolsas en Valle de Upar.

Ahora solo teníamos que encontrar la forma para trasladar las cuarenta bolsas a Cúcuta, un poblado en la frontera colombo-venezolana y de ahí nos harían llegar el paquete.

Mi hermano trancó el teléfono con una sonrisa.

—Tío tiene un conocido que importaba libros desde Colombia. Ese contacto puede poner las bolsas en uno de sus camiones para pasar la frontera.

Como ciudadana respetuosa de la ley, y como periodista, pensé mucho en el dilema ético y moral detrás de toda la situación. En las últimas semanas, había venido al país con un número exorbitante de medicinas, me había comunicado con vendedores del mercado negro, que eran en parte responsables por acaparar medicamentos y subir los precios, habíamos falsificado el historial médico de un paciente en otro país y estaba coordinando para contrabandear bolsas de diálisis a través de la frontera. Pero con la vida de Papi en riesgo, se me había borrado esa línea entre lo correcto y lo incorrecto.

Para millones de venezolanos este es el día a día. Una lucha incesante para sobrevivir, como si estuvieran encarnando una versión latinoamericana de *Los juegos del hambre*.

Cuando les contamos a los médicos del plan para conseguir las bolsas de diálisis, se pusieron felices. No todas las familias de los pacientes podían lograr algo así. Más tarde recibí un mensaje de uno de ellos que decía: «Excelente trabajo».

Una vez más, estaba consciente de lo afortunada que era. Al menos podíamos costear lo que necesitábamos. No era el caso de la mayoría de los venezolanos.

Mi cuenta de Twitter mostró una protesta de pacientes de diálisis en Barquisimeto, una importante ciudad a unos 400 km al suroeste de Caracas, que exigían tratamiento y suministros. Llevaban carteles en los que se leía: «Queremos vivir» y «Diálisis ya». Entretanto, en televisoras cubrían una cadena del presidente Nicolás Maduro celebrando con bombos y platillos los triunfos de la Revolución.

«Lo mejor está por venir», declaró Maduro con una amplia sonrisa mientras bailaba salsa con su esposa Cilia Flores. Su gobierno había detenido la importación de medicamentos, había rechazado la ayuda humanitaria de otras naciones e incluso había bloqueado los envíos de medicamentos de Estados Unidos.

Aquello era cinismo en su máxima expresión. O tal vez ya había perdido el sentido de la realidad, de la masiva crisis de salud que ocurría en un país que alguna vez fue el más rico de Suramérica, porque no lo afectaba ni a él ni a nadie cercano a los suyos.

Su displicencia hizo que la situación se tornara aún más agobiante.

En el transcurso de esas tres semanas, pasé cada minuto en vigilia en la UCI rezando por la vida de mi papá. Pero también conociendo muy de cerca a los médicos y las enfermeras que lo trataban. Sus historias eran un triste reflejo de la nueva realidad venezolana.

La fuga de cerebros era alarmante. El doctor Francisco Javier Márquez, presidente del hospital, me explicó que el setenta y cinco por ciento de los médicos del Centro Médico de Caracas se habían ido en los últimos dos años. Señaló que había visto cazatalentos de Ecuador que acechaban a su personal bien entrenado en los pasillos. Solo el quince por ciento de los médicos restantes en el hospital tenían menos de cincuenta y cinco años. No hay generación de relevo.

Puesto que Venezuela tiene la inflación más alta del mundo, las pólizas de seguro médico no se mantienen. El doctor Márquez me explicó que esto hace que la mayoría de las personas no busque tratamiento, echándose a morir y, para más, causando el cierre de los hospitales. El Centro Médico de Caracas tiene setenta y cinco camas de hospital. Apenas veinticinco, como promedio, habían estado ocupadas ese año.

«Pero no somos solo nosotros; si esta situación continúa, todos los hospitales de Venezuela tendrán que cerrar sus puertas», añadió Márquez con tristeza.

Addys Gamboa, la enfermera de veinte años que trabajaba en el turno de la tarde, se iba para Chile. «Podré vivir de mi salario», expresó. Tenía una hermana esperándola allá y había escuchado que la revalidación de su licencia de enfermería sería un trámite relativamente rápido y fácil.

Laura Sánchez, una doctora de treinta y siete años de edad, especialista de la UCI, nos dijo que, con frecuencia, se las tenían que ingeniar para tratar a pacientes que no podían pagar los procedimientos y mucho menos conseguir los medicamentos en el mercado negro.

«A veces me siento irresponsable por hacer mi trabajo de esta manera porque una conoce los instrumentos que debería tener disponibles, sobre todo en este mundo tan globalizado, y simplemente no los tienes —admitió—. Como médicos, nuestras manos están atadas».

Pero el hecho de que todavía estén allí, haciendo lo posible y hasta lo imposible, revela de qué tamaño es el espíritu de los venezolanos.

«Esto es pura vocación, porque todo lo demás está en tu contra —dijo el doctor Jorge Valery, el médico y cardiólogo principal de mi papá—. Hay un sentido de mística, camaradería y solidaridad cuando trabajas en estas condiciones —añadió—. Tienes que tratar de salvar vidas, cueste lo que cueste».

Eso es lo que ellos hacen. Cada día. Sin importar las condiciones extremas, vi al doctor Valery y al equipo de la UCI del Centro Médico meterle el cuerpo y el alma a la recuperación de Papi.

Y yo estaba ahí al pie del cañón. A diferencia de lo que habría sido mi rol en la mayoría de los otros países, aquí yo no era una simple espectadora relegada a la sala de espera del hospital. Tenía una función clave: obtener la medicina de mi papá. Lo viví a todo pulmón. Me había adueñado de un rincón de la UCI. Era parte del equipo.

Es por eso que me golpeó el doble cuando el cuerpo de Papi no pudo más, apenas veinticuatro horas más tarde de que por fin hubiéramos logrado ubicar las bolsas de diálisis en Colombia.

El teléfono de línea fija sonó en nuestro apartamento en Caracas antes del amanecer. Tuve una corazonada de que era el final. Nos apresuramos a ir al hospital. Cuando llegamos, el médico nos informó que mi papá había sufrido un paro cardíaco inducido por una sepsis. Aunque el equipo de la UCI trató de resucitarlo varias veces, lamentablemente todos los esfuerzos fueron en vano.

Su voz se apagó.

No pude pensar en nada más. Mi mente se desconectó. Solo escuché el llanto de mi mamá cuando se arrojó sobre el cuerpo de quien fue su esposo por más de 40 años. Un sonido que nunca olvidaré. Un grito de angustia. El gemido de un animal herido. Ella por lo general es tan fuerte. Mi hermana hizo lo mismo. Mi hermanito y yo quedamos paralizados.

Después de lo que pareció una eternidad, mi mamá y mis hermanos abandonaron la habitación. No podían soportar el dolor un minuto más. Siendo la primogénita, sentí que tenía que quedarme con él todo el tiempo posible. Permanecí a su lado en mi esquina de la UCI, mientras se me salían las lágrimas sin parar. Busqué YouTube en mi teléfono y puse la canción de nuestra película favorita *As Time Goes By* [A medida que pasa el tiempo] de *Casablanca*. Era la misma canción que había oído tantas veces en su cuarto verde y la melodía que estaba sonando la noche que le confesé que quería ser periodista. Me quería quedar con él hasta el final. Puse la canción varias veces en aquel cuarto hasta que los médicos forenses colocaron el cuerpo de Papi en una bolsa negra para llevárselo.

Un millón de imágenes me vinieron a la mente. Lo recordé enseñándome a nadar en las aguas del mar Caribe durante las vacaciones de Carnaval. Sus reflexiones calmadas y profundas después del 11 de septiembre. Y aquella fría noche de octubre cuando me acompañó a los Premios Emmy.

—Soñé con un final diferente —me dijo el doctor Jerry Gómez, jefe de la UCI, cuando por fin salí de la habitación.

—Yo también —le contesté.

Un final diferente. No solo para mi papá, sino también para Venezuela.

Papi creyó en la recuperación de Venezuela hasta su último aliento. Pero para mí, la esperanza de que mi país saliera de la crisis se fue con él.

A la mañana siguiente abrí el periódico en nuestra mesa del comedor. Había sido parte de la rutina matutina de mi papá. Cuando vi su nombre en la sección de obituarios, el dolor en esas letras negras me quebró. «Ha fallecido cristianamente ALVARO ATENCIO ATENCIO. Q.E.P.D.» Era la historia más triste, un recordatorio de que todos estamos a un paso de tener nuestros nombres impresos allí. A fin de cuentas, el único requisito para morir es estar vivo.

Al tomar la palabra en su servicio fúnebre en Caracas en nombre de mi familia, mirando a sus amigos, a los médicos y las enfermeras que habían dejado brevemente sus puestos en la UCI para estar allí (un enorme esfuerzo), contuve las lágrimas.

¿Cómo podría describir con meras palabras la sencillez y la inmensidad de mi padre? ¿Alguna vez has tratado de abrazar un árbol secuoya? Así es como Papi me hacía sentir. Él estaba enraizado en tierra y, al mismo tiempo, empujando siempre hacia el cielo, grande, protector, cariñoso, me dio sombra y fuerza. Podía imaginar los pajaritos que tanto amaba haciendo nido en sus ramas, las guacamayas multicolores surcando los cielos de Caracas, los colibríes picando flores que él siempre festejaba como las aves más alegres.

Mirando su ataúd, al momento de la despedida en sus honras fúnebres comencé diciendo lo que había significado para mi ser su hija.

«Papi, la vida nos dio la dicha de crecer a tu lado, compartiendo tu pasión por enseñarnos todo; desde cultura general: arte, historia, política, literatura, hasta lo cotidiano. Cómo apreciar cada amanecer, dar gracias por haber nacido en esta hermosa tierra, y que un caballero siempre le abre la puerta a una dama. Nos enseñaste a ser auténticos, a decir lo que pensamos, con respeto, pero sin miedo. A luchar por lo que queremos, trabajando duro para conseguirlo, sin envidiar a nadie.

Y tu mayor lección: a amar incondicionalmente, primero a nuestra familia, a nuestro país Venezuela y luego a las personas que vamos encontrando en el camino. A los amigos, a los colegas, a quienes nos regalan una sonrisa en la calle. Nos diste el ejemplo de tu amabilidad, de tu sencillez, de tus ganas de vivir a plenitud, y así seguiremos honrándote.

Es imposible encontrar palabras para expresar lo que sentimos hoy. No hay medida para la dimensión de nuestro amor; no hay sonata, poesía, pintura ni paisaje que puedan reflejar fielmente cuánto te queremos. Te damos gracias una y mil veces, porque junto a mi mamá nos diste un hogar, no simplemente una casa.

Nos diste raíces y alas... Eres el compañero que nos regaló el destino, el que lo daba todo sin pedir nada a cambio. El que, sin importar el tiempo, la distancia o lo que hubiésemos hecho, a cualquier edad abría los brazos para decirnos que todo estaba bien, que cada experiencia buena o mala es aprendizaje y que cada aprendizaje nos hace más fuertes.

Pero hubo algo para lo que nunca nos preparaste... Perderte físicamente es más difícil de lo que podíamos imaginar. Es desgarrar una parte de nuestro corazón y saber que no sanará completamente. Es proyectar un futuro donde tus nietos contemplarán fotos y videos, en lugar de poder abrazarte. Les enseñaremos a quererte, y cada anécdota será matizada por tu gracia, por tu don de alquimista: para transformar lo simple en extraordinario. Aun así, quedará un vacío enorme que nadie podrá llenar.

Álvaro, el siempre alegre, el bromista, el que no conocía el rencor, el que decía con sinceridad «¡qué bueno verte!» y se sentía afortunado de estar con alguien querido, aunque fuese un ratico, y se enfocaba en hacerte sentir que eras especial. Eres irremplazable.

El hombre más bondadoso que he conocido. El que cuando le supliqué que bailara conmigo en mi matrimonio, le echó pichón sin chistar, a pesar de que no era el mejor bailarín. El que se entregó en cuerpo y alma a la recuperación de mi hermana Graciela. El que hizo de mi hermano Álvaro Elías un hombre de bien. El que, a pesar de la situación del país, quería estar en Venezuela para compartir con sus amigos, con su gente.

Estoy segura de que solo aquí hubiese querido dar su último aliento y Dios le cumplió ese deseo.

Nos enseñaste a vivir como si cada día fuera el último, pero comportándonos de forma íntegra, para no tener de qué avergonzarnos.

Pidiendo perdón si nos equivocábamos, y más si habíamos herido a alguien con nuestras palabras o acciones.

Álvaro Atencio, el único, el amado, el incondicional vivirá en nosotros, como el mejor padre, esposo, amigo, orgulloso venezolano y hombre de mundo.

Mi papá siempre tenía algo positivo que dar, algo que enseñar y algo que agradecer, aprovechando lo mejor de cada momento, bien fuera su añorada partida de golf o el traguito de las seis de la tarde con sus amigos, las entradas a un museo, un concierto de jazz o sencillamente un libro, una sonata de Mozart, un paseo, respirar el aire libre.

Fue un privilegio tenerlo entre nosotros. Y después de habernos dado tanto, debemos celebrarlo, no con llantos, ni tristeza, sino con las cosas que lo hacían feliz. Dedíquenle la música que los conmueve, el deporte que los apasione, una buena serie o película, una brisa de atardecer. Recuérdenlo en los momentos sencillos que él hubiese disfrutado al máximo. Para homenajearlo, para decirle cuánto lo queremos, para hacerle sentir que su esencia era mucho más grande que su cuerpo».

Terminé leyendo un fragmento de un poema:

La muerte no es nada…
Solo he pasado a la habitación de al lado.
Yo sigo siendo yo.
Tú sigues siendo tú.
Lo que éramos el uno para el otro seguimos siéndolo.
Dame el nombre que siempre me diste.
Háblame como siempre me hablaste.
No estoy lejos… tan solo estoy al lado del camino.[2]

No había nada más que decir, excepto que sabía que mi papá viviría en mí, por siempre.

Cuando abordé el vuelo de regreso a Miami, pensé en lo que dejaba atrás: mi mamá sumida en el dolor de la pérdida de su compañero de vida, los pacientes del hospital de Caracas, los médicos y millones de personas que no pueden pagar la atención médica básica. Miré por la ventanilla del avión y me aferré a la pequeña caja de madera que tenía las cenizas de mi Papi.

Como él, muchos más van a morir, pensé. Una parte de mí también murió aquí.

No hay nada más definitivo que la muerte. Mi mundo había cambiado para siempre, pero la rutina de la vida tenía que continuar. Así lo hubiera querido mi padre. Así habría de ser.

Dos semanas después, tuve que cumplir con el compromiso de presentar la Gala del Museo de las Artes del Bronx, una oportunidad que me llegó por medio de un viejo amigo de mi padre de Nueva York, el muy afamado músico de jazz latino, Eddie Palmieri. Los ingresos de la noche serían destinados a la educación artística de niños provenientes de comunidades pobres.

Todavía me costaba mucho levantarme de la cama. Había perdido peso y no sabía si podría hablar en público tan pronto. Pero quería ayudar a esos niños. Tenía que hacerlo por él.

Reuní todas mis fuerzas para regresar a la ciudad que tanto amábamos, para subir al escenario con un vestido blanco y negro, y decir: «Papi, esto es por ti».

Caminando por Nueva York al día siguiente, fui a la catedral de San Patricio. Justo cuando me arrodillé ante La Virgen de Guadalupe, un pajarito rojo entró volando en la iglesia.

Eres tú. Gracias por acompañarme.

Sabía que estaba conmigo.

Poco a poco comencé a sentir su presencia en todo lo que hacía y en personas que me hacían recordarlo. Al aceptar la pérdida, como un proceso natural me conecté con otros de una manera que no lo había hecho antes.

Un día, mi amigo y uno de mis mentores en el canal, el presentador de noticias Ali Velshi, me comentó que su suegra estaba muy enferma. Le ofrecí mi cariño y apoyo. Cuando ella falleció, le envié un mensaje de texto con el poema que había leído en el funeral de mi padre.

«Estas palabras me trajeron gran consuelo —contestó Ali—. Significa mucho, sobre todo de alguien que aún está pasando su duelo. Los recuerdos superarán el dolor. Gracias».

La muerte nos cambia, cambia nuestras historias, pero también nos hace apreciar más la vida.

Un mes después, hice un reportaje para NBCNews.com sobre el trágico fallecimiento de mi papá para informar acerca de la crisis que sufre mi patria.

Bajo el título «En el caos de Venezuela, una hija lucha por la vida de su padre»,[3] escribí el artículo a partir de mis notas y recuerdos de la estadía en el hospital. Fue lo más doloroso que alguna vez haya escrito.

La respuesta fue sorprendente, no solo de los colegas, sino de la gente de ambos partidos políticos condenando la crisis del sistema de salud en Venezuela, y de cientos en las redes sociales.

Todos los días recibía mensajes de aliento. Algunos me contaban cómo se aferraban a tener esperanza por sus seres queridos, otros hablaban de cómo estaban sobrellevando sus propias pérdidas. Su sinceridad y su generosidad eran la catarsis que necesitábamos.

Chandler en Instagram dijo:

«Perdí a mi padre de un paro cardíaco hace poco. Sé lo que se siente. Un momento, una hora, un día a la vez».

Oli de New York me escribió un mensaje diciendo:

«Comprendo el dolor que sientes. Perdí a mi madre en el 2006 y solo tenía 58 años. El amor de una madre y de un padre es eterno y trasciende todas las esferas. Tu padre estará siempre contigo. Solo presta atención a las señales y te darás cuenta».

Una de las señales de mi papá fue la oportunidad de ayudar a Venezuela y a sus niños, para recordar siempre a mi gente, y nunca olvidar de dónde vengo.

Para celebrar su cumpleaños, el 4 de abril, mi hermana y yo recolectamos donaciones en su universidad y aunado a nuestro propio capital compramos mil suplementos alimenticios para mil niños necesitados en Venezuela.

Y para que no hubiera ninguna duda de si las medicinas realmente llegarían a los niños enfermos, viajé a distribuirlas personalmente en el hospital infantil J. M. de Los Ríos, donde 400 niños no reciben ni siquiera dos comidas al día.

Tuvimos que subir varios pisos por las escaleras, pues no había electricidad. Al mirar sus caritas iluminadas por la alegría de tener algo que comer, vi a mi Papi por todas partes. Esta era la mejor forma de honrar su memoria: mantener viva la esperanza. El mañana existe y hay que seguir trabajando para crearlo tal y como lo soñamos. La reconstrucción es posible si trabajamos para lograrla.

Las semanas posteriores a su muerte fueron difíciles, sanadoras y esperanzadoras, al mismo tiempo. Me mostraron aún más que compartir nuestras historias puede traer conexión y empatía en tiempos de tristeza y tragedia. Tal vez nunca vamos a sanar del todo, pero intentarlo puede levantar nuestras voces y abrir nuestros corazones.

#GoLikeMariana: La pérdida nos cambia, y cambia nuestras historias, pero también nos conecta con otros. Recordemos a los que nos enseñaron a ser auténticos, a decir lo que pensamos, con respeto, pero sin temor, a luchar por lo que queremos, trabajando duro para lograrlo, sin envidiar a los demás.

13

Refugio en la tormenta

Oak Island, Carolina del Norte, agosto de 2018

La intensidad de la tormenta parecía mover los cimientos de la casa, los fuertes vientos hacían que retumbaran puertas y ventanas. Llevaba cinco días durmiendo en el cuarto de huéspedes de un desconocido. Estábamos varados en una isla sin luz ni agua mientras cubríamos un huracán para NBC News.

En Estados Unidos, los grandes canales de noticias se toman muy en serio las coberturas relacionadas con el clima. Despliegan a todo su talento donde sea que llegue un huracán categoría 4, a los vecindarios hechos cenizas por las llamas de un incendio forestal o si un tornado provoca daños severos. Esto significa que hay muchos corresponsales y sus equipos compitiendo por tiempo al aire con meteorólogos como Al Roker, y Jim Cantore o personalidades de la talla de Anderson Cooper o Lester Holt.

Es una carrera contra el tiempo. Si vas a trabajar en una cobertura de esas necesitas abastecerte de alimentos y suministros antes de que llegue el fenómeno climático. Así como los vecinos del área llenan sus tanques de gasolina, sellan los lugares con tablas y compran provisiones, nosotros también hacemos nuestra «preparación». Hay que monitorear el pronóstico del tiempo para situar al equipo en un lugar estratégico y elegir muy bien el sitio desde el cual cubriremos, por ejemplo, una tormenta, porque probablemente necesitarás señal de celular para salir en vivo desde allí. Además, el impacto del desastre trae obstáculos adicionales: se inundan las carreteras, se corta el suministro de combustible y no hay habitaciones de hotel disponibles. Eso explica brevemente por qué llevaba cinco días consecutivos durmiendo en la cama de un extraño.

Nuestra asignación era cubrir el impacto del huracán Florence en Carolina del Norte. Comenzamos en la ciudad de Wilmington, pero, como si nos hubiera visto, el ojo de la tormenta se dirigió directamente hacia allí, por lo que decidimos manejar cuarenta minutos a toda velocidad hacia el sur, hasta una isla llamada Oak Island, ubicación perfecta para cubrir las playas y los cambios en la marea, sin recibir un impacto directo. Sin embargo, las autoridades cerraron los puentes de la isla y nos quedamos sin un lugar donde pasar la noche del huracán. Pero no podíamos entrar en pánico, había que seguir transmitiendo.

—¿Y usted cómo se está preparando para la tempestad, señor? —le pregunté en vivo a un hombre de sesenta y dos años, residente de la isla.

—Bueno, yo estoy listo para refugiarme en casa por varias semanas. Tengo un generador, un pozo de agua y un transmisor de radio —respondió.

Al terminar la intervención, en tono de broma, le pregunté: —¿Está casado? ¿Tiene una familia grande? ¿Puede rescatar a cuatro seres desamparados?

Su nombre era Paul Gawin. Cuando supo que no teníamos a dónde ir, nos hospedó por lo que se suponía sería una noche, y ya íbamos en la quinta. Además de prepararnos sopita caliente, durante la cena nos ponía canciones de *Amor sin barreras (West Side Story)* porque decía que yo le recordaba a la protagonista, María.

Paul no solo nos acogió como familia, se decidió a acompañarnos mientras reportábamos, convirtiéndose en nuestro guía local.

Algunos llaman a esto la tradicional hospitalidad del sur de Estados Unidos. ¿Mi explicación? Pienso que Dios está siempre con nosotros.

El resto de mi equipo estaba acampado en el sofá y en un segundo cuarto de huéspedes. De pronto, a las 4:00 a. m. escuché, viniendo de la sala, el sonido de la canción *Kiss the Rain* [Besa la lluvia] un tema de 1997 interpretado por la artista británica Billie Myers. *¿Qué es esa música a esta hora?* Era el despertador de mi productor. No pude evitar reírme y pensar. *En serio, Peter, ¿con eso te despiertas?* Por cierto, la canción con la que yo abro los ojos es *Here Comes the Sun* [Aquí viene el sol] de los Beatles, un canto a la alegría y la buena energía.

Los equipos de noticias generalmente están conformados por cuatro personas: un corresponsal, un productor, un camarógrafo y un sonidista. Aunque los últimos dos cambian dependiendo de la asignación, he trabajado con Peter Shaw durante más de un año. Es el típico anglo bonachón. Tiene los ojos azules, el cuerpo de un jugador de fútbol americano y le encanta usar chanclas con *jeans*. Es muy trabajador y más cuadriculado imposible. Es un hombre íntegro, muy familiar. Cada vez que tiene un minuto libre hace un FaceTime o video llamada con su bella esposa y su adorable hijito de un año. Nació y creció en California, y como cereza en el pastel resulta que es nieto de la legendaria actriz de Hollywood Angela Lansbury. Sí, la protagonista de la serie *Murder She Wrote* o *La reportera del crimen*, es su abuelita.

Peter no habla ni medio ápice de español. Me confesó que le tomó un mes aprender a deletrear mi nombre completo para hacer las reservaciones de los viajes de trabajo. Me lo imagino pronunciando mi nombre con su acento gringo: «Mariana del Carmen Atencio Cervoni». Siempre voltea los ojos ante mis *posts* en redes sociales, referencias culturales y crisis emocionales. Peleamos como perros y gatos durante las coberturas, pero al final del día logramos ponernos de acuerdo para sacar lo mejor en cada historia.

En la relación corresponsal-productor, la confianza es primordial. Las discusiones a la hora de cubrir una asignación son muy frecuentes, sobre todo cuando no has dormido, no has comido y sientes la presión de hacer bien el trabajo; pero cada miembro del equipo necesita contar con el apoyo de los otros. Peter y yo podemos pasar una hora debatiendo el ángulo adecuado para un reportaje, porque entendemos que al momento de cubrir la noticia debemos estar alineados.

Luego de la pérdida de mi Papi me costó mucho volver a nuestro exigente ritmo de trabajo. Pero en medio de todo, Peter demostró su calidad humana al saber darme mi espacio para llorar un rato cuando lo necesitaba y llevar mi luto como parte de la vida. También me animó a celebrar mi cumpleaños durante una cobertura, para no dejarme hundir en la tristeza. Eso me ha ayudado a recuperarme.

—*Please*, comienza a desayunar ya, por favor —me dijo mientras tropezábamos con el resto de la tropa en la cocina de Paul, listos en nuestros atuendos contra huracanes; nos quedaban escasos minutos para hacer el café. Después de tanto tiempo trabajando juntos, él sabe que si no desayuno bien me pongo de mal humor. Se necesita energía para hacer televisión en vivo, sobre todo, para caminar y hablar con vientos huracanados de ochenta millas (120 km) por hora. Pero en mi caso, no puedo desayunar cualquier pan o cereal; esa primera comida del día es uno de mis rituales.

La vida de una corresponsal de noticias no permite demasiados rituales. Pasas un minuto en casa y en lo que suena el teléfono puedes estar dirigiéndote a un tiroteo, un desastre natural o una protesta política. Y no sabes cuándo vas a regresar.

En este medio hay cientos de anécdotas de cumpleaños cancelados, familiares y amigos esperándote en fiestas y entradas a conciertos que se quedaron sin usar. Yo vivo con un equipaje de mano listo para cualquier eventualidad. El año pasado dormí una de cada cuatro noches en algún hotel y tengo estatus preferencial en casi todas las aerolíneas. En resumen, no tengo rutinas establecidas, porque mi trabajo no lo permite. Pero el desayuno es sagrado.

Aquí está mi menú invariable:

Dos rebanadas de pan integral, mantequilla de maní y una

banana rebanada con mucha miel. Tomo mi café negro con solo tres gotas de leche. (En mi país se toma el cafecito fuerte). Siempre que pido mi café «marrón» de esta manera, Peter voltea los ojos con una pena ajena como si nos estuvieran grabando en un *reality show*.

Hace poco descubrí que mi desayuno es esencialmente el mismo que el de Elvis Presley, solo que él le agregaba tocineta y mayonesa. Lo llamaban «El sándwich de Elvis», perfecto para el rey del *rock and roll*. Pues bien, el mío es «el *power breakfast* de Mariana» perfecto para la guerrera de las noticias.

Todos tenemos mecanismos para enfrentar el caos que nos rodea y tratar de mantener la sanidad mental en medio de la locura cotidiana. Cuando me llaman para cubrir un huracán y sé que quizás no habrá hoteles ni supermercados abiertos, por lo general empaco mi desayuno. La vida de un periodista es tan impredecible que incluso un pequeño detalle como ese, puede ser un salvavidas sicológico en medio de la tormenta.

Obviamente, no me estoy quejando. Todo sacrificio vale la pena para hacer esta profesión que amo. Ver a la gente sorteando las peores circunstancias, con una capacidad de adaptación y solidaridad increíbles son lecciones de vida que nunca me cansaré de tomar. No puedes evitar sentir orgullo e inspiración ante la grandeza del espíritu humano.

Aunque fue muy difícil, para lidiar con la muerte de mi papá decidí sumergirme de lleno en el periodismo. Conectarme con otros seres humanos, verlos sortear y superar sus adversidades, me ayudó a encontrar a mi Papi, en todas partes. Fue y sigue siendo una gran bendición.

En los últimos años, cubrí seis grandes tormentas, varios

tornados y un terremoto. He viajado a más de tres docenas de estados y ciudades y, a pesar de conmoverme profundamente con cada cobertura, he podido contar, sin perder el control, las historias de casi cuatro mil personas que murieron y de miles más que quedaron padeciendo las secuelas de estos desastres naturales.

Cuando comencé a trabajar como reportera, pensaba que ser la primera (para dar la primicia o mejor aún, la exclusiva) y desenterrar la verdad eran mis objetivos principales. Estaba muy equivocada. Ese es solo mi trabajo. Mi pasión, lo que más valoro ahora es lograr que al televidente le importe qué pasa con los afectados en estas situaciones y tome la iniciativa de hacer algo para ayudar. No solo me interesa que escuche las noticias y continúe con su vida, pensando: *Ay, qué triste, pobre gente. Afortunadamente no me pasó a mí.* Me gustaría hacer que comprenda que eventualmente algo así puede sucederle a cualquiera. Todos podemos atravesar por una tragedia, todos somos víctimas potenciales de un dolor. Y todos podemos ayudar a quien lo necesita.

El planeta se hace cada día más pequeño. Nuestras vidas están interconectadas por la naturaleza, la tecnología, la ciencia, el pensamiento y la política. Lo bueno y lo malo que sucede en todas partes puede afectarnos en algún momento. Lo veo todos los días. Es lo que MacLuhan sabiamente pronosticó como «la aldea global». Buen título para una película apocalíptica.

Los residentes de las Carolinas esperaban terribles inundaciones, que según algunos pronósticos podrían ser tan devastadoras como las del huracán Harvey en Texas apenas un año antes, en 2017.

Harvey fue una tormenta que hizo historia al dejar 200.000 viviendas inundadas solo en Houston. Los refugios para quienes perdieron todo estaban a punto de estallar. Los rostros de los rescatados mostraban una mezcla de gratitud y tristeza. Fue desgarrador.

Los equipos de noticias se ubicaron principalmente en Houston. Aunque el mundo estaba atento, la información de lo que ocurría en las entrañas de la tragedia era escasa. En cuanto menguó la lluvia, Peter y yo decidimos viajar por carretera hacia el sur de Texas, a recorrer las ciudades más pequeñas, a sabiendas de que su desolación no formaba parte de la cobertura de otros canales. Pasamos días atravesando el sureste del estado hasta llegar a Luisiana e hicimos paradas de cobertura en Bridge City, Vidor City y Beaumont.

Finalmente, llegamos a un pequeño pueblo llamado Rose. Éramos el único equipo de cobertura nacional que se encontraba allí. Después de horas de caminar y hacer entrevistas bajo un sol ardiente, entré al único lugar que estaba abierto: una pequeña ferretería.

—Pss. Encontraron algo en el agua cerca de aquí —me dijo el dueño con disimulo.

—¿A qué se refiere con «algo»? —le pregunté.

—Un cuerpo —respondió.

—¿Qué? ¿Hoy? —habían pasado dos semanas desde la tormenta. Oficialmente todas las muertes habían sido reportadas.

—¿Hay alguna manera de que podamos encontrar el lugar? Tenemos que contar esa historia.

Nos dibujó un mapa.

Entramos a la camioneta y manejamos con prisa por la maleza, guiados por unos garabatos hechos en un pedazo de papel. Finalmente vimos los autos de la policía.

Acababan de sacar el cuerpo sin vida. No pudimos informar sobre ese hecho porque sabíamos que la gente del área todavía buscaba a los desaparecidos y la policía no podía darnos información precisa sobre la identidad de la víctima.

Nunca podré describir las imágenes tan desgarradoras que presencié; la gente seguía muriendo. Muchos luchaban con la esperanza de encontrar a sus seres queridos con vida. Se arriesgaban a buscar agua potable para sus hijos porque las bombas se inundaron y el suministro se había cortado. Pero nadie estaba contando ni compartiendo sus historias. Estas personas estaban demasiado lejos, eran pocas y demasiado pobres para atraer la cobertura y el interés general.

Yo seguía pensando: *¿Hay una familia buscando a este hombre? ¿Es el ser querido de alguien? ¿Debo reportar esto, aunque mi información esté aún incompleta?*

Me sentía impotente.

No existe una fórmula para saber qué hacer en estas circunstancias. Se trata de la vida de seres humanos. Y permanecen en ti para siempre, aunque no sepas sus nombres, sus imágenes quedan talladas en tu cerebro como inscripciones en la roca.

Cuando cubrimos el huracán Irma en Florida en agosto de 2017, y estábamos en vivo en medio del *TODAY Show* en NBC, divisé a un indigente desde el lugar donde estábamos grabando. Andaba sin chaqueta, sin zapatos, y caminaba sin aferrarse a nada. Era como una hoja llevada por el viento, a la deriva.

Señalé mostrando su ubicación mientras estaba al aire. Millones de personas lo vieron en televisión mientras se sujetaba a la pared de un TGI Fridays.

Nuestro equipo estaba a unos 150 pies (45 mt) protegido por una estructura de estacionamientos. Tratamos de llegar a él, pero con el viento, parecía que estaba a cientos de kilómetros de distancia.

Agarré mi celular en medio de la conmoción, llamé a las autoridades y les di la dirección donde estaba parado: «Ocean Drive y 5th Street. Intentaremos acercarnos a él, pero vengan ya. ¡Por favor, es urgente!».

De repente, cuando volví a mirar, había desaparecido. No había rastro de él, como si lo hubiese tragado el huracán.

Sentí que había fallado. Le conté al mundo sobre él. Pero me surgieron muchas dudas. ¿Realmente había hecho algo para ayudarlo? Se me hizo un abismo en el pecho, como un sentimiento de culpa que no lograba descifrar.

Estas personas dejaron una honda impresión en mí, a pesar de no conocerlas. Tiempo después vi nuestras grabaciones de esos días y me sentí mal por lo distante que lucía, daba la impresión de estar más preocupada por mostrarlos que por ayudarlos. No había sido así en lo absoluto, pero la empatía que sentí no era evidente y algunos comentarios en las redes sociales decían que probablemente no me importaba aquel hombre porque no tenía hogar. Me juzgaban sin saber cómo me afectó lo que viví esos días.

Es muy fácil colocar etiquetas: *pobres, desamparados, enfermos mentales*. En mi caso, *inmigrante, latina, insignificante*. Todos tenemos etiquetas en nuestra mente, que aplicamos a nosotros mismos y a los demás. Debemos esforzarnos por mirar al ser humano, no a una etiqueta.

Como narradores, tenemos que mostrar lo que vemos y sentimos de manera real, orgánica. Hay que tener la capacidad de comunicar el dolor ante los espectadores. Si permanecemos fríos y distantes, también lo hará la audiencia. Atrás quedó la era del reportero frío, que no podía expresar sus sentimientos porque lo consideraban parcializado. Estoy cada día más convencida de que la objetividad y la compasión pueden ir de la mano.

De regreso en Oak Island, Carolina del Norte, yo seguía en medio del huracán Florence. No podía distinguir lo que Peter gritaba desde la lejanía, pero por su lenguaje corporal sabía que me estaba regañando.

¡Mariana, vuelve a la camioneta, right now!

El agua tenía algunos centímetros de profundidad. Había escombros volando alrededor. La arena me golpeaba la cara, y aunque luchaba contra el viento; casi no podía moverme.

Pero no sentía nada de eso. El cuerpo es una máquina muy poderosa. El mío estaba operando con pura adrenalina. Estaba en medio de la película *Twister* o *Tornado*.

Mis compañeros estaban en la camioneta. El camarógrafo estaba grabando desde la parte de atrás del carro. Yo era la única enfrentando el vendaval: tambaleándome, caminando con mucho esfuerzo, hablando (o tratando de hablar) la fuerza de los vientos, mientras mostraba a nuestra audiencia la devastación en tiempo real. Ahí estaba yo, la única mujer en medio de la tormenta. Me sentía empoderada, a pesar de la sacudida física.

—¿Quién te crees que eres? ¿*Wonder Woman?* —me dijo Peter, mientras movía la cabeza en clara señal de molestia, cuando salté hacia la parte de atrás en la camioneta, como un pollo mojado.

Yo quería seguir transmitiendo en vivo, pero entendí que su trabajo era protegernos. Habíamos estado al aire todo el día, comiendo latas de atún y tomando Gatorade, sorteando vientos de ochenta millas (120 km) por hora. El huracán estaba ganando fuerza, teníamos que volver a refugiarnos en la casa de Paul.

Afortunadamente, esa zona no había sufrido tantos daños. Luego de la tormenta, comenzamos a despedirnos para continuar la cobertura fuera de la isla.

El vínculo que forjamos con Paul fue tan genuino que nos costó despedirnos. En poco tiempo se había convertido en parte de nuestro equipo, nuestra *familia* durante el huracán.

Pensé en mi propia familia y en cómo estábamos tratando de encontrar refugio en medio de la tormenta personal que atravesábamos luego de nuestra devastadora pérdida. A veces encontramos cobijo en los ojos de un extraño y eso sentí la primera vez que vi a Paul. Ahora vi en su sonrisa, la de mi papá.

—Gracias por los últimos días —me dijo, mientras me daba un abrazo y una galleta recién horneada para el camino.

—Ha sido increíble conocer esta isla y ver al país desde tus ojos —le respondí.

Paul es un partidario de Donald Trump. La ironía de ayudar y alojar a un equipo de prensa (que, en general, mantiene una relación contenciosa con el presidente de Estados Unidos) en su casa durante cinco días, no pasó inadvertida. Me demostró que sin importar cuán polarizado esté el país, el amor y la bondad siempre prevalecerán en el corazón de su pueblo.

Tres días después de abandonar la casa de Paul (y la bendición que significaron su lavadora y secadora) ya casi no tenía ropa limpia.

Lo creas o no, uno de los mayores retos de trabajar en televisión es la cantidad de ropa que tengo que usar.

Como a muchas mujeres latinas, me gustan los colores vivos y los estampados. Eso hace que «repetir» atuendos al aire sea muy notorio. Además, cubrir todo tipo de eventos me obliga a tener un clóset de trabajo para toda ocasión, ya que muy pocas veces estoy en la comodidad de un estudio. Me pueden mandar a cualquier lugar del mundo, al clima que sea. Así que necesito ropa para cubrir tormentas, incendios, protestas políticas, para entrevistas en un set, etc., ya se imaginan el resto.

Para complicar un poquito más mi vida, esas prendas deben caber en un maletín de mano, y preferiblemente no lucir arrugadas cuando salen de su pequeño compartimiento, a veces un ratito antes de ir al aire.

Algunos reporteros tienen estilistas durante todo el año, pero eso es costoso.

¿Qué hago yo? Pues organizo mi clóset por categorías: «Entrevistas», «Protestas y disturbios», «Aeropuerto / Viajes» y así sucesivamente. De esa manera puedo empacar lo que necesito rápidamente, o incluso pedirle a mi esposo o a mi hermana que me preparen la maleta de cambio, si hago una escala rápida en Miami. Básicamente tengo un *look* listo para lo que pueda surgir.

No compro ropa cara ni me interesan las marcas famosas, o estaría en quiebra. Tengo algunas piezas de muy buena calidad, que han sido una inversión, lo demás dura una temporada y luego lo dono cuando ya ha salido un par de veces al aire.

Con el tiempo, he aprendido que lo que mejor me queda es lo que me hace sentir cómoda y me permite mostrar mi personalidad. Con poco más de cinco pies (1,6 metros) y unas cien libras de peso, puedo lucir como un saquito de papas o, con la ropa y los colores adecuados, verme como mi súper heroína favorita. Una mini Mujer Maravilla.

Pero, para ser honesta, estos son solo truquitos para sentirme más segura. La vida de periodista es una montaña rusa de emociones. En cuestión de segundos, puedes pasar de animar a tu equipo porque pudiste salir en vivo desde un lugar al que nadie había podido llegar, a tener que consolar a un entrevistado en el peor momento de su vida.

México, septiembre de 2017

Mis reportajes más desgarradores han sido también aquellos en los que siento que he podido contribuir más, lo cual es difícil de reconciliar. Cuesta mucho aceptar elogios cuando te toca cubrir pérdidas irreparables, como pasó después del terremoto de magnitud 7,1 que devastó a la Ciudad de México en 2017. Hablamos de una de las ciudades más grandes y pobladas del mundo. Al sismo le tomó veinte segundos derrumbar casas, oficinas, comercios, fábricas y cuadras enteras.

Sabía que sería complicado lograr que me enviaran a México. No era una historia nacional ni de interés para el público estadounidense. Dado que muchas de las víctimas y los testigos no hablaban inglés, transmitir su sufrimiento sin que se perdiera en una traducción era mi meta. Peleé como una leona defendiendo a sus cachorros y finalmente el canal acordó enviarme.

Cientos habían fallecido. Diecinueve niños fueron aplastados en el derrumbe de su escuela primaria. Los voluntarios buscaban en medio de la destrucción y los perros entrenados para rescates olfateaban buscando vida. Cada segundo contaba, porque decenas de personas estaban atrapadas bajo los escombros. Era un cuadro espantoso, pero todavía quedaba esperanza.

Los rescatistas mexicanos (por cierto considerados entre los mejores del planeta) necesitaban toda la ayuda que pudieran obtener, que se enviaran más equipos, recursos humanos, expertos y suministros desde el extranjero. Estados Unidos y países tan lejanos como España, Japón e Israel no tardaron en auxiliar a México.

Me puse el casco. Apenas podía respirar. Hubo réplicas sucesivas y temíamos que las estructuras a nuestro alrededor no soportaran y eventualmente colapsaran.

Al principio, Peter me dijo: «*I don't know*, Mariana, no sé cómo vas a hacer esto en español e inglés». Tampoco estaba segura, pero dejé que mis instintos me guiaran. Comencé a traducir al aire de una manera orgánica. Los entrevistados me decían sus nombres, me contaban sus historias y lo que necesitaban, en español, y yo lo repetía en inglés. Fuimos a casi todos los sitios de rescate en la ciudad y pasamos días enteros transmitiendo la angustia, el dolor y, también, la esperanza del pueblo mexicano.

Afortunadamente, vimos avances (y los reportamos) cuando la ayuda de organizaciones internacionales como la Cruz Roja Americana y las donaciones privadas continuaron llegando.

El cuarto día hablé con un hombre que había perdido a su hijo en la escuela primaria Enrique Rébsamen. El apodo del niño era Paquito y tenía siete años. Nunca olvidaré lo que este hombre me dijo. «Paquito era un gran niño, *un tipazo*, y ahora se ha ido». Contener las lágrimas fue durísimo, la cámara seguía grabando. En ese momento, el padre de Paquito, en una iglesia en Ciudad de México, hizo que millones de personas a miles de kilómetros de distancia se conectaran y se conmovieran con un dolor que hicieron suyo. Aunque muchos no hemos vivido un terremoto de tal magnitud, casi todos sabemos cómo se siente perder a un ser querido.

El señor agradeció la entrevista, y con sinceridad también le agradecí la valentía que había tenido al abrirle su corazón a una extraña.

Cuando regresé al edificio de 30 Rockefeller, la respuesta de mis jefes y colegas fue alentadora. Pensé en todo lo que luché para hacer esa cobertura. Finalmente había encontrado mi lugar en la oficina de Nueva York, que había resultado tan intimidante cuando comencé, pero siendo yo misma y contando las historias como merecían ser contadas: con humildad y con una empatía que realmente no necesitaba traducción, encontré mi espacio.

El periodismo habla un solo idioma, el de la fuerza y la decisión de informar con objetividad.

Puerto Rico, septiembre de 2017

Ese verano apenas me recuperaba del impacto emocional de haber cubierto el terremoto en México cuando nuestro equipo fue enviado a Puerto Rico. La hermosa «Isla del encanto» que había visitado antes lucía devastada tras el paso del huracán María.

Pasé semanas hablando con *boricuas*, o puertorriqueños, que no solo habían perdido sus hogares sino el sustento de sus vidas.

Su principal queja era que, a pesar de ser ciudadanos estadounidenses, no estaban siendo tratados como tales. La respuesta del gobierno federal al desastre no se comparaba con la forma en que había reaccionado a emergencias similares como los huracanes Harvey e Irma. En realidad, las encuestas han demostrado que casi la mitad de los estadounidenses ni siquiera saben que los puertorriqueños también son ciudadanos de su país. Las imágenes del presidente Trump lanzando papel higiénico como si estuviera jugando baloncesto, imitando el acento puertorriqueño o peleando con la alcaldesa de San Juan, Carmen Yulín Cruz, estaban por todas partes; pero en la calle estaba la cruda realidad, y pude ver lo único que realmente importaba. Los puertorriqueños no estaban recibiendo la ayuda que necesitaban.

Me preguntaba de qué forma podría impactar a la audiencia.

Sabía que la historia estaba llegando a su fecha de expiración. La competencia en los medios y redes es feroz, por eso pasan a la siguiente noticia con rapidez. Hoy en día es difícil que una historia permanezca en los titulares por más de una semana. Aunque Puerto Rico está cerca geográficamente, no hay mucha afinidad cultural entre sus habitantes y el resto de la unión americana. El idioma principal de la isla es el español y, aparte de la conmoción política, los medios de comunicación que transmiten en inglés estaban perdiendo interés en la noticia.

Un día caminé junto a unas mil y tantas personas que, desesperadas, hacían fila para obtener hielo, medicina y comida. Algunos comenzaron a reunirse a mi alrededor y cuando cayeron en cuenta que yo estaba reportando, gritaron: *¡Puerto Rico se levanta! ¡Puerto Rico se levanta!*

La gente sonrió, aplaudió y se abrazaron. Aquel gesto tan humano me dio la fuerza para seguir adelante y llevar su resiliencia a la televisión a Instagram, Twitter, Facebook y Snapchat.

A menudo pienso en todas esas historias que no he podido cubrir: el desplazamiento brutal de los musulmanes Rohinyás en Myanmar, los ataques terroristas en Londres, Madrid, París y Niza, la crisis en Nicaragua y, claro está, lo que pasa en mi Venezuela. Desearía poder informar y hacer más, mucho más.

Pero también he aprendido que priorizar la calidad sobre la cantidad no es un cliché; es la forma más respetuosa de demostrar que algo nos importa. He tenido la oportunidad de compartir un tiempo valioso con los protagonistas de mis historias, con quienes he formado lazos muy fuertes. Dejaron una huella en mí que nunca desaparecerá. Contar sus historias fue un privilegio por el cual estuve y estoy dispuesta a luchar. Ellos pusieron sus vidas en mis manos para que fueran conocidas por el mundo entero y eso lo voy a honrar siempre.

Uno de mis mayores aprendizajes en esta carrera es que debo concentrarme en buscar aquello por lo que estoy dispuesta a dar el todo por el todo; luego echar pa'lante y hacerlo, cueste lo que cueste, sin importar el riesgo. Cuando algo nos importa lo suficiente, nadie puede detenernos; como las mujeres que dicen #MeToo [Yo también], los soñadores que se niegan a claudicar, los puertorriqueños que trabajan por preservar su isla y su estilo de vida, los nicaragüenses y mis compatriotas venezolanos que cada día luchan sin rendirse. Incluso, Paul Gawin, nuestro anfitrión durante el huracán Florence, un extraño que, con un sencillo acto de amabilidad, me recordó que no importa qué etiquetas nos pongamos unos a otros, podemos encontrar refugio y conexión humana en medio de la tormenta.

#*Go like Mariana*: Todos tenemos etiquetas en nuestras mentes o por la forma en que otros nos ven. Hay que recordar que debemos mirar a un ser humano, no a una etiqueta.

#*Go like Mariana*: Concéntrate en aquello por lo que estás dispuesto a dar el todo por el todo; luego echa pa'lante y hazlo, cueste lo que cueste, sin importar el riesgo.

Romper el molde

Cuando comencé a concebir este libro, en mayo de 2018, millones de personas estaban contagiadas por la fiebre de la boda real. Este fenómeno ya tenía antecedentes en otras bodas reales que habían generado una especie de locura colectiva a nivel mundial. Les confieso que en medio de mis reportajes diarios y noches en vela escribiendo, yo tampoco podía dejar de ver aquella ceremonia en televisión.

El príncipe Harry, segundo hijo de Carlos, príncipe de Gales (Reino Unido) y de la icónica Lady Diana, tiene mi edad. Aún recuerdo claramente su carita de tristeza en el funeral de su madre y la notica a mano en el ataúd que decía «Mum».

El chamo creció y los medios se rindieron ante su sonrisa pícara, su calidez, su gentileza y también sus romances. No hay edición de la revista *¡Hola!* que no preguntara quién se casaría con uno de los solteros más codiciados de las casas reales europeas. Siempre se le veía con jovencitas de la alta sociedad, por lo general rubias delgadas y despampanantes.

Pero, para nuestro asombro y para demostrar que los esquemas suelen romperse, Harry no escogió la novia que se esperaba. Ya su hermano, William, sucesor en línea de la corona, había roto el molde al casarse con una plebeya, Kate Middleton. Otras casas reales europeas, muchos años antes, habían marcado la pauta rompiendo tradiciones y convencionalismos. Abundan los ejemplos. Rainiero de Mónaco se había casado con Grace Kelly, la famosísima actriz de Hollywood; Enrique de Luxemburgo, casado con la plebeya cubana María Teresa Mestre; y Guillermo de Holanda, con la argentina Máxima Zorreguieta, entre otros. Al romper con los esquemas, ellos habían rejuvenecido el papel de las casas reales europeas en el siglo veintiuno. Pero lo de Harry, el príncipe pelirrojo, iba más allá, superaba todos los conceptos, los viejos y los nuevos.

Harry escogió para esposa a Meghan Markle, una actriz estadounidense, divorciada, hija de padres divorciados criada por su madre y, lo más llamativo, de ascendencia afroamericana. Meghan se convertiría en la primera persona de piel morena en ingresar al círculo de la familia real británica en toda su larga historia. Finalmente.

¿Es como un amor de cuento de hadas? Quizás Harry no se enamoró de Meghan porque fuera perfecta, sino porque era auténtica, real, accesible. Mucha gente se identifica con Meghan, la duquesa de Sussex, no solo en el Reino Unido sino en las muchas naciones que componen la Commonwealth y también en otros países. Se arrodilla y, cara a cara, abraza a los niños en la calle; es apasionada en sus discursos frente a pequeñas y grandes audiencias y quienes la conocen han dicho que prefiere el calor de las masas a estar detrás de un podio. Suele preparar alimentos para indigentes en el comedor comunitario de Hubb al oeste de Londres; se reúne con la gente común y logra una afinidad que perdura mucho después de la tradicional sesión fotográfica.

Es un modelo a seguir. Su poder no está en una corona, sino en la capacidad que tiene de ponerse en los zapatos del otro y desenvolverse con gracia en cualquier ambiente. Sí, es una superheroína contemporánea. ¡No hay título que compre eso!

Al ver a Harry y Meghan recuerdo mis propios encuentros con la realeza de linaje y la eclesiástica: con el rey y la reina de España, y con el papa Francisco. En ambas ocasiones el protocolo y la tradición eran de rigor. Sin embargo, nuevamente me di cuenta que son nuestras relaciones humanas, las diarias, las auténticas, las que rompen los muros del «nosotros» y «ellos».

Miami, 2013

En 2013, Felipe VI y Letizia de Borbón, para entonces príncipes de Asturias y hoy reyes de España, estaban en visita oficial a Estados

Unidos y decidieron hacer una parada en las nuevas instalaciones de Univisión en Miami, que para entonces era «la sala de redacción más moderna de Estados Unidos».

Como muchos saben, Letizia era una periodista de profesión, muy reconocida en su época. Quizás eso fue lo que le despertó el deseo de visitar nuestra sala de redacción.

Cuando hicieron su entrada, el *Newsport* usualmente abierto, ocupado y ruidoso quedó paralizado. Apenas se escuchaban los susurros y los *clics, clics, clics* de los fotógrafos reales. Los futuros rey y reina caminaban deslizándose con tanta gracia, que parecía que no tocaban el suelo, seguidos por el séquito real, un círculo de guardaespaldas y muchos curiosos.

En ese momento yo trabajaba en Univisión / *Fusion* y, por supuesto, fui al encuentro. Con la impulsividad que me caracteriza, me presenté de una.

—Hola, soy Mariana —dije sin rodeos, y con orgullo abordé a Letizia con un «Soy periodista igual que usted». (Pensé que le gustaría ser reconocida por su mérito profesional, no solo por haber obtenido un título nobiliario a través del matrimonio).

Los «Oohs» y «Ay, ¿cómo se le ocurre?» se escuchaban como globos que pierden el aire antes de desplomarse. La comitiva y el gentío que los rodeaban quedaron boquiabiertos.

¿Y ahora qué hice…?

Me di la vuelta y noté que muchas de las personas alrededor se inclinaban o miraban al suelo. Algunas de las mujeres hacían una pequeña reverencia.

—Esteeee… Su Majestad —agregué para suavizar el golpe.

O sea, ¡ya entiendo lo que pasó! Me abalancé a saludar a esta gente sin haberme ojeado un librito de protocolo de cómo dirigirse a una familia real. (Y de esos sí hay muchísimos).

—¿Cuándo supiste que querías ser periodista? —preguntó la futura reina—. ¿Qué te motivó? —indagó con entusiasmo el futuro rey.

¿Qué? Yes, ¡querían hablar conmigo!

En retrospectiva, creo que esa conversación «natural», tratándolos como gente de carne y hueso ayudó a que se sintieran cómodos.

Bueno, como ya estábamos en confianza, saqué mi sentido del humor.

—¿Cuándo supo usted que quería ser rey? ¿Qué lo motivó? —le respondí con una sonrisa. Sorprendido, abrió los ojos.

Su majestad soltó una risa con una carcajada sincera. Ante esa reacción, no podía perder la oportunidad de hacer algo inesperado.

—¿Puedo tomarme una *selfie* con usted, Su Alteza Real? —le pregunté—. Mi abuelita estará muy orgullosa.

Saqué mi celular para que el hoy rey de España se hiciera la primera «*selfie* real» de su vida. Pero en lo que vieron el teléfono los guardaespaldas brincaron como si fueran karatecas. Entonces Felipe los detuvo en seco con un pequeño gesto, sutil pero autoritario.

—¡*Vamos!* —me dijo, mientras sonreía para la foto.

El momento se volvió viral. Las *selfies*, eran algo nuevo en esa época. (De hecho, *selfie* le ganó a *twerk* como la palabra del año en 2013). El periódico más importante de España, *El País*, junto con muchísimas otras revistas, publicó la foto, mostrando así la nueva imagen de una institución hasta entonces muy rígida.

Los titulares decían: «Una monarquía renovada para un tiempo nuevo» y «La periodista que se atrevió a pedirle una *selfie* al rey».[1]

Le envié la foto a mi Papi para que se la enseñara a mi abuela, quien por supuesto no se perdía una revista *¡Hola!* en la peluquería. Estaban súper orgullosos.

«¡Tú rompiste el protocolo real! —me escribió en un mensaje—. Y yo rompí el molde contigo, mi Mari», agregó.

En ese momento recordé un consejo que me había dado Papi cuando le confié que quería ser periodista: «Hija, tú serás parte de esta generación que va a hacer las cosas a su manera, en un mundo de grandes avances, quiero que seas ejemplo y embajadora del cambio positivo».

El día de mi encuentro con la realeza no me destaqué buscando la perfección, sino comportándome cien por ciento como soy, con mis reacciones espontáneas y mi personalidad alegre.

Mientras escribo estas líneas, una caravana formada por miles de inmigrantes viene desde Centroamérica y México en busca de asilo. Por ahora, el grupo se tuvo que detener en la parte mexicana de la frontera con Estados Unidos, mientras el presidente Donald Trump amenaza con militarizar el área. Nuestros reportajes muestran a niños discapacitados sin más remedio que esperar en un sitio peligroso, porque pareciera que la principal potencia mundial tiene un cartel que dice: «Lo siento muchísimo, Estados Unidos está lleno».

He seguido informando en mis redes sociales y por televisión. Quiero mostrar que estos inmigrantes no son «los otros»: son seres humanos. Pase lo que pase, voy a seguir humanizando el debate sobre la inmigración para que la audiencia vea que estas personas son mucho más que extranjeros «ilegales».

Frontera entre Estados Unidos y México, 2015 ·

Fue algo que hice también en el verano de 2015, cuando nuevamente me vi ante la realeza, pero esta vez religiosa.

La cadena ABC News, asociada entonces con Univisión / *Fusion*, había conseguido una audiencia virtual con el papa Francisco desde tres ciudades de Estados Unidos, antes de su primera visita oficial a este país. El objetivo era enaltecer a las comunidades marginadas, algo que es muy distintivo en la personalidad y el estilo de Jorge Mario Bergoglio.

El presentador David Muir sería el enlace desde el Vaticano, el periodista Tom Llamas estaría en Chicago con jóvenes estudiantes y la conductora Cecilia Vega, en Los Ángeles con los desposeídos, los «sin techo». ABC necesitaba a alguien familiarizado con las familias inmigrantes, que fuese totalmente bilingüe, para hacer el segmento desde la frontera. Aunque yo no trabajaba oficialmente para el canal y era más joven que el resto de los presentadores y corresponsales, ¡me eligieron!

Tenía que presentar a decenas de inmigrantes que se encontraban en una pequeña iglesia en McAllen, Texas, con el papa Francisco vía satélite, en un televisor de pantalla gigante. Estaba encantada porque cumpliría mi misión como puente para conectar a Su Santidad con las familias y haría las preguntas en español, mientras traducía en vivo ya que, paralelamente, se grababa la transmisión en inglés para el programa *20/20* de ABC.

Entre los recuerdos más bonitos de aquella audiencia papal me quedaron grabados los rostros emocionados de los inmigrantes al decirles que, después de todo lo que habían pasado, iban a poder ver y hablar con el papa. Sus sonrisas valían más que mil palabras de agradecimiento. ¡Era como una renovación de su fe y la mía! Sentirse cerca del papa, que los escuchara y les enviara bendiciones los llenó de optimismo y fuerzas para continuar su lucha.

Y es que la fe lo es todo para los fieles. Cuando les preguntaba qué los hizo seguir adelante, después de haber sido víctimas de extorsión, violaciones, maltratos, atravesando más de mil kilómetros con sus hijos para llegar hasta la frontera, ellos respondían con esa sola palabra: *fe*.

—¡Ayyyy, Bendito! ¡Dios nos sonríe! —gritó una mamá mientras me abrazaba llorando.

El día de la transmisión, la pequeña iglesia de McAllen estaba llena de energía divina. Se percibía en el aire.

—Señoras y señores, ¡démosle una cálida bienvenida al papa Francisco! —anuncié.

Estallaron los aplausos, los cantos, las lágrimas, el salón reverberaba de esquina a esquina.

—Su Santidad, me llamo Mariana Atencio. Soy periodista.

Al presentarme, sentí lo mismo que aquellos inmigrantes: mi travesía también tuvo un propósito.

Le presenté al papa Francisco una niña de diez años llamada Wendy, quien se echó a llorar en medio de la transmisión mientras le contaba todos sus sufrimientos para llegar a Estados Unidos. Ella me había confesado antes que vio cómo unos pandilleros violaron a su mamá en el camino.

Eso me destrozó el corazón. Le dije que las dos eran increíblemente valientes y que hallarían la manera de sanar esas heridas con paciencia y amor.

Wendy trataba de conversar con el papa, pero gemía tanto que se ahogaba.

Le dije: —Respira, respira. Por la esquina del ojo, vi que su mamá sostenía uno de sus dibujitos en una cartulina.

Le pregunté: —¿Por qué no le enseñas a Su Santidad el regalo que hiciste para él?

La niña agarró el dibujo y, orgullosa, se lo mostró al papa. Él sonrió, con una auténtica sonrisa que encendió toda la iglesia.

—¡Gracias! —le dijo.

Por todo el país, ante los televisores, miles de padres vieron a sus hijos reflejados en el dibujo de Wendy. El show de ABC *20/20* transmitió un programa especial de una hora sobre la audiencia virtual. El reportaje ganó el Premio Gabriel de la Asociación de Prensa Católica.

Este fue otro caso donde el ser natural y espontánea derribó otro muro entre «nosotros» y «ellos». Esa es la forma de cambiar al mundo: de a poquito, corazón por corazón.

Creo que de alguna manera siempre he tratado de romper los muros que nos dividen. (Y recuerda: la palabra «romper» implica un esfuerzo, implica lastimarse y también sangrar de vez en cuando).

De adolescente me imaginaba como la Princesa Leia de *Star Wars*, intentando salvar la galaxia del poder que ejercía el lado oscuro. Cuando la guerrera Katniss Everdeen entró en mi mundo, ya mis aspiraciones y sueños eran más realistas. Tenía clara mi vocación de periodista, pero a la vez quería hacer algo para lograr que el mundo fuera un lugar mejor para todos.

Paso a paso, aprendí que alzar mi voz motiva a otros a levantar la suya; eso trae cambios positivos, y ese súperpoder está presente en cada uno de nosotros.

Durante mis reportajes sobre la crisis en la frontera aprendí que necesitamos mejorar nuestras relaciones, individual y colectiva-mente. Hay que ser valientes para lograr el respeto mutuo. Me sumo a ese pensamiento, que se dice es del filósofo Voltaire; «Aunque no esté de acuerdo con lo que otro tiene que decir, defenderé hasta la muerte su derecho a decirlo». No podemos amar a todo el mundo, no estamos obligados a pensar de la misma manera, pero sí debemos respetarnos a todos.

Cuando no somos capaces de ver algo positivo en quienes pien-san de manera diferente, nos volvemos intolerantes, destruyendo cualquier posibilidad de diálogo. Sin comunicarnos, sin estar dis-puestos a escuchar opiniones distintas, vamos a repetir los mismos errores una y otra vez porque no aprenderemos nada nuevo.

¿Cómo ponernos en los zapatos de Wendy? ¿De qué forma la hacemos sentir especial y no como una persona que está «ilegal» y al parecer no merece un futuro mejor? Cuando esta pequeña y los demás inmigrantes salieron en la pantalla de ABC a nivel nacional, cuando hablé con ellos en su propio idioma y les puse la mano en el hombro, quise lograr que los espectadores no los vieran como extranjeros que nacieron en países plagados de violencia y miseria, sino como seres humanos necesitados de una oportunidad para tener una vida digna.

Sí, cometieron un delito menor al cruzar la frontera y seguro pagarán una multa por ello. Pero también sacrificaron todo por la esperanza de llegar a un lugar donde pueden tener aspiraciones y sueños. Llegaron al país que consideran el mejor del mundo, al igual que millones de inmigrantes a lo largo de la historia.

Ya basta de encontrar diferencias entre nosotros. Vayamos en busca de lo que tenemos en común. Lo que nos ayuda a construir, a crecer.

Examina tu vida y piensa en esos momentos en los que tú o alguien cercano a ti ha sido «el otro».

Todos tenemos cuerpo y alma. Empecemos a ver el conjunto, lo que reflejan los ojos, la sonrisa o el abrazo de alguien. Reconozcamos la inteligencia de una persona que tiene tal vez una condición física que limita su movilidad, pero no su pensamiento. Pensemos en quienes viven en comunidades azotadas por el cambio climático, en los inmigrantes, los jóvenes transgénero, las mujeres con velos, las adolescentes abusadas sexualmente, los atletas que se arrodillan en señal de protesta, los latinos, los afrodescendientes, los blancos, los indígenas, mi hermana, tú y yo. Todos anhelamos lo mismo: ser felices, amar, soñar y alcanzar metas.

Sin embargo, a veces la sociedad dice que tal o cual persona o grupo no merece esa oportunidad, porque no encaja en un patrón específico. Eso es etiquetar, colocar la esencia humana en una cajita. Es inventar motivos de superioridad o inferioridad que no existen. Mira mi historia: nací en un país «distinto», luché por la democracia, y lo sigo haciendo desde afuera, soportando las críticas de quienes piensan que hay una sola manera de apoyar nuestra causa. Respetuosamente difiero de esa opinión. Llegué a Estados Unidos a cumplir mi meta. Vivo con el dolor de haber perdido a mi papi, pero sigo contando las historias de quienes necesitan mi voz. Todo lo que soy y lo que he vivido hasta ahora me hace única y exitosa.

En mis viajes por el mundo he conocido la riqueza de la diversidad; y he llegado a la conclusión de que afortunadamente nadie es igual. Lo único que todos tenemos en común es nuestra humanidad. Si nos enfocamos en apreciar esas diferencias, personales y sociales, veremos al hermano que hay en cada persona que se cruza en nuestro camino, y podremos decirle: «No tienes que ser perfecto para que yo te acepte, solo tienes que ser perfectamente tú». Inténtalo y en el próximo libro seguimos esta conversación.

#GoLikeMariana: Poco a poco, aprendí que alzar mi voz motiva a otros a levantar la suya; eso trae cambios positivos, y ese súperpoder está presente en cada uno de nosotros.

Epílogo

Una historia con final abierto

Todos tenemos una historia que vale la pena contar. Y aunque no lo creas, todos somos narradores, cuentistas, novelistas en potencia. Cuando decimos «anoche tuve un sueño demasiado real» o «esta mañana me pasó algo increíble», entretejemos activamente la narrativa de la humanidad. En lo personal, yo aprendo constantemente de la comunidad que hemos creado juntos, cada vez que interactuamos, cuando me cuentan sus temores y vivencias, o me preguntan sobre mis experiencias. Por eso, decidí compartir mi historia en estos sencillos capítulos, que no pretenden ser una obra literaria, sino una ventana a lo poco que he aprendido y quiero compartir. Desde mi decisión de huir de la dictadura en Venezuela y mudarme a Estados Unidos en busca de una nueva vida, hasta conquistar mi «Sueño americano» de hacerme periodista, aquí les dejo mi corazón.

No fue fácil, porque mi familia es muy privada y no quería, ¡para nada!, que yo escribiera sobre nosotros. Nuestras alegrías y tristezas, quedarían expuestas a todos, incluso a los famosos *haters* en las redes sociales. Aquí tendrán bastante para criticar si quieren hacerlo. Yo asumo ese riesgo con valentía, porque cada vez que cuento lo que he vivido, quienes me escuchan o leen encuentran algo que los lleva a identificar una situación de su propia vida y los ayuda a descubrir respuestas útiles a algunas de sus inquietudes. Para mí, ese es el mejor ejemplo de que lo positivo, lo que nos empodera y nos libera de complejos y culpas innecesarias surge al compartir nuestras experiencias como seres humanos.

Quise llevarlos al lugar mágico de mi infancia, ese que me arrebató la tiranía, para mostrarles que al descubrir y apreciar lo que nos hace especiales podemos superar cualquier barrera que impide el logro de sus metas.

La conclusión de este libro aún está por definirse. En estas páginas les cuento lo que significó ir a un campamento de verano a miles de kilómetros de mi casa, para aprender inglés, lo que sentí al ganar una beca para asistir a una de las mejores universidades del mundo y la angustia de ser despedida de mi primer trabajo, cuando mi visa dependía de ese empleo. Me he caído mil veces intentando luchar por mis sueños, pero cuando recibí la noticia de que un terrible accidente le cambiaría por completo la vida a mi hermana supe cuál era mi prioridad, y aquello que casi desmoronó a mi familia nos unió mucho más. Quería poder compartir las historias de tantas personas que he encontrado y perdido en el camino, especialmente la de mi papá, la estrella que me guía y me protege desde un firmamento de amor infinito. Él me enseñó que ser auténtica era mi súperpoder y yo prometo usarlo siempre para honrarlo.

Mi recorrido apenas comienza. Sigo luchando para que no me conviertan en un estereotipo, en una etiqueta o un cliché y una de mis estrategias para evitar que eso suceda es recordar a las mujeres fuertes que formaron mi identidad femenina.

La primera por supuesto, mi mamá, Diana Atencio, inteligente, elegante, bella, con una caja de herramientas en la que los buenos modales y el conocimiento salían a relucir para lograr lo que cualquier miembro de la familia necesitara. Luego llegaron a mi vida la Reina de Naiguatá, Fátima, María Elena Salinas, Wendy y Angelina, quienes con su inocencia infantil me mostraron que el carácter y la personalidad no tienen edad, y la más cercana a mi corazón, mi heroína, mi hermana, Graciela. La manera en que salió adelante tras su terrible accidente me enseñó a ver la fuerza que impulsa a la gente a superar obstáculos y adversidades. Eso vi en las calles de Ferguson, Missouri en el verano de 2014 cuando del asesinato del joven afroamericano Michael Brown a manos de un policía blanco, hizo estallar la indignación de la comunidad afroamericana.

Fui testigo de ese profundo dolor. No había visto tanta desigualdad desde que dejé mi tierra. El gas lacrimógeno, la represión policial y las divisiones eran demasiado dolorosas, demasiado conocidas.

Volví a presenciar la misma desesperación en las protestas de Hong Kong; en México, con el caso de los 43 estudiantes desaparecidos en Ayotzinapa (muertes que después se comprobó eran la responsabilidad de las más altas esferas del poder en ese país) y en Haití caminando entre los sobrevivientes del terremoto y el cólera. La recuperación de Graciela me transmitió una sensibilidad especial y pensaba en ella cada vez que me acercaba a personas hundidas en el sufrimiento. Ahora me pasa aún más, después de la pérdida física de mi papá. Me sorprende y me llena de esperanza la capacidad humana para adaptarnos y continuar adelante.

He vivido en Estados Unidos más de una década, todavía no soy ciudadana en papel, pero la mayor parte de mi carrera la he dedicado a cubrir el rostro cambiante de esta gran nación. A pesar de las divisiones, en cada cobertura y en cada ciudad que visito, conozco a personas que ponen la bondad primero, que nos abren no solo sus hogares sino sus corazones, y que aceptan el diálogo.

Tal es el caso de Paul Gawin, en Carolina del Norte, quien decidió darnos albergue para protegernos del huracán, cuando ha podido perfectamente cerrarnos la puerta en la cara. Eso es humanidad.

O el pastor Ray Sanders, votante republicano y maestro, a quien entrevisté en medio de la huelga de docentes en Oklahoma el 2 de abril de 2018. Cuando terminamos de grabar, supo que era mi cumpleaños y que acababa de perder a mi papá. Al día siguiente, regresó al corazón de la protesta y, luego de abrirse paso por horas entre la multitud para llegar al tercer piso del edificio del Capitolio donde estaban nuestras cámaras, me entregó un regalo que guardo en mi cuarto hasta el día de hoy.

Me dio un ramo de flores, un globo y un mensaje enmarcado que, estoy segura, vino del cielo. El mensaje leía: «A mi hija. Sin importar a dónde te lleve la vida, siempre estaré contigo, amándote, apoyándote, animándote».

En la parte de atrás, Ray agregó una nota personal escrita con un marcador negro:

«También soy papá, y sé que esto es lo que tu papi te diría siempre».

Ray tiene un lugar especial en mi corazón.

Sigo compartiendo historias en la televisión y en las redes sociales sobre los Paul y los Ray de este planeta, acerca de la bondad del espíritu humano, de la fortaleza y las contribuciones de los inmigrantes en Estados Unidos. He recibido tanto cariño que no me cabe el agradecimiento en estas páginas.

La cantidad de mensajes positivos que me llegan de distintos lugares del mundo sobre mis TEDx Talks muestran que personas de todas las edades y orígenes celebran aquello que los hace diferentes y lo comparten con otros, creando un «perfectamente tú» que nos hace más poderosos a nivel individual y comunitario.

No permitamos que nuestros defectos, desventajas, diferencias o debilidades nos silencien o separen. ¿Quién no se ha sentido distinto alguna vez?; pero siempre podemos encontrar maneras para retribuir lo bueno. Ser real, perfectamente tú, es la base para ofrecerle al mundo lo mejor de nosotros. Es el regalo más maravilloso que podamos dar y recibir de los demás.

Me falta mucho por hacer, mucho por aprender y compartir.

Escribo este epílogo desde Caracas, cerca de las calles donde crecí, ahora irreconocibles. Muchos de mis amigos, al igual que miles de nuestros compatriotas, se han tenido que ir. Estoy en el apartamento al cual se mudó mi mami luego de enviudar, acostumbrándome a verla en su nueva etapa, tomando las riendas de su vida sin mi papá.

Cierro los ojos y trato de conectarme con los sonidos de mi infancia: la canción del carrito de helados, la brisa y el tráfico caraqueño. Pero ya no pertenezco a este mundo, que aún considero mi casa.

¿Qué hago aquí? Buena pregunta. En medio de mi agitada agenda de trabajo, tuve que venir literalmente de urgencia. Me robaron mi único documento oficial, el pasaporte venezolano, mientras cubría las elecciones de medio mandato en Houston, en el otoño de 2018. Fue un tremendo problema. Tuve que conseguir un salvoconducto especial para poder viajar acá y sacar uno nuevo. Navegar en el tormentoso océano de la burocracia que reina en la Venezuela actual, es increíblemente frustrante y costoso.

Estoy varada. Pero he aprendido que nada sucede por azar: aunque no logremos definirlo, existe un propósito más allá de lo evidente en todo lo que nos pasa.

Ya saben que no me puedo quedar quieta un instante, así que decidí aprovechar este tiempo no solo para escribir, sino también para ir a repartir alimentos y medicinas a los niños de los barrios pobres. Entre cucharada y cucharada de vitaminas líquidas les preguntaba qué querían ser cuando sean grandes. Emocionados, respondían: «¡Veterinario!, ¡bombero!, ¡actriz!», casi todos a la vez.

Manifestar esos sueños en voz alta los fortaleció. Sus aspiraciones salieron del alma, totalmente sinceras, sin filtro, sin contaminantes. Antes de pasar nuestras historias al papel, a un medio digital, o contarlas frente a un micrófono, las compartimos, ensayamos cómo decirlas, imaginamos el futuro; ello nos capacita para hacer realidad lo que soñamos, pero todo empieza desde adentro, de nuestro ser, y los niños lo sabían, instintivamente, no necesitaban que alguien se los explicara.

En aquellos días, también di una conferencia sobre ser «perfectamente tú» a los cientos de becarios de nuestra plataforma Dar-Learning, el sitio web fundado por Verónica y Maickel que publica el curso en las redes sociales. El anfiteatro del Centro Cultural BOD en La Castellana estaba abarrotado con más de cuatrocientos hombres y mujeres en busca de inspiración en medio de la crisis. Muchos llegaron desde el interior del país para escuchar palabras de aliento, con ansias de superarse. Percibí en ellos el mismo deseo de los chiquillos: sobreponerse a las circunstancias y cumplir sus objetivos. Así es el venezolano, así es el latinoamericano, el inmigrante. Todos hemos pasado por crisis, pero salimos adelante.

Con el correr del tiempo una idea se instaló en mi cabeza. Tenía que volver al punto de partida que me llevó a salir de mi amado país. Tenía que volver al Cerro Ávila.

Habían pasado once años del atraco y desde entonces no había regresado. Incluso ahora, si cierro los ojos, puedo ver al hombre parado frente a mí. He tenido que enfrentar cosas peores. Dolores insuperables, y, aun así, este era de un calibre especial. Entendí que necesitaba una segunda oportunidad para exorcizar el trauma y seguir adelante.

Seguí una rutina parecida a la de aquel día. Busqué mis tenis y andaba correteando dentro de la casa. Mi mami no estaba, así que no habría objeciones ni advertencias. Salí del apartamento y un amigo me llevó hasta la entrada del Cerro en un auto blindado. Es ridículo tener que manejar con vidrio antibala, porque la montaña queda apenas a cinco minutos de mi casa; pero ahora es lo normal aquí. Me bajé algo nerviosa. Aunque no había nada que se interpusiera en mi camino, ningún carro, guardia o talanquera estaba paralizada. Miré todo y a todos a mi alrededor, quería ver si había peligro. *Dale, Mariana, todo va a salir bien.*

Cuenta hasta cien, me dije mientras recordaba el momento en que una pistola en la frente me obligó a tomar la decisión que cambiaría mi vida.

Uno... Comencé a escalar. Los primeros pasos fueron torpes, vacilantes. Cuando percibí que mi ritmo se iba acelerando y mi corazón latía más rápido, recordé exactamente a dónde iba. En cada movimiento me conecté con la naturaleza; aprecié el canto de los pájaros. *Ahí estás, Papi*, pensé mientras seguía subiendo la montaña.

Había gente por todos lados. El Ávila seguía siendo ese refugio para los venezolanos de todas las esferas sociales. Algunas miradas fijas me ponían nerviosa. He escuchado historias de robos incluso en medio de las multitudes. *Cincuenta y uno, cincuenta y dos, cincuenta y tres...* Continué subiendo, sentía el cambio en mi interior con cada paso que daba.

La fuerza que había acumulado me daba ánimo. El mundo me abrió sus brazos. Antes de saberlo, *noventa y ocho, noventa y nueve, cien...* ¡cien! Ahí estaba, parada en el mismo sitio donde mi vida estuvo en manos de un desconocido. Ya no me paralizaba el miedo.

Me quedé en las alturas y miré, más allá del horizonte, la hermosa ciudad bajo mis pies. Una sensación de plenitud y serenidad me embargaba. Finalmente entendí por qué debía volver. Ya lo dijo el poeta Rumi: «La herida es el lugar donde entra la luz».[1]

La luz me llevó a encontrar mi propósito.

Cada uno de nosotros posee algo que podemos usar para servir a los demás, que solo puede lograrse derrotando a la cobardía mediante el poder, el amor y una mente sana, como bien dijo el apóstol Pablo. Mi propósito es contar historias, ser un puente humano y promover la comprensión. El tuyo quizás provenga de los lugares en los que has vivido, lo que has experimentado, las dificultades que has enfrentado y superado. Con todo mi corazón pienso que lo que te hace único representa lo mejor que le puedes dar al mundo.

Ya de bajada, agradecí que, sin importar lo que vendría o pasara luego, llevaba conmigo las lecciones aprendidas.

Mi viaje tendría un norte claro siempre y cuando no olvidara quién soy.

¡Mi gente, prepárense, estoy lista para #GoLikeMariana!

Y te invito a hacer lo mismo, con tu propio nombre y tu propia historia.

#GoLike _____.

Agradecimientos

Mirna, tu nombre significa «paz», pero eres una guerrera de luz contra el miedo y la duda. Gracias por ser el escudo que me protege de la negatividad. Este libro es tan tuyo como mío.

Jose, mi amor, mi socio de vida. Sin ti me siento perdida. Gracias por tu amor, tu paciencia, los detalles sutiles que me ayudan a ver el otro lado de cada historia y los cálidos abrazos que solo tú puedes darme. *¡Te amo!*

Mami, el mejor regalo para una hija es tenerte como modelo. Agradezco infinitamente tu apoyo, tu fortaleza y tu amor incondicional. ¡Eres mi sostén! Gracias por animarme a ser *perfectamente yo*.

Graciela, de ser mi hermana menor y la mejor mitad de este dueto inseparable, creciste para convertirte en la mujer más admirable y la persona más fuerte que conozco. Aprender de ti es un enorme privilegio y valoro cada minuto que pasamos juntas. ¡Júrame que siempre podremos intercambiarnos toda la ropa que tenemos en nuestros closets!

Álvaro Elías, gracias por estar a mi lado en las buenas y en las malas. Nos cuidaste como Papi lo hubiera querido. Sé cuán orgulloso está del gran hombre que eres hoy. No lo digo a menudo, pero te adoro, *little brother*. ¿Sabes? Eres súper especial.

Ali y Cait, no tengo palabras para expresar mi gratitud por todo lo que hicieron para convertir este libro en una realidad. Muchísimas gracias por ser amigas antes que agentes, por confiar en mí, por guiarme en cada paso del camino y hacerme sentir cómoda cuando estuvimos en medios de los malabarismos y las decisiones difíciles.

Vero y Maickel, mis gurús de las redes sociales: gracias por su amistad y por compartir la riqueza de sus conocimientos desde que empecé mi incursión en el mundo digital. Gracias por inculcarme la importancia de publicar con responsabilidad y respeto. Muchas de sus lecciones están vigentes en este libro. ¡Añadan aquí un *emoji* de manitos en oración!

Matt, tu generosidad y tu entusiasmo son contagiosos. La primera vez que hablamos supe que habíamos encontrado un defensor de nuestro mensaje y un verdadero hombre del Renacimiento que también aprecia el chocolate negro venezolano con 61,4 por ciento de cacao.

Megan, tu maravillosa revisión nos mantuvo en el camino cuando los huracanes, las elecciones y otras coberturas noticiosas amenazaron con descarrilarnos. Gracias por tomarnos de la mano para llevarnos constantemente a puerto seguro.

Daisy, Denise, Meaghan, Kristi y todos en W Publishing, estoy inmensamente agradecida por todas las anotaciones acertadas, la excelente edición y el movimiento magistral de las piezas de este rompecabezas hasta que todo tuvo sentido. Gracias por hacer de este libro una realidad en dos idiomas, al mismo tiempo.

Kristen, tu ojo artístico, tu exquisito gusto y tu pensamiento crítico dieron a este libro una portada de primera. Gracias por este hermoso diseño que se ajusta a mi personalidad colorida y alegre. ¡La pegaste!

Gracias a Cris Garrido, por esa amabilidad con la que recibiste nuestras propuestas y el apoyo para que la versión en español fuese fiel reflejo de cada emoción vivida.

María Elena, Franco, Graciela, Flavia y a los equipos completos de HarperCollins Christian Publishing y de Grupo Scribere: GRACIAS en mayúsculas por aguantar nuestros horarios locos y por comprender nuestra necesidad de volver a escribir, adaptarnos y hacer cambios de última hora en ambos idiomas. Estoy agradecida por sus valiosas contribuciones y sus cálidos mensajes, que hicieron de mi texto algo único y muy especial en nuestro querido español.

Y sobre todo, gracias a ti, *mi gente*, mi querido lector, por llevarte a casa este libro.

¡Eres lo máximo!

Notas bibliográficas

Capítulo 3: «Por favor, no luzcas demasiado latina»

1. **Los latinos son la minoría más grande de Estados Unidos:** las
   estadísticas sobre el crecimiento de la población hispana de
   EE. UU. se pueden encontrar en «Distribución porcentual de la
   población en EE. UU. en 2015 y 2060, por raza y origen hispano»,
   Statista.org, consultado enero 25, 2019, https://www.statista.com/
   statistics/270272/percentage-of-us-population-by-ethnicities/; y,
   «With Fewer New Arrivals, Census Lowers Hispanic Population
   Projections», por Jens Manel Krogstad, Centro de Investigación
   Pew, 16 diciembre 2014, http://www.pewresearch.org/fact-
   tank/2014/12/16/with-fewer-new-arrivals-census-lowers-hispanic-
   population-projections-2/.
2. **«Tratamiento perjudicial o preferencial»:** la definición de *colorismo*

por Alice Walker se puede encontrar en su libro *In Search of Our Mothers' Gardens* (Nueva York: Harcourt Brace Jovanovich, 1983), p. 290. Para más información sobre el colorismo, consulte «'If You Is White, You's Alright...' Stories About Colorism in America», vol. 14, por Kimberly Jade Norwood, Washington University Global Studies Law Review 585 (2015), http://openscholarship.wustl.edu/law_globalstudies/vol14/iss4/8.

3. **58 millones de hispanos en Estados Unidos:** las estadísticas sobre el número actual de hispanos en Estados Unidos, se pueden encontrar en el sitio web del Centro de Investigación Pew, en «How the U.S. Hispanic Population Is Changing», por Antonio Flores, Pew Research Center Fact Tank, 18 septiembre 2017, http://www.pewresearch.org/fact-tank/2017/09/18/how-the-u-s-hispanic-population-is-changing/.

Capítulo 4: Un puente humano

1. **«Irak, Corea del Norte, Irán»:** las palabras de George W. Bush sobre el «eje del mal» se pueden encontrar en su Discurso sobre el estado de la Unión, pronunciado en el Capitolio de EE. UU., en Washington, DC, 29 enero 2002. La transcripción está en línea en https://georgewbush-whitehouse.archives.gov/news/releases/2002/01/20020129-11.html.

2. **«Nos parecemos más»:** la famosa frase de Maya Angelou «Somos más parecidos, amigos míos, de lo que nos diferenciamos», es de su poema «Human Family», en *I Shall Not Be Moved: Poems* (Nueva York: Random House, 1990), p. 4.

Capítulo 6: Mariana, la periodista

1. **114.000 empleados de la sala de redacción:** Las estadísticas del Centro de Investigación Pew sobre la pérdida de empleos entre los trabajadores de la sala de redacción se encuentran en «Newsroom Employment Dropped Nearly a Quarter in Less Than 10 Years, with Greatest Decline at Newspapers», por Elizabeth Grieco,

Pew Research Center Fact Tank, 30 julio 2018, http://www. pewresearch.org/fact-tank/2018/07/30/newsroom-employment-dropped-nearly-a-quarter-in-less-than-10-years-with-greatest-decline-at-newspapers/.

2. **El periodismo informa a la gente sobre otras personas:** las opiniones de Masha Gessen sobre el periodismo se pueden encontrar en su artículo «How to Tell the Stories of Immigration», *Atlantic*, 5 diciembre 2018, https://www.theatlantic.com/ ideas/archive/2018/12/masha-gessen-wins-2018-hitchens-prize/577297/.

Capítulo 7: Con el «sí» por delante

1. **«Bajo las narices de un régimen»:** la cita de Yoani Sánchez sobre la libertad de expresión se puede encontrar en «Heroes and Pioneers: Yoani Sánchez», por Oscar Hijelos, *Time*, 12 mayo 2018, http://content.time.com/time/specials/2007/ article/0,28804,1733748_1733756_1735878,00.html.

Capítulo 10: Un mundo dividido

1. **«Cuando México envía a su gente»:** el texto completo del anuncio de la candidatura presidencial por Donald Trump, incluidos sus comentarios sobre mexicanos, se publica en línea en «Full Text: Donald Trump Announces a Presidential Bid», *Washington Post*, 16 junio 2015, https://www.washingtonpost.com/news/post-politics/ wp/2015/06/16/full-text-donald-trump-announces-a-presidential-bid/??noredirect=on.

2. **Donald Trump gana la presidencia:** Para mayor información sobre la victoria del Colegio Electoral de Estados Unidos, consulte «Electoral College Vote Seals Trump White House Victory», por Andrew Rafferty, NBC News, 19 diciembre 2016, https://www. nbcnews.com/politics/politics-news/electoralcollege-vote-seals-trump-white-house-victory-n698026.

3. **ICE (Servicio de Inmigración y Control de Aduanas) arruinó**

muchas empresas: Informes sobre redadas y actividades de ICE en 2018 se pueden encontrar en «Immigration Agents Raid 7-Eleven Stores Nationwide, Arrest 21 People in Biggest Crackdown of Trump Era», por Corky Siemaszko, NBC News, 10 enero 2018, https://www.nbcnews.com/news/us-news/immigration-agents-raid-7-eleven-stores-nationwide-arrest-21-people-n836531.

4. **«Solicitudes justas de adjudicación»:** la nueva declaración de la misión de los Servicios de Ciudadanía e Inmigración de EE. UU. se puede encontrar en su sitio web, «About Us», consultado 18 enero 2019, https://www.uscis.gov/aboutus.

5. **Venezuela era ahora el país más peligroso del mundo:** el estado de Venezuela como el país más peligroso del mundo se reporta en «Venezuela Rated Least Safe Country in the World for Second Year in a Row», por Emily Shugerman, *Independent*, 7 junio 2018, https://www.independent.co.uk/news/world/americas/most-dangerous-country-venezuela-safe-south-america-gallup-a8388736.html.

6. **«No hay mayor agonía que llevar adentro una historia sin contar»:** esta línea es de las memorias de Zora Neale Hurston en *Dust Tracks on a Road* (Nueva York: HarperCollins, 1942; 1995), p. 176, aunque a menudo se la atribuye a Maya Angelou.

7. **ProPublica filtró el audio grabado:** el audio de ProPublica de Alison Valencia Madrid, de seis años, fue publicado por Ginger Thompson, «Listen to Children Who've Just Been Separated from Their Parents at the Border», 18 junio 2018, ProPublica, https://www.propublica.org/article/children-separated-from-parents-border-patrol-cbp-trump-immigration-policy.

8. **«Si no les gusta»:** los comentarios de Jeff Sessions sobre la separación familiar en la frontera fueron informados por Pete Williams, «Sessions: Parents, Children Entering U.S. Illegally Will Be Separated», NBC News, 7 mayo 2018, https://www.nbcnews.com/politics/justice-department/sessions-parents-children-

entering-us-illegally-will-be-separated-n872081.

9. **Me senté con Cristina:** Nuestra cobertura de McAllen, Texas, que incluye entrevistas con Cristina, la mamá de El Salvador, se emitió en *Morning Joe* de MSNB, 19 junio 2018, y se puede ver en parte en YouTube en https://www.youtube.com/watch?v=DjPEtfJNw2w.

10. **«También somos padres, hermanos y seres humanos»:** mi entrevista con el agente de la patrulla fronteriza Gabriel Acosta se puede ver en línea en «How Border Patrol Agents Perform Their Work», por Stephanie Ruhle, MSNBC.com, https://www.msnbc.com/stephanie-ruhle/watch/how-border-patrol-agents-perform-their-work-1260998211939.

Capítulo 11: Un millón de *likes* para ti

1. **«¿Qué te hace especial?»:** Mi charla TEDx se puede ver en «What Makes You Special?», Tedx University of Nevada, abril 2017, https://www.ted.com/talks/mariana_atencio_what_makes_you_special/up-next?language=en.

2. **Protesta Marcha para Nuestras Vidas:** para ver mi reportaje, busque «Students at the March for Our Lives Discuss Message in Front of White House», MSNBC, 24 marzo 2018, https://www.msnbc.com/msnbc/watch/students-at-the-march-for-our-livesdiscuss-message-in-front-of-white-house-1194345539828.

Capítulo 12: Así perdí a mi papá y a mi país

1. **Escasez del ochenta y cinco por ciento de los medicamentos en Venezuela:** la cobertura de la escasez de medicamentos en Venezuela, incluidas las estimaciones de la asociación farmacéutica, se puede encontrar en «Venezuela's Chronic Shortages Give Rise to 'Medical Flea Markets'», por Anggy Polanco e Isaac Urrutia, *Reuters*, 8 diciembre 2017, https://www.reuters.com/article/us-venezuela-medicine/venezuelas-chronic-shortages-give-rise-to-medical-flea-markets-idUSKBN1E21J4.

2.   **«La muerte no es nada»:** el poema «Death Is Nothing At All» [La muerte no es nada] es de Henry Scott Holland (1910), y en ocasiones se le atribuye a San Agustín.

3.   **«En el caos de Venezuela»:** «En el caos de Venezuela una hija lucha por la vida de su padre» es mi artículo, NBC News, 25 abril 2018; se puede encontrar en https://www.nbcnews.com/specials/venezuelas-health-crisis.

Capítulo 14: Romper el molde

1.   **«Una monarquía renovada»:** Un reporte en español y fotografías de este encuentro se encuentran en «El príncipe Felipe se marca un *selfie* con una periodista», por Almudena Martín, *El País*, 20 noviembre 2013, https://smoda.elpais.com/imperdibles/2013/11/el-principe-felipe-se-marca-un-selfie/.

Epílogo

1.   **La herida es el lugar donde entra la luz:** el poema de Rumi «Childhood Friends» [Amigos de la infancia], que se refiere a la luz que ingresa a través de las heridas, se puede encontrar en *The Essential Rumi*, Coleman Barks, trad., edición extendida (Nueva York: HarperOne, 1995), p. 141.

Acerca de la autora

Mariana Atencio es una galardonada periodista, conferencista de charlas TED con más de 8 millones de vistas y una *Influencer*. Huyó de la violenta dictadura de su país, Venezuela, para buscar un futuro prometedor en Estados Unidos. Superó grandes retos (incluyendo prejuicios y dudas sobre sí misma) hasta lograr graduarse en la Universidad de Columbia, conseguir el empleo de sus sueños y convertirse en una de las corresponsales de noticias más inspiradoras en Estados Unidos. Pero tal vez lo más significativo de su historia es una verdad con la que muchos nos identificamos: lo que menos esperas es quizás lo que más necesitas que suceda. Visita a Mariana en @marianaatencio y www.golikemariana.com